|高等教育现代化研究丛书|

董泽芳◇主编

本书为湖南省哲学社会科学基金重点项目"湖南智力支持乡村振兴研究"（立项编号 20ZDB012）成果之一

现代高等教育对乡村振兴的智力渗透研究

XIANDAI GAODENG JIAOYU DUI XIANGCUN ZHENXING DE ZHILI SHENTOU YANJIU

彭拥军／著

华中师范大学出版社

新出图证（鄂）字 10 号

图书在版编目（CIP）数据

现代高等教育对乡村振兴的智力渗透研究/彭拥军著．—武汉：华中师范大学出版社，2023.4
（高等教育现代化研究丛书／董泽芳主编）
ISBN 978-7-5769-0051-4

Ⅰ.①现… Ⅱ.①彭… Ⅲ.①高等教育—关系—农村—社会主义建设—研究—中国 Ⅳ.①G649.2 ②F320.3

中国国家版本馆 CIP 数据核字（2023）第 019602 号

现代高等教育对乡村振兴的智力渗透研究
Ⓒ 彭拥军 著

责任编辑：庞 丹	责任校对：罗 艺	封面设计：罗明波
编辑室：学术出版中心	电话：027-67867792	
出版发行：华中师范大学出版社有限责任公司		
社址：湖北省武汉市洪山区珞喻路 152 号	邮编：430079	
电话：027-67863426（发行部）	传真：027-67863291	
网址：http://press.ccnu.edu.cn	电子邮箱：press@mail.ccnu.edu.cn	
印刷：湖北恒泰印务有限公司	督印：刘 敏	
开本：710mm×1000mm 1/16	印张：20.25	
版次：2023 年 6 月第 1 版	印次：2023 年 6 月第 1 次印刷	
字数：291 千字	定价：95.00 元	

欢迎上网查询、购书

敬告读者：欢迎举报盗版，请打举报电话 027-67867353

总　序

　　教育是国之大计、党之大计。党的二十大报告提出了"实施科教兴国战略，强化现代化建设人才支撑"的重要论断，围绕教育优先发展、科技自立自强、人才引领驱动等作出新的全面部署。这为我们在全面建设社会主义现代化国家新征程上加快建设教育强国、科技强国、人才强国指明了方向。

　　高校承担着人才培养、科学研究、社会服务、文化传承创新与国际交流合作等重要职能，是教育高地、科技高地、人才高地的融合体。习近平总书记指出，高等教育发展水平是一个国家发展水平和发展潜力的重要标志。国家对高等教育的需要比以往任何时候都更加迫切，对科学知识和卓越人才的渴求比以往任何时候都更加强烈。实现高等教育现代化是实现教育现代化的核心内容，是建设教育强国、科技强国与人才强国的重要保障，是全面实现中国式现代化的强大基础，是推进中华民族伟大复兴的先导工程。

　　实现我国高等教育现代化，既要顺应国际高等教育的发展潮流，符合全球高等教育发展的共同愿景，体现世界一流的高等教育理念、体系、质量和水平；也要具有鲜明的中国特色，契合中国的国情，坚持社会主义办学方向，重视对优秀传统文化、核心价值理念和正确教育思想的弘扬，走出一条在高等教育大国基础上建设高等教育强国的道路；还要遵循我国现代化发展、教育现代化发展与人才发展自身的规律。高等教育现代化是一个立足本国、向他国学习，并不断自我创新的过程。基于此，我国高等教育现代化应该是立足于人口规模巨大国情的现代化，是追求人的全面发展、全体人民共同富裕、物质文明和精神文明协调并进、人与自然和谐共生的现代化，走和平发展道路的现代化。

实现我国高等教育现代化要把握机遇，用好机遇。当今世界正处于国际形势大变动时期，中国的发展也进入新时代，综观国际、国内形势，我国正处在进一步发展的重要战略机遇期，这为高等教育现代化发展提供了千载难逢的机遇。如世界经济格局新变化为高等教育现代化提供了强大的外部动力，"科教兴国"与"人才强国"战略为高等教育现代化建设提供了重要的战略支撑，经济持续发展与对高教投入加大为高等教育现代化发展提供了必要的物质保障，全党全社会对"教育优先发展"战略的认识深化为高等教育现代化发展创造了良好的精神环境，广泛的国际开放与合作背景拓宽了我国高等教育现代化国际交流平台，等等。在促进我国高等教育现代化发展的进程中，我们必须以高度的使命感把握机遇，用好机遇。

实现我国高等教育现代化也必须正视问题、研究问题。这些问题主要有：一是有些理念滞后，表现在很多大学对大学主体是什么、为什么办大学以及大学应该怎样办等缺乏深层次的理性认识；二是价值取向偏颇，表现在重功利价值轻学术价值，重科技价值轻人文价值，重局部近期价值轻整体长远价值，重个人发展价值轻社会发展价值，重效率价值轻公平价值，重适应社会的价值轻社会导引的价值，重分化的价值轻整合的价值，重维护稳定价值轻改革创新等方面，价值取向上的偏颇必然导致办学方向的迷茫、培养目标的模糊与高等教育功能的萎缩；三是发展定位不当，表现在我国当前许多高校在定位上仍然存在着办学目标雷同、服务面向不清、办学层次混乱、发展模式单一、办学特色淡化等问题；四是经费投入不足，表现在我国生均财政经费偏低，不同地区高校生均经费差距很大，公办高校经费投入与规模发展不相适应，不少高校的硬件建设和软件建设受到极大限制；五是制度建设薄弱，表现在大学与政府、社会的关系尚未理顺，大学自身的主体性的失落，有些大学内部也因种种原因出现行政权力异化，如职能官位化、作风衙门化、学术行政化等现象；六是教师现状堪忧，表现在部分高校教师人文素质偏低、敬业意识淡薄、价值观念偏颇和师德教风不佳等方面；七是培养模式僵化，反映在部分高校培养目标过专、专业划分过细、专业设置求全、教学方法重灌、学习方法过死、评价方法单一等；八是教学质量堪忧，主要反映在学生的自主学习能力不高、实践能力偏弱、创新人才较差等方面。我们必须以高度的责任感研究问题、破解难题。

本套丛书正是基于上述认识，围绕我国社会现代化进程中高等教育现代化面临的问题进行了探究。如有专著根据高等教育现代化是为了实现科教强国、人才强国的目标，将有效开发高校人力资源作为研究对象，以当今国际形势变动、国内发展转型、学校自身变革对高校教师开发以及人才培养的需求为研究切入点，重点评介了国内外高校人力资源开发与管理的相关理论，结合对当前高校人力资源开发与管理现状的调查研究，着重分析了高校人力资源选、用、管、评的机制优化与实施策略。有专著依据我国高等教育现代化追求公平与质量并重的目标，阐释了评价考生入学公平的最终标准是人人都能接受适合自己的高质量高等教育，人人都能成为社会的有用之才，人人都有出彩的机会；高等教育分流机制创新的根本目的是促进高等教育公平，前提条件是保证教育质量，高等教育分流机制创新必须合目的性、合规律性、合条件性。有专著认为实现乡村振兴是我国高等教育现代化的重要任务，提出了"培育一粒种子，带动一个专业，服务一群产业，扶持一方经济""以师兴乡"的办学理念，开展了研究生层次乡村工匠之师培养培训创新实践与理论研究，总结出了"三界共振＋三双共振＋三术共振"要素之和及其相互作用的"全息共振"模式。有专著围绕高等教育对乡村振兴的智力支持的理念，采用访谈、个案等形式对某些具有典型性的农村社区进行实证调查，分析了高等教育对乡村振兴进行智力渗透方面的成绩与问题，提出了实现高等教育为乡村振兴提供切实有效智力支持的对策建议。有专著基于"制度—环境—行为"和"行为—环境—制度"两条主线，围绕制度、社会结构与组织环境、行为主体三大中心及其相互作用，对应用型本科高校教师工作考核制度的变迁机制和运行现状进行了探究。有专著立足于高等教育现代化是追求全体人民共同富裕、城乡协调发展的现代化，提出高师实践教学改革应以实习支教为抓手，整合教师教育实践教学改革和农村师资补充，建构地方政府推动下高校实习生、高校教师、乡村教师与城镇教师循环流转的"四元多维"模式，以促进贫困地区教育发展。有专著基于高职院校服务战略产业的方向，研究了区域战略性新兴产业对人才的需求，调查了职业院校人才培养现状，探讨和建构了推进职业院校服务区域战略性产业的路径和相关政策保障。有专著根据高等教育现代化的目标，从新制度主义理论视角出发，研究了推动高校分类发展，引导应用型本科高校特色发展，完善教师权益保障制度、工资薪酬制度和职称评定制度等的思路与对策。有专著以112所地方本科师范院校为样本，对组织目标、组织结构、组织行为等方面的转型问题进行了研究，提出了建立省级统筹下的教师教育体系、形成分类评估的制度、促进适合区域特色的本土化发展之路等对策。有专著基于知识生产模式理论的分析视角，综合运用多种方法，研究了西南地区地方高校的学科建设问题，剖析了地方高校与学科、地方高校与知识、学科与知识的逻辑关系，总结了西南地区地方高校学科建设的基本经验，梳理了地方高校学科建设中的主要问题，提出了在高等教育现代化进程中优化地方高校学科建设的基本路径。有专著以教育博士专业学位研究生培养模式为研究对象，以知识生产模式转型为理论视角，考察了我国教育博士专业学位研究生培养中的问题，提出了构建"系统集群—结构要素"组合的教育博士专业学位研究生培养模式和改革路径。

本套丛书在选题上都是紧紧围绕高等教育现代化发展，立足于问题研究，着眼于学科发展，致力于实践服务，既有宏观的政策考察，也有中观的制度分析，更有微观的对策探讨；书中提出的可行性建议与举措，对促进我国高等教育改革与发展具有一定的参考价值，希望能为构建中国式现代化高等教育体系，推进高等教育现代化发展贡献微薄之力。本套丛书的作者有些是资历尚浅的青年学者，书中有些观点和论证还显稚嫩和不足，但他们对教育深厚的人文情怀与现实关切令人感动。

中国高等教育现代化建设是一个系统工程，还有许多值得研究的问题。由于作者水平所限，以及对高等教育现代化发展的规律认识不深，本套丛书必有诸多不足，希望诸位读者不吝赐教。在此要特别感谢华中师范大学出版社领导、编辑部主任及各位编辑对本套丛书的大力支持。

董泽芳

2023 年 5 月 12 日

目 录

绪论 乡与村的边界：乡村振兴需要绕过的坎 …………………… 1
  第一节 重拾乡村的文化心理趣味 ……………………………… 2
    一、家乡何以为家的礼敬文化 ………………………………… 3
    二、家乡何以为家的社会心理 ………………………………… 8
  第二节 期待边界跨越的农村与乡村 …………………………… 16
    一、变动不居的农村社会 ……………………………………… 17
    二、农与乡的隔断与融通 ……………………………………… 20

第一章 乡村振兴的源头活水：现代高等教育对农村基础教育的介入
…………………………………………………………………………… 28
  第一节 农村流动儿童的教育尴尬呼唤现代高等教育的介入 … 28
    一、分割的城市教育：农村流动儿童不得不面对的教育处境 … 29
    二、平衡的阶层再生产：优化流动儿童教育处境的社会条件 … 37
    三、嵌入城市的难题：农村流动儿童的教育困难与纾困 ……… 40
  第二节 农村学校的现状呼唤现代高等教育的介入 …………… 50
    一、农村学校大量撤并：严格生育政策的伴生性后果 ……… 53
    二、资源优化的名义：在试误中前行的农村学校合并 ……… 61
  第三节 现代高等教育向农村教育注入生机与活力的思索 …… 66
    一、寒门新贵：值得研讨的教育社会现象 …………………… 66
    二、寒门新贵：乡村振兴背后的社会思考 …………………… 79
  附录 新中国历年新生人口表 …………………………………… 92

第二章 乡村振兴的立命根基：现代高等教育培养现代农民的思考 ………………………………………………………… 95

第一节 高等教育与农民生活现代化 …………………… 97
一、高等教育对现代农民生活情趣的涵养 …………… 98
二、高等教育对现代农民职业技能的培植 …………… 110
三、高等教育对现代农民生活品质的提升 …………… 120

第二节 高等教育与农民职业成长 ……………………… 124
一、高等教育涵养现代农民的职业旨趣 ……………… 124
二、高等教育培养现代农民的职业技能 ……………… 128
三、高等教育开阔现代农民的职业进境 ……………… 133

第三章 确保乡村振兴的品质：现代高等教育对农村发展的渗透 ……………………………………………………… 138

第一节 现代高等教育对农村的智力渗透 ……………… 138
一、明晰智力渗透的内容 ……………………………… 139
二、确认智力渗透的方式 ……………………………… 141
三、推拉智力渗透的力量 ……………………………… 145

第二节 现代高等教育在遏制乡村返贫中的作用 ……… 151
一、农村反贫困的软实力 ……………………………… 152
二、农村反贫困的智力依托 …………………………… 158
三、农村硬实力的智力保障 …………………………… 162

第三节 现代高等教育对村庄经济精英的引导 ………… 165
一、生产型村庄精英的产生条件 ……………………… 167
二、生产型村庄精英的塑造方式 ……………………… 169
三、生产型村庄精英的典型案例
　　——一个具有研发能力的生产型精英团队 ……… 170

第四节 社会服务型村庄精英的高等教育引导 ………… 174
一、见证服务型村庄精英——合轩村的故事 ………… 176
二、剖析服务型村庄精英 ……………………………… 181

第四章　促进乡村政治文明：高等教育与村民自治 …… 185
第一节　村民自治环境变化的治理呼唤 …… 186
一、村民自治环境变化期待农村治理环境优化 …… 187
二、农村生活方式变化催生农村治理 …… 190
三、农村社会空间变化呼唤新型治理 …… 194
四、价值与行动方式相倚的治理期待 …… 197
第二节　大学生村官成长的高等教育助推 …… 199
一、农村现代化发展期待高等教育的智力渗透 …… 200
二、大学生村官智力渗透的相倚问题 …… 205
三、大学生村官扎根乡村的帮扶探索 …… 208
第三节　村民自治能力的高等教育引领 …… 211
一、高等教育培养村民自治意识 …… 211
二、高等教育发展村民自治能力 …… 221
结语 …… 227

第五章　唤醒文化自觉：高等教育与新乡贤成长 …… 229
第一节　旧乡绅发挥社会功能的文化基石 …… 230
一、重新认识旧乡绅 …… 231
二、乡绅的社会功能 …… 236
三、乡村与乡贤文化 …… 244
第二节　乡村振兴呼唤重新认识的文化问题 …… 251
一、乡村振兴相关联的若干真假命题 …… 251
二、乡村振兴需要正视农民逃离问题 …… 256
三、乡村振兴期待的民间乡村文化建设 …… 261
第三节　新乡贤及其榜样作用的发挥 …… 274
一、新乡贤的认定及其作用 …… 275
二、发挥新乡贤文化引领作用的案例 …… 281

参考文献 …… 291

后　记 …… 306

绪论 乡与村的边界：乡村振兴需要绕过的坎

要全面实现乡村振兴，首先要确切地理解乡土社会。乡土社会承继了乡土中国千百年来所保持和传承的恬静、美满、安全的田园牧歌式生活，它曾经是人们的心理依归之所。然而，在现代化的全面冲击下，乡土社会正在由昔日人们的活动中心和依归之所逐步退却到政治、经济、文化的边缘。在许多人的眼里和心中，乡土不再是情感皈依和生活回报的场所，而是已经演化成带有贬义的用语，成了愚昧、落后的代名词[1]。以工业化和城市化为核心的现代化在带来物质丰盈的同时，也在逐步拉大城乡差距。亨廷顿认为，城乡差距是社会政治不稳定的基本原因[2]。如何使农村既有昔日乡村的美好，又有现代社会的丰盈，这是我国乡村振兴必须努力思考和积极面对的课题。

农村如果长期处于现代社会政治、经济和文化的边缘，出生于农村和以农为生的人们就可能会沦落为社会的弱势群体。尽管从制度环境上看，他们的处境确实有着向好的方面不断进步的种种可能，但我们必须看到，即使到目前，从许多方面或很多层面来看，农村人口总体上仍然处在社会边缘，一不小心就可能被排斥在人们关注的视野之外。正如费孝通先生所指出的，"对形势或情况的不准确的阐述或分析，不论是由

---

[1] 彭拥军. 高等教育与农村社会流动 [M]. 北京：中国人民大学出版社，2007：4.
[2] 亨廷顿. 变动社会的政治秩序 [M]. 张岱云，聂振雄，石浮，等译. 上海：上海译文出版社，1989：78.

于故意的过错或出于无知,对这个群体都是有害的,它可能导致令人失望的后果"[1]。正确认识农村和准确把握乡土社会的实质对将乡村振兴行动落到实处具有重要影响。

从乡村内部的物理结构来看,乡土社会实际上是由一个个个体和一个个家庭组成的。但从文化心理视角来审视,则不难发现:每个人都可以有家,但很难说每个人都有家乡;或者说,我们都能够回家,但未必都能够如愿地回到家乡。因为家与家乡是不同的,所以我们对它们的态度也是殊异的。现代人都倾向于努力营造一个属于自己的家,但很可能遗忘了家乡或失去了家乡。这种遗忘或失去的社会后果,就如我们努力工作获得的只是一个好的住所而没有能够把它建设成家一样。

有鉴于此,重拾乡村昔日的美好,重新找回或重建乡土社会中的乡土、乡音、乡俗和乡情所蕴含的心理文化内容,我们需要重新发现乡村。

第一节 重拾乡村的文化心理趣味

乡村,顾名思义,是位于乡下的村落。它有两个基本要素:一个是乡,一个是村。"乡"在中文中有五种理解:(1)农村,与城相对;(2)自己生长的地方或祖籍,如家乡、故乡;(3)本土的,如乡土;(4)县以下的行政区划单位;(5)古代同"向"。英文语境中"乡"有三种意思:(1) a rural area, a village, countryside,翻译成中文就是农村地区、村庄、农村;(2) a native place, a hometown,翻译成中文就是出生地、家乡;(3) a township (rural administrative division under the county),翻译成中文就是县管辖的农村行政分支单位。"村"的中文含义主要有两种:(1)乡下聚居的处所;(2)粗野,如村气。村的英文表达是 village,翻译成中文是农村的意思。乡与村连在一起组成"乡村"一词,其中文意思主要有三种:(1)泛指位置相对偏远的居住地,如乡村、穷乡僻壤;(2)特指自己生长的地方或祖籍,如家乡、故乡;

---

[1] 费孝通. 江村经济 [M]. 北京:商务印书馆,2001:22.

(3)主要从事农业生产，人口分布较城镇分散的地方。英文语境中，"乡村"对应的英语单词较多，基本上都重复乡或村的含义。

从文化意义上说，乡村具有家乡的特殊意蕴。道家始祖老子从四个方面对家乡做了比较日常有趣的概括，即"甘其食，美其服，安其居，乐其俗"[①]。其基本意涵就是：家乡是一个让人感到饭菜可口、服饰漂亮、居住安泰，风俗习惯让人怡然自乐的地方。

从乡村的构成来看，能够耳闻目睹的有乡土和乡亲，需要认真感知的是乡俗和乡音，能够触动并引发个人情绪的则是乡恋和乡愁。乡土和乡亲是乡村赖以维持和延续的最坚实的物理存在形态，是乡村最外显和最基本的维护力量。乡俗和乡音是乡村背后的心理和文化力量。乡俗是调节人们行为的地方规范，乡音是反映和区分同乡最简单明了、可观可感的辨识符号。乡恋和乡愁是乡村文化迸发出精神力量的重要心理内容和最能体现乡情的文化心理形式。因此，乡土、乡亲，乡俗、乡音，乡恋和乡愁是准确把握乡村文化心理意蕴的客观存在样式。

一、家乡何以为家的礼敬文化

乡村的存在离不开乡土、乡亲、乡音和乡情等基本要素。乡土是乡村赖以存在的物质载体，乡亲是维持乡村活力的基本力量，乡音是体现乡村个性的语言形态，乡俗是维护乡村秩序的行为规范，乡情是维系乡村绵延的心理力量，乡恋和乡愁是表达对家乡热爱之情并烘托家乡美好的心理活动状态。这些要素使乡村既具备了赖以存在的物质外壳，又获得了充满文化灵性的心理内核。

乡土，顾名思义，原本只指农村家乡的土地，但常用来泛指人们出生于其间的家乡，意指若干大大小小的家散落于其间的乡土社会，它使家与家乡自然地融为一体。在人类社会发展历史上是先有乡村后有城市的，因此乡土沉淀着历史，记忆着历史[②]。乡土意味着历史，意味着人

---

① 老子. 道德经 [M]. 张景，张松辉，译注. 北京：中华书局，2021：310.
② 费孝通. 乡土中国 [M]. 北京：北京出版社，2005：17-23.

类的早期生活，意味着人们对人类早期生活的怀念和向往。因此，乡土有着强烈的情感依归和文化寻根含义，乡土是"乡而不俗，土而不粗"①的。

（一）乡土文化包含着对风土人情的礼敬

土地是乡村赖以生存和发展的基本资源，但乡土意义上的土地并非人们索取的对象。在乡土文化中，土地寄托着人们对天地自然的礼敬。家乡之所以是家乡而不是或不仅仅是一个个具体的家，是因为它依存于乡土。而乡土之所以是乡土而不仅仅是土地，是因为它内在包含了这里的风土人情。由于有风土人情的融入，土地才能变成人们情感依归的乡土；由于乡土的存在，散存于土地上的一个个家才获得了家乡的共同含义并浸润着家乡的味道。因此，乡土一定是包含风土人情的，而风土人情也需要借助一定的物理空间才能得以保存和传承。值得指出的是，需要依托一定物理时空的风土人情本身不是物，而是凝聚在"乡风乡俗"中的文化存在。乡土社会中的物因沐浴"乡风乡俗"而朗润，乡土社会中的人因沐浴"乡风风俗"而畅达。有鉴于此，在乡土文化中，土地和人不是一种利用与被利用的依存关系。恰恰相反，只有在乡土社会的风土人情中，人与土地才能真正摆脱单纯的物质性利用关系。这一点与城市文化很不相同。城市中堆积如山的物（包括房屋），其实都只是人们的消费对象或消费内容，没有任何一物能够逃脱实用性或消费性的利用关系，人在这种利用关系中能够感受到消费的快乐②，但难以产生真正的回家或在家的感觉。毋庸讳言，由于城市不是家乡或者说城市人无法把城市当作家乡，在这种城市化的快乐中，人实际上被拔除了根基，失去了家的归属感。在城市生活的人们，有家乡的思念家乡，没有家乡的只能怀想故乡。这种从祖辈传承下来的对家乡的追忆和眷恋，很难替代

---

① "乡而不俗，土而不粗"是中央电视台《乡土》栏目追求的气质样貌，也是对乡土内在精神追求的合理抽象。这里的"俗"取俗气之意而非风俗或民俗之意；"粗"取粗鄙或粗俗之意，而非粗犷之意。

② 张晚林. 什么是家乡？［EB/OL］.（2019-10-03）［2020-03-09］. https://mp.weixin.qq.com/s/sVhq61VPLAiZ20RmV37qBw.

回家乡和在家乡的感受。

（二）乡土文化蕴含着连通天地自然的礼敬

乡土的乡，音义和"向"相通①，表达了人们对家乡的向往之意。家乡之所以能够超越作为住所的家，是因为家乡不仅仅是一种现时的物理空间存在，也是一种可以帮助人们感受家的礼乐文化的历史存在。荀子指出：礼有三本，天地、先祖、君师是也②。传统中国的家都崇尚对天地、先祖和君师的礼敬，家也因此从中获得了家乡的文化含义。即使到现在，典型乡村的每家每户在堂屋正对大门的墙壁正中最重要位置以及家族宗祠中都供奉着"天地君亲师"牌位，以表明对天地、先祖和君师的礼敬，把家之为家、人之为人的心理文化力量明晰地呈现出来。与此同时，宗祠与族谱又进一步把一个个小家联结成一个个不断扩大的家，并以此上达整个国家，形成了家国同构、天下一家的社会结构。从这种意义上说，古代乡土中国并非一盘散沙，而是通过家，扩大的家（大家庭、家族），大大小小的家族来不断推而广之，逐步与国家联结成为一个整体，进而与天地自然相连，与礼乐教化相通。

（三）乡土文化渗透着对家族宗亲的礼敬

中国传统社会的宗祠（见图0-1、图0-2）使乡土具有更加浓郁的家族文化意味和乡土文化趣味。住宅和宗祠中供奉的"天地君亲师"牌位，既在努力表达对天地、君王、列祖列宗等的虔敬，也旨在努力把家人和族人置于他们的庇佑之下，从而实现对人之生命在深度与广度上的一种延展，这种生命的延展就印证了老子所言的"道大，天大，地大，人亦大。域中有四大，而人居其一焉"③。换句话说，在传统的乡土文化中，人的生命只有遵循天地大道，借助君权庇佑、师长提点和宗亲呵

---

① "乡"通"向"，有原先、从前之意。语出《孟子·告子》：乡为身死而不受，今为宫室之美为之；乡为身死而不受，今为妻妾之奉为之；乡为身死而不受，今为所识穷乏者得我而为之；是亦不可以已乎？此之谓失其本心。

② 语出《荀子·礼论》。

③ 语出《老子·第二十五章》。

护，才能顺利成长并不断释放出生命的力量，才有能力礼赞天地之化育。

图 0-1　湖南汝城宋氏宗祠

图 0-2　湖南汝城宋氏宗祠内部一隅

图片来源：笔者2021年3月8日自摄

图片说明：湖南汝城县高村村宋氏宗祠由朝门、院坪、池塘和宗祠组成。宗祠坐东朝西，三开间三进两天井。进深32.8米，门楼雕龙画栋，厅内悬挂着"祖孙丞相""翰林院""风度凝远"等数块匾额及祠联，彰显了宋氏家族的赫赫荣耀。宋氏宗祠三雕精美，文化内涵深厚，具有较高的历史、艺术价值。高村村的宋氏后人是唐宰相宋申锡第二子后裔。宋申锡，字庆臣，生于公元760年。宝历三年（827年）任礼部员外郎，828年进中书舍人、翰林学士，830年任同中书门下平章事即宰相。他意图帮助文宗清除权阉，反被诬指企图推翻文宗、改立其皇弟而遭贬，834年卒于开州贬所，836年诏追复尚书右丞、同中书门下平章事，赠兵部尚书，谥曰文懿。

如果说宗祠还只是一种借助建筑等外显形式在乡土社会中把血亲联结起来的文化力量，那么中国传统的族谱则把每一个具体的人置于家族发展的历史长河中，使他定格、镶嵌在家族发展的历史之中。就这样，族谱的存在既拉升了个体的生命长度，又明晰了家族继替或赓续的序列。族谱的存在，让同族诸人都明白并认同一个基本道理：家族中的人，任何时候都不是也不会只是自己一个人在奋斗。每个人前有列祖列宗的庇佑，后有千秋万代子孙的承继。因此，家族在乡土社会有着绵延无穷的力量在不断支撑着它。如果某人在死后其名字不能记录在族谱中，无法在宗祠内占有一定位置，其尸骨也被拒绝安葬在祖坟之中，那么这种境况不仅是他个人一生的耻辱，也会使其子孙后代蒙羞。家族宗亲关系形成的这种教化力量使乡土社会中的人更加懂得和珍惜生前与卒后的名声，自然也不敢做并耻于做让自己和子孙蒙羞的事情。

（四）乡土文化埋嵌着摆脱孤独和追寻自我的根

现代社会发达的交通与资讯确实给人的空间流动和自我发展提供了种种便利，但我们必须警惕这种发达也存在着对人进行了某些向度上的深度甚至过度开发。在这种开发中，生命的怒放常常局限于平面化的、单层意义上的延展。生命平面化、单层化的开发使生命的呈现容易局限在表层的、肉体的欲望维度，对内在的、精神的超越维度则存在开发的严重不足甚至完全忽视的倾向。在这种处境中，人类在直面世界时容易陷入利用与被利用的物欲关系漩涡中，难以有效摆脱甚至根本不能摆脱以占有为目的的暴力式掠夺的宿命。现代社会中的人一旦陷入这种境况，其生命就可能会陷入一种无根状态。

在乡土文化中，一个人处于通天达地的有根状态。在有根状态下，一个人的现实生活尽管仍然可能是孤寂的，但绝不会是孤独无助的。尽管无法否认乡土社会中的孤寂仍然具有刀口向内的切割自我的力量，但这不是一种将我们自己完全孤立的力量，而是一种使身心处于冷静沉思状态的自省力量。在这种意义上，乡土社会中的孤寂内含着古人那种对静的追求。诸葛亮的《诫子书》对静和静能达到的境界升华到了常人难以企及的高度。

诫子书

夫君子之行，静以修身，俭以养德。非淡泊无以明志，非宁静无以致远。夫学须静也，才须学也，非学无以广才，非志无以成学。淫慢则不能励精，险躁则不能治性。年与时驰，意与日去，遂成枯落，多不接世，悲守穷庐，将复何及！

在乡土社会中，这种对静的追求能够帮助生命之根悄然生长。因乡土蕴含的家乡之情的滋润，即使在孤寂状态下，个体的有根感能够帮助其摆脱孤独，使其保持内心宁静，能够在自省中学习并享受成长的乐趣。与通过苦学来追求成长相比，自省式成长更利于增长才干，更有助于将人的潜能激发和释放出来。与此同时，乡土带给人的有根感还可以使道德感与责任感作为一种本质力量回归人本身，使之作为一种切己之力被成功唤醒。同样地，在植根于乡土的血亲或姻亲关系中，人也会被这种力量所教化。在这种处境中，乡土中国的人一出生，就置身于以亲情为纽带的带有宗教或准宗教意味的社会网络之中，生命的神圣性得到了有效护持。

从生命的完整历程看，乡土社会中，生命之终结因为有祖坟、宗祠与族谱等力量的加持，生命蕴含着精神性甚至神性，它实际上仍然是连续的。用儒家的"君子曰终，小人曰死"之说来解读则是：乡土社会中人去世后可以"埋祖坟，登族谱，入宗祠"，因而可以得到君子一般的"终"，尽管这种"终"仍然无法摆脱个体生命形式的终结，但个体生命的物理终结是一种叶落归根式的回家。在现代大都市，生命的物理形式终结于殡仪馆里的焚烧炉，尸体的焚烧不仅意味着肉体的彻底消失，也意味着生命的彻底消亡。随着尸体的焚化，一切都逐步销声匿迹，实际上已经无奈地"死"了。这就不难理解，现代文明社会中常常存在难以彻底摆脱的无聊与空虚、抑郁、暴力乃至最后无望而自杀，这些其实都是见怪不怪、无可奈何的都市病。因为现代都市社会没有祖坟、宗祠和族谱等存在方式来对生命的神圣性和神秘性进行感召与确认，一切人伦关系都只是暂时性的建构。这种建构性人伦关系很难培育出内心深处的自觉，也很难沉淀为人的自觉德性。在这种处境中，人的生卒都不过是人生的游戏，很有几分勉强维持之意，无法很好地体现生命的自觉与整全。

二、家乡何以为家的社会心理

乡情是一种发自内心深处的对故乡的思念和眷恋之情。乡情可由异地面见乡亲而引发，这就是日常生活中言及的"老乡见老乡，两眼泪汪汪"的根由；乡情也可因睹物思人而产生，我们常常保存先人遗物或把来自家乡的物件作为念想就有此意；乡情还可以由乡音来引发和维系，乡情也常常浸融在乡俗乡韵中。可以毫不夸张地说，故乡的山水田园，故乡的风土人情，故乡的风霜雨雪，都可以引发人们对家乡的眷恋之情。它们既是乡情的寄托，也是引发思乡情绪的力量。

(一) 乡亲是家乡之情绵延和活化的力量

乡亲，从日常含义看，主要有两种理解：(1) 同乡的人；(2) 对农村当地人的一般称呼，比如父老乡亲。在人们心中，乡亲与家乡密切相关，而家乡常常带有"故乡"的含义。"美不美，家乡水；亲不亲，故乡人"或"月是故乡明，人是家乡亲"，这类表达都通俗地表明了人们内心深处那种对家乡深沉的、偏爱意味浓郁的情感。歌曲《故乡情》[①]比较自然地表达了人们对故乡的眷恋之情。

　　故乡的山　故乡的水　故乡有我幼年的足印
　　几度山花开　几度潮水平　以往的幻境依然在梦中
　　他乡山也绿　他乡水也清　难锁我童年一寸心
　　故乡的土　故乡的人　故乡有我一颗少年的心
　　几度风雨骤　几度雪飞春　以往的欢笑依然在梦中
　　他乡人也亲　他乡土也好　难锁我少年一寸心
　　故乡的爱　故乡的情　故乡有我青春的歌声
　　几度芳草绿　几度霜叶红　以往的同伴依然在梦中
　　他乡也有情　他乡也有爱　我却常在梦里故乡行

故乡的山水田土、花草树木、风霜雨雪都留下了或记录着成长的足迹，都见证了个人成长的历程，也融入了他们的情感世界。因为乡亲是让家乡得以承继、保持活力的主体力量，所以人们对父老乡亲的热爱就是对家乡爱屋及乌式的情感寄托。

(二) 乡音是记录和渲染乡情乡韵的语言符号

现代人为了交流的顺畅和表达的准确，都会尽量用大家都听得懂的语言。就目前的中国语境而言，人们基本上都在努力使用普通话交流。

[①] 《故乡情》由于景、王付林作词，王付林作曲，程琳演唱。

在学校或其他公共场所，大家都被鼓励使用普通话交流。乡音与俚语基本上处在被弃用的状态，因为它不利于现代陌生人社会的正式交流。然而常识告诉我们：一种语言越流行，越被普遍使用，就一定越需要形式化或规范化，语言背后更具本质性的东西就会越少。流行语言追求的交流的顺畅与表达的规范，其达成的往往只是一种表层化或平均化的理解，很难带来更具私密性或地方性的深刻领悟。换句话说，现代社会因应城市化、网络化而产生的公众流行语言，正在日益形式化或规范化。这种形式化或规范化的语言确实带来了更高的交流效率或效益，但也容易把乡音中具有深刻文化意涵的属性抽离掉。事实上，具有深刻文化意涵的语言，本质上根源于乡音，而乡音与家乡又是相互记录、相互印证的。语言一旦去除了这种本质性或本土性的东西，其深刻性和独特性就会大打折扣。

众所周知，大地上原本就没有一个普遍的、抽象的家乡，家乡总是指这个或那个乡音所覆盖的具体所在。与此同时，任何语言就其支配性地位和本质特征而言，都必然有一个故乡的语言（乡音）来支持[1]。如果某种乡音是母亲惯常使用的，那么家所在的乡土、故乡也同样扎根其中。也就是说，只有在乡音中，家乡作为本质者才在场；同样，只有在家乡，语言作为本质者才出现[2]。乡音与流行的形式化语言是不同的。乡音是一种蕴含家乡意涵的文化表达，而流行的形式化语言更侧重规范语言的形式表达。流行的形式化语言易于书写，意在表达形式的精确与表征意义的确定或明晰，在交际中对这种语言的理解通常依赖于眼之所见以及初步的辨析能力，追求的则是一种普遍化或平均化的理解。但乡音与此不同，乡音很多时候是难以甚至无法书写的，它依赖的是声音的传递与耳朵的倾听，并从倾听中获得包含私密的领悟。乡音是土语和土音组合的家乡方言，其语言、文字和发声都与家乡紧紧联系在一起。它

---

[1] 世界语曾经被语言界作为一种科学的语言进行推广，但现在可谓销声匿迹。其消亡的重要原因就在于它不是任何一个国家、地区或民族的通用语言。

[2] 张晚林. 什么是家乡？[EB/OL]. (2019-10-03)[2021-11-09]. https://www.rujiazg.com/article/17351.

不仅是家乡人交流时方便快捷的语言工具，也是与非家乡人交往时的社会区隔符号。歌曲《乡音》① 就是通过对乡音勾起的人物遐想的描摹，成功地把乡音与乡情联结为一个统一的整体。

  谁的声音那么轻
  仿佛妈妈的叮咛
  晨光唤起黄鹂鸟
  晚风吹动下课铃
  谁的声音那么大
  千里外也听得清
  蟋蟀唱起摇篮曲
  满池荷花侧耳听
  相聚时 分离时 都抱紧
  咫尺远 天涯近 故土亲
  翻阅了四季 拨动着心琴

  忧是夏意 愁是秋心
  谁的声音那么大
  千里外也听得清
  蟋蟀唱起摇篮曲
  满池荷花侧耳听
  相聚时 分离时 都抱紧
  咫尺远 天涯近 故土亲
  翻阅了四季 拨动着心琴
  忧是夏意 愁是秋心
  离家路 归乡路 无止尽
  岁月长 情怀老 思念新
  改变了模样 斑白了双鬓

---

① 《乡音》由崔恕作词、谱曲，徐千雅演唱。

> 不改乡音 不忘初心

《乡音》的歌词，从自然界的鸟唱虫鸣联想到人世间最原初但最具魔力、最煽情的声音（母亲的呼唤与叮咛），从具有辨识力的乡音联想到能够引发内心律动的乡韵和乡愁。《乡音》正是通过对乡音不同侧面的描摹，使乡情凝聚其中，挥之不去。听《乡音》，就会自然而然地触发思乡之情，激发心中的乡愁。

（三）乡俗是维护家乡之情的文化力量

乡俗是习俗，是一种乡村的地方性风俗习惯。习俗最初是由习和俗两个字组成的。"习"字始见于商代甲骨文①，一般认为其字形像鸟在日光下飞行或鸟在日光下练习飞行。东汉学者许慎在《说文解字》中则将习字解释为"数飞也"，即练习或学习飞行的意思，这是习的本义。随着人类社会的文化发展，习在本义基础上又演变出多种重要含义，习惯、习性便是其中的一种。《礼记·学记》说，"五年视博习亲师"，学者解释其中的习字含义是"常也"。常即经常、惯常。因为经常和惯常，所以自然形成习惯，这便是习俗的"习"的基本含义。"俗"字最早见于西周金文（铜器铭文《卫鼎》等）。《说文解字》称："俗，习也。"这是用转注的方法来解释"俗"字的含义，表示"俗"与"习"在意义上具有同一性的一面，"俗"的意义与"习"字相近或相通，确切而言，便是风俗的意思。"习"与"俗"连用成"习俗"一词，大约始自春秋战国时期，"习俗"一词均取风俗习惯之义。

在日常生活中，乡俗通常通过禁忌与规矩、节日庆典等方式呈现出来。常见的禁忌有喜禁、丧禁、房禁、客禁、疾禁、节禁。

中国古代社会，人们每逢节日必有祭祀；所有祭祀都是活着的人表达对先人的礼敬，这种礼敬试图把过去、现在与未来联结起来。这种试图连通无和有、虚和实的努力，实际上是在帮助人们破解无法逃避的"人从哪里来，又到哪里去"这样的终极性遭遇问题，帮助实现对人与世界的更好守护。传统中国的乡村，无时无刻不受习俗影响。许多习俗

---

① 李学勤. 字源 [M]. 天津：天津古籍出版社，2012：293.

逐渐变成了礼仪或节日，作为一种地方文化力量规范着人们的言行举止。孔子曰："不知礼，无以立也。"① 不知礼，人就难以在这个世界安身立命。乡土中国的节日庆典不只是人的发泄和狂欢，更是帮助人们在生活仪式中直觉地领悟到：我们已经成为更宏大宇宙存在的一部分。在乡土文化中，这种领悟是令人敬畏和令人身心愉悦的。现代社会，人们往往把一切习俗与节日简化为假期与休闲，再加上科学技术带来的种种便利，使处于假期与休闲中的人们倾向于对世界与万物进行全面的入侵甚至霸占，他们这种消费世界与万物的行为容易导致最后把自己也一起裹挟在其中消费掉。事实上，每一次节日狂欢过后，留给现代人与现代世界的往往只有孤独感、悲凉感甚至无可救药感。

（四）乡恋和乡愁是承载家乡记忆的重要方式

乡情的重要表达形式有乡恋和乡愁。乡恋和乡愁是一种热爱或爱恋家乡的真挚而深厚的情感体验和情感表达方式和（或）结果。乡恋和乡愁通常借助小说、诗词、歌曲、影视作品等媒介表达出来，让大家产生情感共鸣。乡恋和乡愁具有相同的本质、不同的表征。李谷一演唱的《乡恋》就是用歌曲方式表达人们心中普遍存在的、对家乡的热爱和眷恋之情。《乡恋》的歌词如下：

> 你的身影、你的歌声，永远印在我的心中。昨天虽已消逝，分别难相逢，怎能忘记，你的一片深情；我的情爱，我的美梦，永远留在，你的怀中。明天就要来临，却难得和你相逢，只有风儿，送去我的一片深情；明天就要来临，却难得和你相逢。只有风儿，送去我的深情。

《乡恋》的歌词用虚实结合的手法，通过身影、歌声等可以借助感官来捕捉的元素，渲染出人们对乡村和家乡人物的眷恋之情；通过对昨天和明天的时空转换，来阐发人们对乡村过去的怀念和未来的期待；通过对清风、明月等自然景象的描摹，来抒发人们对爱情、梦想的追求，从而多视角地渲染出人们对乡村的爱恋之情。

---

① 孔子. 论语 [M]. 肖卫，译注. 北京：中国文联出版社，2017：333.

乡愁（homesick）在英文语境中被形容为思乡病，以此说明乡愁是一种由对家乡、对亲人的思念之情引发的带有忧虑或忧伤之感的深度情感体验。乡愁是人们表达对家乡思念之情的另一种重要的存在方式。余光中的《乡愁》脍炙人口，应该算得上目前存世的对乡愁诗画般描述的中文经典。

乡　愁

小时候，
乡愁是一枚小小的邮票，
我在这头，
母亲在那头。

长大后，
乡愁是一张窄窄的船票，
我在这头，
新娘在那头。

后来啊，
乡愁是一方矮矮的坟墓，
我在外头，
母亲在里头。

而现在，
乡愁是一湾浅浅的海峡，
我在这头，
大陆在那头。

余光中的《乡愁》，在内容安排上，按时间顺序依次描述了"幼子恋母"的血缘亲情、"青年相思"的成人爱情、成年后遭遇母子"阴阳两别"的隔世离情，最后升华到对祖国大陆深沉眷恋的家国之情。在寄托乡愁的主体选择上，不同阶段维系不同层面乡愁的关系对分别是：我与生母的恋母思儿之情，我与新娘的男女相思之情，我与先母的母子隔世离情，我与大陆（祖国）的游子家国之情。《乡愁》从生活中的常人情感到抽象的家国之情的逐渐变化与上升过程凝聚了诗人自幼及老的人生历程中的沧桑体验。乡愁由具体到抽象，逐步从"日常之乡"抽象到"民族之乡"，从"地域之乡"抽象到"历史之乡"和"文化之乡"，从而使乡愁沉淀出丰富的文化内涵，也使诗歌具有更强大的表现力和更深刻的感染力。

　　对乡恋和乡愁的认真反思，能够把家乡从一个情感依归之所变成一个真正富有哲学意味和饱含文化趣味的问题。海德格尔说："在大都市，人比在几乎任何其他地方，都更容易陷入孤独。"[①] 当我们在城市貌似舒适的家中看电视、上网或聊天的时候，能够让我们安放心灵的世界实际上常常是纷繁与热闹的。家不再是真正的心灵依归之所，人实际上变成了无根的漂泊者。从这种意义上说，现代都市处处如家般的舒适性恰恰显示了人被无根性笼罩而陷入无法逃脱的孤独感和无奈感之中[②]。

　　由此看来，探讨家乡这样的问题并非只是探讨一个与个人情感相依的问题，而应该努力去揭示、解释其中蕴含的普遍性意义，尽量澄清其哲学意味和呈现其文化趣味。要帮助现代人走出无家可归的状态，把人带回家乡、带回家，使家成为一个心灵依归的所在，这是重新认识乡村，认识乡村内生出的家的文化意涵的钥匙。在这种意义上说，人们所说的思乡病所揭示和呈现的不过就是一种对在家状态的本质渴望。现在，意识到这一点的人在逐步增加，很多地方都在努力或试图努力重建自己的宗祠或重修族谱（见图0-3、图0-4）。这种行为对乡土社会的重建，还是很有一些积极意义的。

[①] 海德格尔.海德格尔文集：从思想的经验而来[M].孙周兴，杨光，余明锋，译.北京：商务印书馆，2018：10.

[②] 张晚林.什么是家乡？[EB/OL].（2019-10-03）[2020-03-09].https://www.rujiazg.com/article/17351.

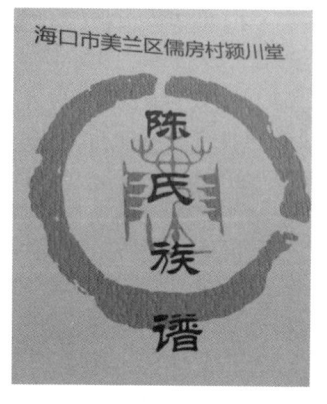
图 0-3 陈氏族谱

图 0-4 陈氏宗祠

图片来源：笔者 2020 年 12 月 13 日自摄于海南

第二节 期待边界跨越的农村与乡村

概而言之，乡村侧重揭示村落的文化心理层面，农村侧重揭示村落的经济社会层面，也涉及政治层面和地理层面①。人们谈论乡村就不可避免地要涉及乡土、乡亲、乡音、乡俗和乡情等诸多具有文化意味的方面；谈农村就不可避免地要谈到农业和农民。毋庸讳言，我们现在对农村怀有一种偏向（甚至是偏见），在言说农村时，就好像说那是穷人，那是黑人，那是女人，那是没权没势的人，其言下之意不但暗含着他们是弱势者，有点残缺不全，甚至是人类卓越品质的反例等偏于否定或歧视的意味，也隐含着某些否定性认知：这些人不良的生存形态是本分，是应然之态，是无法逃避的一种宿命。这种对农村和农村居民的偏见或歧见，在事实或态度层面上表明了农村这一概念背后隐藏着意涵的歧义性或多义性。

---

① 彭拥军. 走出边缘：农村社会流动的教育张力［M］. 武汉：华中科技大学出版社，2011：35.

一、变动不居的农村社会

当前的农村已经出现了显著分化。宽泛而言，农村既可以包括那些发达的、城镇化水平很高的农村，也可以用来指称那些原生态意味很浓厚的还处于天高皇帝远状态的农村，当然也包括数量更多的、处于上述两个极端之间、发展水平不一、共性和个性并存的农村社区或村落。泛泛而谈的农村概念实际上很难准确描摹或涵盖发展形态和水平各异的农村社会现实的丰富多样性。但完整把握农村全貌是任何机构和研究者在短时间内难以完成的艰巨任务，人们对农村的研究，一般倾向于选取一个或数个村作为个案来推进研究。本人曾经选取一个农村小镇作为个案群来展开研究。以一个镇作为研究的空间范围或相对完整的组织架构，不但可以把每个村视为一个相对完整的研究切片，还可以把同一个乡镇管辖的这些村联结起来形成一个更大的研究样本。每一个村作为一个切片既可以被看作是一个容量较大的样本或者个案，也可以从诸多这类切片中筛选和提炼出更具典型性的样本。之所以努力寻找大小不同的相对独立的不同个案材料，是因为它还可以帮助研究者发现诸多更细小的个案以及个案之间赖以互动的外部环境。比如，乡镇管辖范围内村与村之间的关系肯定与那些分散在全国各地、通过随机抽样选取而来的村之间的关系会有一些不一样。随机抽样后获得的、以不同村为单位的个案也许可以借助制度构架，通过一张无形的网线，勾勒出整个社会的宏观状况，但这种勾勒难以摆脱过于明显的人工痕迹，远没有我们所研究的在同一个镇范围内的村落之间的关系来得真实自然①。

笔者对农村的研究主要从两个层面的结构单元来展开②。一个单元是在行政上具有关联的十几个村的集合体，即乡镇。我们所具体研究的村都来自同一个乡镇，具有文化上的同源性和地理上的接近性。另一个

---

① 彭拥军. 走出边缘：农村社会流动的教育张力 [M]. 武汉：华中科技大学出版社，2011：35.

② 彭拥军，姜婷婷. 个案研究中的学术抱负：兼论个案的拓展与推广 [J]. 西南交通大学学报（社会科学版），2010 (3)：84-88.

单元是独立的村,通常也称为村庄或村落,是农村社区的基本单元。村落是血缘、地缘关系结成的一个相对独立的社会生活圈子,是一个各种形式的社会活动组成的群体,也是一个人们公认的事实上的社会单位。村落社会并不是个人的简单集合体,而是身份的结构,身份结构与村落边界存在着一定的关联。根据不同的标准,传统村落存在不同的边界。一般而言,村落边界主要有[①]:(1)社会边界。它是借助血缘、地缘关系为标志的社会关系圈子而形成的,它是村形成血缘地缘连续体的社会基础。(2)行政边界。它以行政管辖范围为标志,是权力下沉的制度性产物和制度性基础。(3)自然边界。它以土地归属权为标志,是自然村落赖以形成的地理基础或自然基础。(4)心理文化边界。它以对共同价值观的认同和社会认同为基础,是形成村落心理地理连续体关系的重要基础。(5)经济边界。它以人们从事经济活动和主张财产权利为特征,这种基础孕育着业缘关系的胚芽。"农村"这一概念所涉及的这些不同边界使农村既裹挟了乡土社会结构所具有的一些特性,也渗透了现代社会的诸多内容,还包含着中国农村的独特意味。这些特征的共同存在反映了农村村落的复杂性或多样性。目前,人们指称的农村,大多侧重于行政村而非自然村。

在乡镇和村两个层面的结构单元中,研究关注的重点是村落,因为村落就像乡土中国的活化石,承载着历史文化的积淀,也埋嵌着解读中国深层社会结构的脉络。有必要指出的是,用来明确村落边界的诸多关系准则中,实际上也隐含着大量私人关系,这是乡土社会的结构基础,也是农村呈现乡土特性的基础。正如孟德斯鸠曾经指出的那样,各种东西都有自己的法则。上帝有上帝的法则,物质世界有物质世界的法则,高于人类的神灵有神灵的法则,动物有动物的法则,人有人的法则[②]。我想补充的是,农村有农村的法则,农村中的人情、面子、礼仪等都充

---

① 彭拥军. 走出边缘:农村社会流动的教育张力[M]. 武汉:华中科技大学出版社, 2011:35.

② 阿隆. 社会学主要思潮[M]. 葛智强,胡秉诚,王沪宁,译. 上海:上海译文出版社, 2005:30.

当了农村社会具有乡土意味的行为法则。这些法则既是农村交往的符号准则,也是实现权力生产和再生产的近乎天然的工具。

还有必要指出的是,农村存在由许多相对独立、结构同源的"场域"所组成的关系性空间。不同场域有各自相对独立的运作法则,场域间的关系虽然盘根错节,但其运作过程和结果都是由它们与支配权力之间的关系来决定的:场域关系通常需要通过文化教养来培养和熏陶行动者对社会秩序、生活规则的信奉,形成对社会世界的信念经验或内在的区隔感来维护;与此同时,行动者自身形塑起来的身体倾向、语言习惯、思维方式等习性系统又区隔了行动者自身,成为行动者的出身和地位的标志。正如布迪厄所言,"行动者对社会世界的感知从来都不是简单的机械反映,而是包含了建构原则的认知活动"①。

在农村社会"村"这个场域中,活动主体是村民而不是居民,村民的社会联结比居民多。居民主要依赖生活空间的物理联结,往往缺乏经济、生活和人情等诸多方面的有效交流;居民的形成基础是共享同一个生活领域,因为它建立在陌生人社会基础上,难以成为真正的社会共同体,一般没有形成真正可分享的生活空间。仅仅只是在同一社区居住的人们,在心理上和交往关系上总体而言都存在较大距离。他们中间有些人相互认识,但主要属于点头之交,还只能算作熟悉的陌生人。

值得指出的是,在现代化背景下,农村正在发生悄然而深刻的变化。这种变化不仅表现在农村外在结构形态或者物质生活水平层面,更重要的是价值观念在各个不同时期都在发生显著的调适和变化,这种价值观念的演变对农村社会变迁具有重要意义。正如李普塞特所指出的:"一个复杂的社会经常在一种压力下,就是要调整它的结构来适应它的中心价值观,以便减轻由于社会关系的变化产生的张力,做不到这一点,就要发生社会动乱。"②

---

① 布迪厄,华康德. 实践与反思 [M]. 李猛,李康,译. 北京:中央编译出版社,1998:471.

② LIPSET S M. The first new nation: the United States in historical & comparative perspective [M]. New York: W. W. Norton & Company, 1979: 7-8.

不断增强的市场化力量所带来的最直接和最重要的社会后果就是农村借助社会流动来推动其社会分层结构的变化，这种结构分化带来的农民职业分化和经济差距扩大会改变原来刚性的城乡二元结构，并在此基础上形成新的利益关系。农村中，基层政权的弱化与乡村精英（各种能人）阶层的崛起以及传统力量的重新萌生都会影响农村权威结构和治理环境的变化，对农村社会流动产生变动不居的复杂影响。在社会流动中，农民如果在体制内难以寻求到对其合法权益的保护，制度性权威就会逐渐丧失，体制外的地方性权威就可能应运而生，农村自身也可能会发生相应的裂变或聚变。

二、农与乡的隔断与融通

农村描述的事实侧重于地理或地域，关注的是农业相关的经济属性；乡村注重乡土性以及相应的文化心理关系，乡亲、乡音、乡情和乡俗是乡土社会赖以存在和发展的社会基础和文化心理基础。农村和乡村尽管语词不同，其实最初还是具备许多相连通的东西的。现代社会改变了农村的经济社会结构，在改变农业和农村经济地位的同时，对农村乡土社会的心理地理连续体关系产生了前所未有的冲击。重新认识乡土社会的心理地理连续体关系，有利于更好地把握乡村与农村及其关系。

（一）乡土社会的邻里关系是一种心理地理连续体关系

首先，乡土社会是由无数个人关系构成的社会网络，邻里关系则是一个特殊的心理地理连续体关系。作为熟人社会的乡土社会，不但拥有一个确定群体，而且其成员可以共享一定的社会资本。这种社会资本既是集体物品，又是个人物品。在群体层次上，社会资本代表着社会网络中互动成员的一些有价值资源（经济的、政治的、文化的或社会的资源）的集合。在这个集体中，在个体层次上，成员之间有清楚的边界、互相交换的义务和相互认可的心理。腾尼斯的社区概念实际上也恰好揭示了费孝通所指称的熟人社会的某些特征，指明了社区的某些心理地理连续体特质。但这种巧合恰恰意味着乡土社会的某些特征在现代城市社区中其实仍然存在，只是由于职业的区分，城市社区很难称之为熟人社会，但社区利益的共同性与职业的接近性，加上地理上的邻近性，使城市社区仍然具有心理地理连续体的意义和可能。或者说，中国的城市社区实际上具有城市中农村的某些味道，它反映了城乡之间政治和文化的相容性和传承性。但农村中的邻里关系则更好地反映了交往距离的接近性和交往关系的亲密性。农村村落首先表征的是一个地理概念，但内在包含着一个心理概念。村落是一个真正的心理地理连续体。传统伦理、家族网络和人情信用等在这里起着重要作用，也成为人际关系的纽带。

其次，熟人社会结构形态给农村社会结构及其变化带来深刻影响。在长时段、大规模的农村社会流动背景下，它可以帮助移植乡土社会关系网络[1][2]，产生伴随性社会流动。我们经常使用农村这一概念来表征研究对象，农村作为一个经济概念表达的是与城市相对的经济活动方式；农村中的一个个村落（往往用乡村来表达）则是一个社区概念，强调的是社区的社会关系和社会秩序，它是一种处在心理地理连续体关系中的特殊秩序。我们常常使用农村而不使用乡土，主要是因为现在农村对土地的依赖下降，农村社会的乡土特性越来越不明显。随着城镇化进程加速，每年都出现了大量农村村落的终结[3]，这种终结最终可能意味着这种村落在地理和文化意义上的消失。在农村熟人社会中，农村社区尤其是邻里之间的心理地理连续体关系对农村社会流行的价值观念和身份认同具有重要影响。乡土社会中的人情关系是解读交往关系的重要尺度，血缘、地缘的融合与疏离则裹挟着家族文化、自然地理与政治权力等诸多因素之间的博弈过程乃至结果。乡土社会的特性对农村人口的日常行为产生特殊影响，并且这种乡土特性对现代化也会产生一定的反作用。

值得指出的是，随着物质生活水平的提高和农民职业的分化，农村社会日益职业化（这里的职业化主要是指非农工作的职业化），人们在

---

[1] 王春光. 京城浙江村 [M]. 杭州：浙江人民出版社，1995：219.
[2] 张鹂. 城市里的陌生人：中国流动人口的空间、权力和社会网络的重构 [M]. 南京：江苏人民出版社，2013：59.
[3] 李培林. 村落的终结：羊城村的故事 [M]. 北京：商务印书馆，2004：3.

经济和行为等方面以农业活动为纽带的相互依赖性降低，农民之间的交往时空发生重要变化，交往对象的选择也出现由地缘向业缘转变的明显态势。邻里间的交往关系主要依靠参与节庆等活动来保持所谓的"人情"关系，或者依靠工作之余的文娱活动和兴趣活动来形成事实上亲近或疏远不同的人情关系或交往关系。在这种背景下，乡邻之间的交往关系由单纯的邻里之间相对单一的心理地理连续体关系转变为邻里心理地理关系和职业交往关系并存的复合关系格局，邻里和同事之中具有共同爱好和兴趣的人们往往具有更高的交往频次和亲密度①。而交往形式和交往频次的差异容易使原来邻里之间的心理地理连续体关系出现不同水平的重组。

不管怎样，曾经与群体有过密切接触和情感联系的成员不会轻易脱离，总会留下某些痕迹。邻里关系作为乡土社会心理地理连续体的基础，会近乎天然地产生社会交往中的"我们"和"他们"，尽管这种"我们"和"他们"只具有相对意义，这就像费孝通所说的那种差序格局。乡土社会的心理地理连续体催生了几种情结：（1）强调自己家乡的独特性和优越性；（2）强调家乡的神圣性；（3）强调这种关系体现和代表了更为普遍甚至是全人类所宣扬和认同的原始价值。可以肯定，一个眼里完全找不到神圣性的民族很难建立真正的秩序，一个对乡土缺乏依恋的流动者往往会丧失自己的根。神圣性一旦丢失，往往覆水难收，就好比失去神圣性的庙宇，只能成为众人践踏的残垣；或者像那些失去神圣性的经典，难以摆脱沦为废纸的命运。

（二）家是农村心理地理连续体关系的另一种表现方式

首先，家庭制度是中国传统社会的根基。"使种族稳定的文化因素之一首先是中国的家庭制度。这种制度有明确的定义和优良的组织系统，使得人们不可能忘记自己的宗系……对这一套东西的意识也已深深

---

① 彭拥军. 走出边缘：农村社会流动的教育张力 [M]. 武汉：华中科技大学出版社，2011：43.

地扎根在中国人的心灵之中"①，家是中国人文主义的象征。家中的男人和女人只是作为统一整体的两个部分而分离开来，他们的结合只能算作这个整体的重新组成。换句话说，性别分工是产生婚姻团结的根源，它使人类最无私的倾向成为可能②。家庭关系是传统中国社会中富有意义的核心社会结构。中国人对家庭的定义超出了核心家庭的范围，它实际上包含了多世代、多家族和婚姻等在内的多重联系，这些联系形成的扩展网络提供了更多充分接触社会的机会。

家庭是一个以血亲（含拟制血亲）和姻亲为纽带而结成的充满信任的初级社会群体，它与乡土中国的结构有着很多相匹配之处。乡土中国，许多资源在很多情况下不能通过正式制度来合法获得，为了功利目的而动用人际关系时，信任是最重要的③。传统家族文化中存在着一个割舍不断的家族链，其宗族效忠意识和血缘亲情意识导致他们对往日生活无比向往，也往往由此产生扎根于地方的利益，家族在维护这种地方利益的历史中扮演了无上光荣的角色。家庭（或家族）之所以能够产生社会职业所不可能发挥的作用，是因为家庭作为一个相对完整的子系统，它的影响会扩展到经济、政治、文化、教育乃至宗教等方方面面，家庭成员之间可以分享他们几乎全部的生活，而法人团体或者职业群体只能分享他们的职业生活。在传统中国社会中，聚族而居是社会的主要存在方式或产生社会影响的基本生态，而血缘在人际关系中占有重要地位。因为血缘的重要特征是远近不等，所以在庞大的宗族中以及由这一基本单位所构成的社会中，中国人建立了独特的社会秩序与信任结构，即费孝通所说的"差序格局"。

其次，家的伸缩性产生丰富的社会功能。从社会层面看，家的伸缩性在很大程度上取决于个人及其所属家庭或家族在社会生活中的经济社会地位和政治地位。正如《增广贤文》所说的"贫居闹市无人问，富在

---

① 林语堂. 中国人 [M]. 杭州：浙江人民出版社，1988：19.
② 涂尔干. 社会分工论 [M]. 渠东，译. 北京：生活·读书·新知三联书店，2000：20.
③ 林南. 社会资本：关于社会结构与行动的理论 [M]. 上海：上海人民出版社，2005：110-111.

深山有远亲",这种言说比较通俗地表明了受血缘、亲缘关系影响的家在社会空间方面的实际伸缩状态。从个人侧面看,家的伸缩性则主要取决于个人对这种血缘亲缘关系在社会政治经济生活等诸多方面的需要程度和动员能力。一般而言,需求程度越高、动员能力越强,联系的频率就越高,联系的范围就越广,关系的亲近程度也越深;反之,关系会变得越疏远,范围会变得越狭窄。但不管怎样,传统社会的家总是呈现父系与母系双系并存的差序格局,一般以父系作为亲情建构的主要谱系。

对我们来说,受乡土文化浸染的家庭,不仅曾经是而且现在仍然是学习自我牺牲精神和自我克制精神的课堂和至高无上的道德圣地。家庭所独具的特色在其他地方是难以找到的,血缘亲属关系也是影响道德认同的一个极为重要的因素[①]。事实上,即使走出宗族的圈子进入大社会,血亲的变种与差序的标准仍然影响甚至支配着人际关系。在很多场合,人们仍然需要借助拟制的亲缘纽带(如拜把子)来强化合作中的信赖关系。

再次,家庭社会功能的演变并非否定家庭功能的独特性。家庭的社会功能最初是错综复杂、混沌不分的,后来才逐渐分离开来,自成一体。家庭各个成员根据不同性别、年龄和依赖关系,分散在相应领域,来有效行使自己的专门职能。血亲关系不是通过契约形成的,也不能通过契约断绝,但家庭义务在不断增加和不断专门化,并在不断的演化过程中慢慢具有了某些公共性质。在传统社会中,家族村落与宏观社会在结构上具有同构性。凝聚乡土文化特色的生物学力量是血缘关系,宗姓或宗族关系则是更外显、更便于观察的力量形式。这是因为血缘关系是内在的,难以甚至不能从外部观察到,而宗姓则是一种可以方便体察和辨认的社会关系。宗姓是家族内部相互认同的基础,也是家族间区分的依据,它使血缘关系具有了社会学意义。在传统的乡土社会结构中,家庭(家族)存在的经济学力量是农村缺乏可资利用的充足资源,人们只

---

① 涂尔干. 社会分工论 [M]. 渠东, 译. 北京: 生活·读书·新知三联书店, 2000: 序言 27-28.

能通过共同分享宗族已有的有限资源才能保证生存繁衍。正是由于这种生物学和经济学方面的复杂联系，家庭（家族）间形成了重重叠叠的关系网，我们都在自觉不自觉地使用它、认同它，使我们得到生活保障，能够抵御各种敌对力量，也更能享受生活的乐趣。在现代社会中，尽管家族制度不再是人们交往关系的主干，但它在中国人的社会交往中仍然起着基础性作用。改革开放后，乡土社会关系在农村呈现出的一个明显特征就是，家庭（家族）组织在经历了新的重生后，在以户为经济主体单位的农村，又出现了新的经济合作功能。"上阵不忘父子兵，打狗不如亲兄弟"的民谚仍然形象地反映了亲缘关系既是亲情的纽带，也是社会性合作的基础。经济上的合作，往往意味着更多的交往以及价值观的统一，导致更多的相互帮助和合作。

　　家庭（家族）文化包含着影响家族成员行为、观念和心态的文化线索，因为家族文化总是依存于特定的家庭活动或家庭行为中，不同的家庭活动方式构成不同的家族文化。时代的演进确实使家族文化发生了很大变化甚至使某些部分已经变得相当模糊，但家族（家庭）文化的影响依然存在。就像有学者所指出的，传统家庭或许已经动摇不定，但家庭却可能比现有的任何一个国家都会历时更长；任何一个具体的家庭可能是脆弱而不稳定的，但家庭作为一种制度化色彩的存在形态，就其整体而言，却是坚不可摧、富有活力的[1]。王沪宁则认为，家庭作为一种社会细胞，有着生存、维持、保护、绵延、族化和文化六项基本功能[2]。而迈克尔·米特罗尔和雷因哈德·西德尔认为，家庭具有宗族教化、司法、保护、经济、社会化、生育和文化等七项基本功能[3]。即使在现在，嫁娶、出生、建房、过年团拜等活动，既给家族间的交流提供了正式的交往场景，也为人们在重要场合光宗耀祖、扩大家庭和家族影响乃

---

[1] 古德. 家庭[M]. 魏章玲, 译. 北京：社会科学文献出版社, 1986：1-2.
[2] 王沪宁. 当代中国村落家族文化：对中国现代化的一种探索[M]. 上海：上海人民出版社, 1991：16.
[3] 米特罗尔, 西德尔. 欧洲家庭史[M]. 赵世玲, 赵世瑜, 周尚意, 译. 北京：华夏出版社, 1987：75.

至提高自己声望提供了机会。除此之外，家庭张贴的对联等文字性材料也往往反映了家庭的价值观或期望。笔者在调查中就发现了这样的一些对联："德孝传家厚，诗书济世长""教子孙两条正路惟读惟耕，衍祖宗一脉真传曰忠曰孝"。这些对联的内容带着鲜明的传统社会结构厚重的文化印痕。图 0-5 中的四个金色大字就言简意赅地概括了家庭文化旨趣。

图 0-5　堂构宏基

图片来源：笔者 2020 年自摄于湖南平江

可见，邻里原本只是一种地理关系，但密切的社会交往和相关的共同利益共同形成和维护着复杂的心理地理连续体关系；家则是由血亲和姻亲共同建构或维护的一种以血缘和姻缘为媒介的心理地理连续体关系。基于血比水浓的亲情，共同生活在一个屋檐下或者共聚于一个个大小祠堂中的人形成的心理地理连续体关系自然与邻里关系会有所不同。现代社会冲击了家和邻里的心理地理连续体关系,行政力量削弱了农村的乡土性,而经济互动和互惠日益成为密切人们日常行为关系的新型整合力量。因此,如何走出农村的单纯经济和行政关系,重拾昔日的乡村文化,真正实现农村与乡村的融通,这是乡村振兴绕不过去的话题。

第一章 乡村振兴的源头活水：现代高等教育对农村基础教育的介入

现代社会，教育成功往往是个体、群体或阶层实现向上流动的前提条件，教育筛选已经成为社会筛选的预备形式，它实现着对人才的预演选拔[①]。在理想状态下，教育在促进个体社会化过程中，能够帮助人们参与公平竞争，提升社会阶层地位和改善生活处境，并实现合理的社会再生产。然而，教育也可能进行不合理的社会再生产：社会中上层出身的学生在优质教育资源竞争中更容易获得成功，并在社会竞争中表现出越来越强的竞争力；农村儿童（含流动儿童和留守儿童）等社会处境不利或出身于相对不利家庭的孩子在教育选择中常常容易以教育失败的名义过早离开学校，并复制父辈的社会地位。如何使教育产生社会地位提升作用并由此使人们普遍相信教育公平和社会公正，如何使教育通过社会地位的合理再生产给农村儿童成长塑造良好的社会环境，这是确保社会进步和教育发展无法回避的问题，也是乡村振兴必须正视的重要问题。

第一节 农村流动儿童的教育尴尬呼唤现代高等教育的介入

有效开发人力资源、充分实现人口红利是任何负责任的现代国家必须正视的问题。一般而言，出身于社会中上层的个体容易获得更多接受

---

① 彭拥军. 高等教育与农村社会流动[M]. 北京：中国人民大学出版社，2007：132.

教育尤其是优质教育的机会，其人力资本开发和文化资本积累相对充分；农村人口往往聚集于经济贫穷或相对贫困的地域空间或社会空间，容易陷入文化落后或相对落后的不良成长处境中。他们的子女（包括农村流动儿童和留守儿童）总体上较难获得较充分的教育，其人力资源开发或智力呈现相对甚至绝对不足。因此，如何通过教育帮助那些受贫穷、愚昧等不利因素困扰的农村孩子最终脱离物质和精神贫困状态，并以此帮助农村地区走出落后或相对落后的尴尬境地，实现农村乃至整个社会的均衡发展，这是任何一个国家在全面实现现代化过程中必须高度重视的问题。基于此，我国全面实施乡村振兴战略的直接意义和深远影响不言而喻。然而，农村教育现实状况或者城乡教育发展现实境况与乡村振兴的美好期待之间仍然存在一定甚至较大差距。随着社会的发展和进步，不断提高的教育要求与农村流动儿童或农村留守儿童所受教育相对不足之间就出现了难以克服的紧张，这种紧张或矛盾给乡村振兴带来必须克服但短时间内又不容易克服的困难。从流动儿童发展的视角看，我们必须直面以下问题。

一、分割的城市教育：农村流动儿童不得不面对的教育处境

我国城市教育资源实际上处于丰盈与拥挤相交织的特殊状态，无论是学校教育还是学校之外的社会教育，抑或各种以家庭或家庭名义实施的教育，都是如此。从学校教育看，城市教育资源的丰盈既可以从高等学校几乎毫无例外地集中于城市得到印证，也可以从重点或示范中小学乃至幼儿园越来越向城镇、县城、中心城市和省会城市集中的态势中得到验证；城市教育资源的"拥挤"可以从学校林立的高楼与狭窄的占地面积等悖论性物理观感中获取有力的证据线索，也可以从学校物理空间的逼窄与就读学生数量的爆满二者之间严重不均衡状态中得到进一步确认，还可以从城市的许多家庭愿意倾其所有购买学区房以获得优质教育的学位等相关的种种焦虑中窥探其隐含问题的紧迫性。事实上，生均校舍面积等指标达标已经成为掩饰城市学校用占地面积衡量的物理空间严重不足的合法借口。学校建筑的容积率等客观指标反映出来的问题或者

学生上下楼和出入校园的种种不便等更可观可感的现实尴尬都指明了城市学校的拥挤状态，这种尴尬的状态已经消解了任何堂而皇之说辞的真正解释力。就校外教育资源而言，情况其实也是如此。一方面各种合法的、介于合法与不合法之间的或完全地下的补习学校或补习班显现或隐藏于城市的大街小巷中，说明了校外教育的丰盈或繁荣；另一方面城市家长在选择和购买这种市场化教育时需要做出的努力远比在拥挤的菜市场挑选到价格和品质都合适的菜品要困难，这让人感到深深的焦虑。此外，家庭教育不得不让位于或部分让位于学校教育和市场化的社会教育，是由大多数家长或没有能力或没有时间或没有信心等复杂多样的原因导致的。绝大多数家庭都无法确保自己的孩子在激烈到近乎残酷的教育竞争中胜出或者至少确保不掉队，从而只能在主动和被动之间裹挟到原本就已经拥挤的教育活动空间中来，并进一步加剧城市教育的拥挤。一言以蔽之，城市中的农村流动儿童在拥挤与丰盈交织的城市教育环境中，同样容易陷入十分尴尬的教育境地，也很难凭借教育来改变自己原有的社会分层地位[①]。

（一）社会筛选机制对农村流动儿童教育成长的影响

如果有一种机制或工具，能够实现社会阶层的合理再生产，真正实现个人社会位置与其才能和志趣之间的最佳匹配，社会矛盾和冲突将会大大减少，社会进步的动力性因素会大大强化，阻力性因素会明显弱化。遗憾的是，人类迄今为止尚未成功找到这样的机制或者工具。尽管其合理性和合法性常遭质疑，教育事实上常常充当了社会阶层再生产的合法工具。

1. 教育的社会地位提升机功能对流动儿童的牵引

在理想状态下，教育帮助人们掌握知识与技能、开发人的潜能、培

---

① 参见余秀兰，韩燕. 寒门如何出"贵子"：基于文化资本视角的阶层突破 [J]. 高等教育研究，2018（2）：8-16；刘云杉. 教育公平能否实现"逆袭"[J]. 农家科技：乡村振兴，2014（1）：64；刘云杉. 大众高等教育再认识：农家子弟还能从中获得什么？[J]. 中国农业科技大学学报（社会科学版），2015（1）：119-130.

养人的想象力、塑造人的个性，促使其在社会中获得与自身天赋与努力相称的社会位置并认同其社会分层。所谓社会分层是指社会成员在社会生活中由于自身能力的差异和获取社会资源机会的差异，在社会地位上呈现出高低有序的不同等级、不同层次的现象和过程①。社会分层既表现为静态社会阶层结构的呈现过程，也包括动态的社会流动过程。个体常常因某种标准被分成三六九等并纳入相应阶层，从而使整个社会形成有高低之分的不同等级或层次。如果特定社会分层结构得到普遍承认或默认，人们会心安理得地从事各自的职业和固守已有的社会位置，静态社会结构就比较清晰和稳定。有必要指出的是，社会结构实际上总在不断调整，阶层结构也会因社会流动而改变。按照彼特·布劳的观点，社会流动"包括人们在社会位置之间的所有流动，不仅包括职业流动和迁移，而且还包括宗教信仰的改变、结婚、收入的增加、失业以及政治联盟的变化"②。也就是说，个体或者群体在阶层内部或阶层之间通过各种形式的社会流动来实现社会阶层的动态再生产。

当代中国社会，教育对人的提升作用最容易被观察到的现象是农村人口通过教育中介作用而实现的向上的社会流动。受过一定教育的农村人口制度性向工业和城市流动最具典型性。农村社会流动即使排除其职业改变所隐含的上升意义，仅仅观察城乡之间原本只具有地理流动意义的社会流动（因为我国城市与农村的二元阻隔尚未彻底破除），也会发现其包含丰富的地位提升含义③。正由于教育具有对个体社会地位的提升作用，在很长一段时间我们把教育帮助农村人口改善命运的事实简单地提炼为"跳农门"（农村人口脱离农村户籍，实现身份和职业的非农化）和"跃龙门"（农村人口成功地被制度性纳入城市职业体系和福利系统）等符号性表达。

---

① 李春玲. 社会分层理论 [M]. 北京：中国社会科学出版社，2008：导论 1.
② 布劳. 不平等和异质性 [M]. 王春光，谢圣赞，译. 北京：中国社会科学出版社，1991：11.
③ 彭拥军. 高等教育与农村社会流动 [M]. 北京：中国人民大学出版社，2007：47.

尽管不同场域的符号性证明可能是不同的①，但学位、文凭确实已经成为人力资本的重要标志，文凭、证书这类符号性证明反映了行动者与现行制度的密切关系。换句话说，教育作为影响社会流动的一种制度性机制，实现对人的筛选并把他们分配到相应的社会位置，以此体现教育对人的筛选、配置和（或）提升作用。中国古代广为流传的"朝为田舍郎，暮登天子堂"的言说，则形象地描摹了教育筛选实现社会底层长距离向上流动的事实。客观说，如果教育的地位提升效果营造了一种适宜的社会竞争环境，这种环境有利于模糊已有的社会阶层边界，那么教育就能对流动儿童的成长产生积极的牵引作用。流动儿童一旦具有扎根城市的能力或潜力，他们就不会被迫成为新的归乡者，而容易成为城市未来的新居民。这种成功的代际流动一旦实现，必将有利于减少农村人口数量，对农村人口数量控制和质量提高具有积极作用。此外，农村流动儿童扎根城市除了有助于解决农村人口数量和质量兼容问题外，他们还是乡村振兴所需智力回流的潜在力量。

2. 教育隐蔽再生产功能对流动儿童的教育牵制

现代社会，尽管受教育权已经越来越被人们普遍视为一种与生俱来的权利，但那些所谓出身好的学生仍然能够"继承遗产"，他们即使成绩并不优秀，仍然可以进入著名学府接受教育；对出身社会底层的人来说，能够接受优质教育其实只是一种"机遇"，是一个奇迹。换句话说，现代社会，人们的教育竞争和社会竞争难以摆脱自致性因素（又称竞争性因素，是指通过后天努力获得的教育程度、文化修养、技能水平和工作成绩等个人后天可控制或改变的因素）和先赋性因素（指个体的肤色、种族以及家庭背景等与生俱来的因素）的共同制约，教育仍然可能充当社会阶层隐蔽再生产的工具。

在我国，基于分数面前人人平等的高考制度确实考虑了形式上的教育公平，录取学生时采取的分省定额、划线录取制度也在形式上兼顾了

---

① 林南. 社会资本：关于社会结构与行动的理论[M]. 上海：上海人民出版社，2005：190.

区域公平和分数公平①，但配额差异和对配额的差异性占有机会容易导致高等教育（尤其是优质高等教育）机会在不同省份之间、城乡之间、阶层之间的分配差异。有数据表明，重点高中来自精英阶层的子女比例是城市非重点高中的 1.7 倍，是重点高中内底层子女的 1.6 倍，在非重点中学中，来自底层的学生比例最高。杨东平教授做过一个抽样调查，显示"在重点高中就读的学生其父亲职业为中层以上的占 80% 以上或接近 80%"②。上述数据揭示了高中教育阶段严重的阶层分化，并揭示了家庭内部因素对教育获得的重要影响。这种社会境遇容易挫伤处于社会边缘层的农村流动儿童及其家庭对通过教育谋求社会成长的信心。

（二）阶层不合理再生产对流动儿童教育处境优化的软威胁

众所周知，哈佛大学并非只为马萨诸塞州而办，牛津大学并非牛津本地人专享，芝加哥大学也不只是芝加哥的……世界名校招生都很开放，都试图努力面向本国乃至全世界。生源多元化不仅昭示了对教育公平的追求，同时也使这些大学具有更好的异质性，容易实现不同思想、不同文化间的碰撞而迸发活力。然而，在地域公平方面，我国还有很长的路要走。比如，2013 年北京大学在北京以外招收的本科生人数为 1388 人，而该校当年本科招收了 3145 人，这意味着北京户籍学生占北大当年新生的一半以上；而据 2012 年末的统计数据，北京常住人口 2069 万，在全国 13 亿人口中占比很小。难怪有人惊呼：北京大学办成了"北京人的大学"（2012 年，90 后河南小伙程帅帅因抗议高考户籍歧

---

① 考试的分数公平与地域公平之争由来已久，以宋朝司马光和欧阳修的论争最为有名。司马光写了一篇《乞贡院逐路取人状》，建议分区录取，以确保西北地区的录取人数维持在合理水平，这就是地域公平；欧阳修写了一篇题为《论逐路取人札子》，旗帜鲜明地提出了不同观点：东南地区读书人多，故录取的总人数也多，但录取比例实际上低于西北地区，因此不存在不公平问题；此外，考试不按照分数高低择优录取，有违基本的公平。这就是我国历史上著名的地域公平与分数公平的论争。

② 吕效华，吴炜. 阶层固化视角下教育对青年发展的影响 [J]. 中国青年研究，2013（6）：11-16.

视送北大"北京人大学"的牌匾)①。

1. 学校教育分层输出引发不合理再生产

我国长期实施的、以各种名义或名称呈现的重点学校制度（以重点学校或示范学校等面目出现的资优学校都旨在通过激烈竞争遴选资优学生以确保其优势地位）都以培养少数"尖子"为主要目标。这种制度原本是针对新中国成立之初优质教育资源相对紧缺而国家发展需要快出和多出人才而设计安排的，按理应该根据教育与社会需求之间的关系变化而适时终止。然而，制度惯性和利益刚性使之持续至今，甚至愈演愈烈。事实上，在基础教育阶段，不同层级的重点学校（现在一般称为示范性学校）实际上不但人为地加剧教育领域的资源配置差异，拉大区域之间和之内的学校质量或声誉差距，而且在制造差异性教育机会的同时，给家庭和社会带来前所未有的冲击甚至焦虑。

理论上尽管各个阶层都具有自由竞争优质教育资源的机会，然而现实中，具有较强经济实力和（或）其他实力的家庭更有能力将下一代送往主要设置在城市或城镇的重点学校，并进一步强化重点学校自身以及优势阶层子弟在重点学校的优势地位。1963年，一项对北京、吉林、江西等九个省市共135所重点中学布局的调查表明：城市占62%，县镇占32%，农村占6%；其中七省市农村连一所重点中学都没有②。随着时间的推移，重点学校向城市尤其是中心城市或省会城市集中的趋势进一步强化。教育部阳光高考平台公布了2018年自主招生报名审核通过名单，湖南共有96名学生入围了清华大学初审名单，除了8名学生分别来自株洲、岳阳、邵阳、常德、娄底等地的学校，其他88人均来自长沙的学校，而来自长沙的学生主要被"四大名校"（25名学生来自长郡中学，24名来自雅礼中学，19名来自湖南师大附中，10名来自长沙市一中）包揽，这88名学生中剩余的名额除了麓山国际实验学校有

---

① 90后小伙子给北大送"北京人大学"牌匾被拘留并遣送回家［EB/OL］.（2012-09-12）［2021-09-20］. http://www.s1979.com/news/society/201209/1252531412.shtml.

② 金一鸣. 教育社会学［M］. 石家庄：河北教育出版社，1996：100.

5名外,湖南师大附中梅溪湖中学、南雅中学、明德中学、明德达材中学、望城一中各有1名学生①,省会长沙其他学校以及全省的绝大多数学校都与此无缘。2019年清华大学、北京大学在湖南省录取的25名保送生②,全部来自长沙市的重点中学,并且湖南四大名校的占比进一步提高。其他省份的情况大同小异。

基础教育阶段的资优学校和名校向城市尤其是中心城市和省会城市不断集中,意味着优质教育资源几乎与农村学生无缘,农村流动儿童尽管在地缘上更接近优质教育资源,但由于同样难以有效享用这类资源,反而更容易滋生相对甚至绝对剥夺感。事实上,地位悬殊的各级学校常常形成一系列与其社会地位相一致的学校文化,重点学校、重点班级和教学名师成为优质教育资源中第一序列的标配。学校教育过程中的阶层强化和层层"筛选"使教育的分层输出在有意无意地预演和强化不合理的阶层再生产。

2. 家庭资本差异造成的隐性再生产

家庭资本参与教育是指一个家庭拥有的各种资本——经济资本、文化资本和社会资本等多元资本对下一代的教育过程和教育结果产生正向拉动性影响。这里所指的经济资本,就是经济学中通常所说的那些资本类型(通常用物质资源或其他可兑换成货币的资本来衡量)③。在教育场域中,优势阶层的子女近乎天然地享有丰厚的经济资本,他们从小远离生存压力,在整个教育生涯中可以获得来自父母的大量投资;而农村流动儿童往往因为经济原因无法激发甚至不得不压制求学欲望,只能主动或被动地弱化对教育机会的渴望。

这里的文化资本是指"借助不同的教育行动传递的文化物品"④。

---

① 2018年清华自主招生初审名单(湖南96人)[EB/OL].(2018-05-08)[2021-11-20]. http://cs.bendibao.com/edu/201858/52075.shtm.

② 湖南省2019年拟录取保送生名单公布,这些学生拟保送清华北大[EB/OL].(2019-05-28)[2021-11-20]. https://baijiahao.baidu.com/s?id=1634790328059655104&wfr=spider&for=pc.

③ 杨善华. 西方社会学理论:下卷[M]. 北京:北京大学出版社,2006:170.

④ 杨善华. 西方社会学理论:下卷[M]. 北京:北京大学出版社,2006:171.

在一定条件下，文化资本可以通过教育证书的形式予以制度化。家庭文化资本对教育过程的影响主要体现在家长对孩子从小到大的文化熏陶、行为习惯的养成和人生目标的定位等方面的影响。有证据表明，受过高等教育的父母，其子女学业成就明显高于父母未受过高等教育的。由此可见，文化资本不仅利在当代，更为重要的是它具有可再生产性或继承性，能够固化甚至拉大阶层差距。

不妨以熊易寒的《底层、学校与阶级再生产》文中一名叫杨洋的女孩向读者展示的农村流动儿童在城市学校的求学经历来进一步说明这一现象。因为户籍限制，她在进校时被分在了"下面的班"（楼上班级学生都来自城市本地）。"勤奋""吃苦耐劳""胆怯""迟钝"这些词往往是他们这一类农民工子女的专属标签。她带着自己的梦想和"下面的人"的标签在学校里努力学习，发展特长，和本地同学愉快交流，而升学考试时一系列的制度限制导致农民工子女被迫与重点大学（优质教育资源）擦肩而过，只能去选择高职、中专和职业学院[①]。

社会资本是指"当一个人拥有某种持久性的关系网络时，这个由相互熟悉的人组成的关系网络就意味着他实际或潜在拥有的资源"[②]。一个人拥有的社会资本量，既取决于他可以有效调动的关系网络的规模，也取决于与这些网络相关联的各种人拥有的经济、文化、符号等存在形态的资本数量。一般而言，社会资本的丰厚程度常常影响一个人把教育成就转变成社会成就的成功程度。

此外，我国高等教育人才选拔机制的不断改革使主流高校的选拔方式除了统一高考外，还增加了校长推荐、特长招生等自主招生方式。客观地说，这些新的招考方式背后的理念是合理的，但其运行过程容易出现与改革初衷偏差较大的后果。正如杨东平所认为的，保送、加分、自招等高考政策反而叠加了优越家庭的优势，寒门子弟不知道拿什么和他们竞争，靠什么改变命运。教育原本具有的改变社会底层命运的工具作

---

① 熊易寒. 底层、学校与阶级再生产[J]. 开放时代，2010（1）：94-110.
② 杨善华. 西方社会学理论：下卷[M]. 北京：北京大学出版社，2006：171.

用，容易蜕变成加剧"富的更富，穷的更穷"的不合理阶层再生产工具。事实上，现代社会对人的素质要求越来越倾向于"全方位"和"立体式"，这种要求会倒逼父母、家庭教师、专业培训机构加入孩子间的教育竞争，使教育投资的时间增长，经济成本增大，而农民工家庭显然无力负担如此昂贵的教育成本，只能成为教育中的"滞后者"。高等教育容易成为教育分层乃至社会分层的终极固化工具或社会向上流动的升降机，但高等教育现在不仅尚未成为帮助农村家庭改变命运的达途，甚至可能变成使农村家庭陷入尴尬境地的陷阱[①]。

二、平衡的阶层再生产：优化流动儿童教育处境的社会条件

教育促进合理的阶层再生产是优化流动儿童教育处境的重要路径。教育如何实现制造精英与普惠大众之间的平衡，如何确认社会阶层再生产中的过程正义与结果不公之间的平衡点，如何处理个体在参与阶层再生产过程中的连续性与非连续的平衡关系，都会影响流动儿童教育处境优化的程度或水平。

（一）阶层再生产中制造精英与普惠大众的平衡

首先，在制度设计上要处理好精英与大众的关系。以"城市取向"和"城市中心"为政策价值导向、以重点或示范学校为龙头的教育分层输出体系没有真正实现"允许一部分人先富，再带动其余人一起走向富裕"的教育预期[②]，反而加剧了城乡之间和之内、发达地区和贫困地区之间和之内的教育差距。理论上说，普惠大众可以帮助全面提升民众素质，制造精英能够更好地确保国家在世界范围的竞争力。因此，如何让

---

① 参见王磊光《近年情更怯》，网络版改名为《一位博士生的返乡笔记》，转自 http://www.techweb.com.cn/column/2015-02-26/2126461.shtml. 该文"（三）知识的无力感"一节谈道：两类家庭处于最困难境地，但往往被忽视。一类是孤寡老人家庭；一类是举全家之力，把子女培养成大学生的家庭。第二类家庭主要指孩子出生于 1980 年代的家庭。孩子读书，从小学到大学，一直都在经受教育收费的最高峰，毕业后往往从事很普通的工作，但又面临结婚、买房等种种压力，因此无力回报父母，也很难在短期内覆盖教育成本。

② 程方平. 中国教育问题报告：入世背景下中国教育的现实问题和基本对策 [M]. 北京：中国社会科学出版社，2002：87.

每一个学生都得到恰如其分的发展，需要寻找制造精英与普惠大众之间的平衡点。为了尽快实现二者的平衡，重点或示范学校不应该以培养优质考生为鹄的，应该积极培养具有乐观、自信的品质和悲天悯人的情怀，立志做各行各业领袖的精英人才；一般学校应该首先致力让普通学生成长为人格健全的人，在此基础上再谋求更好、更大的发展。农村流动儿童的教育还应该兼顾一般成长和社会融入两个重要方面。

其次，要拓通和拓宽培养精英与普惠大众的渠道。具体而言，应注意从三个方面考虑：第一，持续稳定地加大对义务教育阶段的经费投入，不断地平衡增加优质教育供给，从而在资源供给端上努力消解导致农村流动儿童或留守儿童教育处境不良的经济社会因素；第二，利用经济杠杆，通过教育经费的逆向差异化分配，使教育经费和其他教育资源更好地向农村以及城市边缘人群倾斜，以此逐步缩小东中西的教育差距并实现城乡教育的均衡高质发展，逐步确保并增加农村流动儿童接受优质教育的机会；第三，组织专门经费，鼓励各地政府和民间因地制宜地将具有地方特色的冷门绝学资源渗透到教育中，丰富教育的多样性和人才培养特色，使教育制造精英和普惠大众的平衡之路具有更多更好的选择，以便使教育为地方经济社会发展提供的人才服务具有更好的适切性，使地方经济社会发展更好地体现或凝聚地方特色，从而为社会发展和教育进步寻求更具多样性和针对性的解决方案。

（二）阶层再生产过程正义与结果不公的平衡

学校教育作为狭义的教育，在发挥其促进人的发展和社会发展的功能时，如果没有成为"精英式民主的发动机"[①]，反而在很大程度上进行了社会阶层的不合理再生产，那么教育容易违背起码的正义。为了保证社会运行应有的正义，学校教育机会分配的制度设计在理论上应该向所有人开放。在实践中应该确保弱势群体的基本份额，以此确保教育的公平性和教育在阶层再生产中的过程正义，我们不能以此否

---

① 王鸥. 社会再生产的机制：基于武汉 G 中学的实证研究 [D]. 武汉：华中科技大学，2011.

认教育结果的差异性。精英人才和普通劳动者都是社会发展不可或缺的。一方面，我们应该承认优秀人才的层次性和多样性；另一方面，我们必须承认甚至倡导：每一个人都先要学会做身心两健的普通人。在此基础上，再鼓励大家追求合理分层和分化的社会阶梯上不同的位置。

值得指出的是，目前重点学校、普通学校教师和学生身上呈现的文化差异常常对应了来自相应阶层教师和学生在家庭中习得的文化惯习，而从家庭中习得的阶层惯习常常就是家庭资本长期投入和转化的结果。由于整个精英阶层共享着同样的一套精致代码（比如精英阶层的语言常常更具有系统性、逻辑性与科学性）①的文化，他们也就迫切需要保持该文化的稳定性。社会中上阶层中获得了优质文化资源的父母往往倾向于把自己的文化资本排他性地传承给子女，子女从小就不知不觉地继承了父母的文化资本。与此同时，处于社会中上阶层的人员也通常会近乎天然地集体排斥来自社会底层的人员，他们认为自己的阶层位序已经确定而不容其他阶层插入，认为即使来自社会底层的某些个体已经受过能够进入精英阶层的教育（即已经获得足够的文化资本），但这些人仍然需要满足很多其他方面的要求才有可能真正进入该阶层。正如科顿姆所言，当人们接受教育的权力在某一个社会里被剥夺时，他们往往感到只有背叛自己最亲密的人，甚至自己的亲人，才可以享受到接受教育的权利，而这种背叛并非只是简单地远离他们，而是一种积极主动的背叛②。农村流动儿童今后要获得社会中上阶层的真正认可，必须通过教育养成中上层社会所倡导的那种教养，才能逾越文化屏障。这种逾越常常意味着对原有社会阶层的主动背叛。因此，如何确保教育过程应有的正义，这是我们必须直面并努力解决的问题，但我们也要对遵循了过程正义后仍然存在的差异性结果有足够的理解和宽容。

---

① 吴康宁. 教育社会学 [M]. 北京：人民教育出版社，1998：334-335.
② 丹尼尔·科顿姆. 教育为何是无用的 [M]. 仇蓓玲，卫鑫，译. 南京：江苏人民出版社，2005：146.

（三）个体在阶层再生产中的连续与非连续发展的平衡

客观地说，个体发展和社会阶层的形成，从长时段看，是一个连续的过程；但在某个具体时间段内观察，又常常呈现阶段性和非连续性特征。对于农村流动儿童而言，树立"知识改变命运"的信念非常重要。他们需要坚信教育可以为自己提供机会，坚信通过努力学习可以获得更好的教育机会，可以提升自身综合素质，从而有助于实现自身向上的社会流动。具体而言，则需要从以下几方面努力。

首先，需要探寻合适的教育成长路径。总体而言，农村流动儿童的学习路径选择不但要考虑国家和社会的需要，更要基于自身的现实条件来考虑目标达成的可能性。在终身教育背景下，不要简单谋求一次教育定终身，完全可以通过工学交替来达成最终目标；与此同时，选择学科专业和明确职业定向时要重点考虑自身的兴趣爱好、个人专长和为社会做出贡献的可能性，这样才能最大限度地实现自我价值。只有充分考虑了教育成长和社会发展的理想性和现实性，才能更好地寻求合理的教育定位、职业定位和社会定位，从而更容易获得成功。

其次，要积极探索合适的社会成长路径。农村流动儿童的教育处境改善，既需要流动儿童及其家庭的积极努力，也需要政府的积极行动和社会的有效帮扶；农村流动儿童教育处境的优化和社会成长路径的优化，既具有连续性，也存在阶段性。毋庸讳言，现代社会的人必须具备现代人的基本素质。现代人既需要掌握时代对人生存与发展所要求的一般性知识和一定的专业性知识，也需要形成顺应时代变化和发展而不断学习和成长的能力。与此同时，在今后的职业生涯中，应该兼顾学以致用和开拓创新。因此，农村流动儿童的教育应该积极关注其社会适应能力的培养。教育除了培养竞争精神，还需要侧重培养与人相处、与人合作的精神，这些基本素养也是我国教育在目前普遍不够重视乃至有所欠缺之处。

三、嵌入城市的难题：农村流动儿童的教育困难与纾困

儿童生活在学校、家庭和社会相互交织的三重社会中，其教育处境的优化实际上应该是超越学校的，基于教育学的学科立场，这里主要从

学校视角进行探讨。在学校中,课堂是学生活动和成长的主场,精致编码语言是主流和权威语言。农村流动儿童因为来自乡土社会,在运用官方规定的精致编码语言上处于近乎天然的弱势地位,即使在家乡接受教育,这种弱势也依然存在[①]。流动儿童离开家乡在外地接受教育,则更容易遭遇叠加的语言嵌入问题。

(一) 流动儿童因语言差异引发的嵌入难题及其消解

农村儿童在自己家乡接受教育,原本就需要面对官方规定的精致编码语言系统与自幼习得的地方性语言系统之间的对接或嵌入。他们一旦跟随父母到外地接受教育,就必须直面官方语言嵌入与流入地方言嵌入的问题。

1. 语言嵌入的双重难题

在学校的教育情境中,流动儿童在语言使用上不可避免地需要面对两个嵌入难题:一是自己的方言与官方精致编码语言间的嵌入难题。具体而言,它存在以下四种情况:(1) 二者语词与语义相同,但语音语调甚至语法存在差异,导致理解困难甚至产生误解;(2) 语词相同,但语词的交际意义不同,容易导致理解偏差;(3) 语词、语义甚至语序存在差异,导致理解困难甚至无法理解;(4) 两者看不出明显的相同或者相交之处,难以甚至不可理解。这四种情况都会带来程度不同的语言嵌入问题。二是流动儿童原有方言与流入地方言间的不一致带来的语言嵌入难题。当然,这种难题并非总是存在,比如广东和广西粤方言区之间的人口流动和北方方言区内的社会流动,流动儿童语言嵌入问题不存在或者表现轻微。一旦流动儿童携带的方言在遣词造句和语音语调等诸多方面与流入地方言存在明显差别,这种差别就会影响语言交流中微言大义的捕捉和理解。埋嵌在语言中的文化差异会削弱社会交往效果,影响社会行动的合理呈现或干扰对行为结果或后果的即时理解和确切理解。在学校非正式交往过程中,同辈群体是儿童成长的小社会。在这个小社会中,除了用精致编码的语言进行交流外,地方性或者本土语言对交流和交往常常产生很大甚至更大影响。

---

① 李书磊. 村落中的"国家"[M]. 杭州:浙江人民出版社,1999:191-192.

概而言之，儿童之间语言的一致性意味着文化的一致性和默会知识的共享性，客观上能够使孩子们的交流变得更容易，大大减少误解发生的频次，使合作更加顺畅。一方面，流动儿童因语言方面的原因，难以准确理解当地语言尤其是语言背后的东西，在交往中更容易陷入他者地位；另一方面，语言差异也导致流动儿童被本土学生接纳的难度增加。

2. 语言背后的知识性嵌入难题

如果说精致编码语言裹挟着官方法定和权威的知识与文化，那么不同方言则近乎天然地融入了各种地方性知识。对农村流动儿童而言，他们在语言嵌入过程中，实际上面临三种知识（官方法定的知识或公共性知识、流入地的地方性知识和儿童携带的地方性知识）的嵌入难题。官方规定的共同性知识是所有儿童都需要共同学习的法定知识，是学校场域的公共知识，但儿童对公共知识的理解往往需要借助他们熟知的地方性知识。对流动儿童而言，他们最熟悉的地方性知识是与自己方言相连接的地方性知识，而身处异地的他们要走出他者地位，必须熟悉流入地的地方性知识，真正地方化或本土化，才能入乡随俗。由于没有种族或肤色等高辨识度的外显因素来固化或强化流动儿童的他者形象，他们一旦成功实现语言嵌入和地方性知识接纳，就可以优化他们的微观生活环境和学习软环境。

3. 语言嵌入难题的消解

在我国这样一个地域广大、民族众多的国家，需要共同创造和分享社会进步成果，才能使我们的文明达到新高度。对流动儿童而言，如何浸融在流入地语言文化之中，真正实现有效沟通、交流、合作与共享，这是判断是否成功实现语言嵌入的试金石。语言是交际的重要手段，在现实环境中习得的语言才是真正活的语言。但流动儿童的日常生活依托于家庭这个基本生活单元，而农村家庭通常更多地依赖熟人来获得社会支持[①]。构建包容各种语言和文化的社区，并创造彼此交往和交流的机

---

① 王春光. 社会流动与社会重构：京城"浙江村"研究 [M]. 杭州：浙江人民出版社，1995：208-219.

会，这是现代社会必须认真思考的大问题。比如美国就是一个典型的来自世界各国的多元文化聚集地：一所学校、一个社区往往都聚居着来自不同国家的人群。他们通常通过小区、社区、教堂、公共活动中心甚至泳池等场所给人们提供自然交往空间和机会，通过自然地交流和交往促进融合。

语言嵌入的实现还需要增长活动时间来强化交往效果。流动儿童和父母在业余时间一起参加当地活动，既有助于放松身心，又可以自然地接受某些重要信息或者发展或展现某些特长。业余活动可以帮助他们自然地掌握当地语言和理解其文化。除此之外，最重要和最基本的方式就是观看当地电视节目或收听当地广播，多渠道地学习当地语言和理解当地文化，从而更加熟练地进行语言交流，实现相互接纳。

（二）流动儿童生活嵌入的困境与出路

对流动儿童个体及其置身其中的具体情境而言，生活习惯或生活方式的差异常常带来实实在在的不便。最典型、最容易直接观察到的生活差异是饮食差异。就像英美人偏向于吃简单的冷餐（尤其是早餐，热咖啡除外），广东人爱喝汤，湖南等地人爱吃辣，这些习惯都是颇具特色且外地人短期甚至较长时间难以理解和适应的。然而，有如吃饭这样的生活细节不仅直接影响生活质量，而且可能产生某些意想不到的连锁反应。

1. 生活嵌入的困境

饮食内容与方式的差异和其他生活差异，从积极方面看，可以增加生活的丰富性，培育文化多样性。但生活方式的多样性在现实生活中常常给我们带来偏见甚至误解，影响人们的相互理解和融合。人们日常行为的差异，也渗透着某些文化差异。比如湖南等地偏好吃辣的人群到广东等非吃辣区生活，在社会流动早期容易被视为怪人，甚至由此产生很多用来娱乐的谈资[①]。对流动儿童而言，饮食质量直接影响他们的营养

[①] 事实上，主流媒体在每年的春节联欢晚会上都把吃饺子与过年联系起来。过年吃饺子其实只是北方习俗，硬把它作为全国性的过年仪式是不妥的。湖南等地过年时节宴席上都有年糕，预示着生活年年高。饮食习俗背后往往隐含着丰富的政治经济和文化意涵。

摄取和身体发育。然而，流动儿童在正常学习时段，生活空间主要是学校，且他们往往只是学生中的少数，因而很可能难以获得适合他们口味的餐饮服务。这种状况下要确保从营养摄取上促进流动儿童身体健康成长和维持饱满的精神状态就有些勉为其难。笔者在美国访学期间发现美国的相关研究和行动很重视孩子的营养问题。比如佛罗里达州对语言达不到要求的学生（主要是外籍学生）提供免费的课后阅读教学（after-school reading tutoring）时，先给学生提供必要的营养餐，再进入教学环节。罗思高的追踪研究表明，我国农村孩子学业成绩欠佳往往与营养不良、发育不良和疾病造成智力品质被遮蔽有关[①]，该研究引起了很多人的关注并产生较大社会影响。依循历史脉络不难发现，即使在发达国家，农村儿童也曾有过甚至现在仍然存在身体素质指标与城市和发达地区儿童相比较而处于劣势地位的情况。造成这种身体发展劣势的重要原因之一就在于摄取的营养量和饮食结构没有能够及时满足孩子身体发育的需要。身体发育或身体发展劣势会影响儿童正常生理机能的呈现和提高，乃至影响孩子的智力表现或学业水平。

生活习惯差异也会带来嵌入障碍。流动儿童身上带着家乡习得的生活习惯，这种习惯难免与流入地的生活习惯显得有些格格不入，他们的家庭也难以在短时间内真正嵌入到当地社会生活管理体系和日常生活的交往关系中。因此，他们的生活常常与当地人的生活很少有甚至没有交集。生活习惯或生活方式的差异会渗透到儿童的学习处境中，进而影响日常生活中非正式交往关系的形成和积极社会认同的达成。生活习惯差异容易使隔阂、偏见和误解悄然产生，并且难以及时察觉和消除。日常生活中的差异、隔阂、偏见和误解经过点点滴滴的积累、叠加而出现从量变到质变的转化。这种转化一旦被固化，就容易静悄悄地对流动儿童的生活处境和成长环境带来意想不到的甚至颠覆性的负面影响。

---

① 罗斯高. 农村儿童的发展怎样影响未来中国 [EB/OL]. (2017-09-18) [2020-07-21]. http://www.zgxcfx.com/m/view.php?aid=103152.

2. 走出生活嵌入困境的路径

生活习惯渗透在人们日常生活的点点滴滴之中，并隐含着某些沉淀在人们行为深处和隐藏在行动背后的文化代码。这些文化代码总会有意无意地渗透或呈现在流动儿童学校生活的正式和非正式关系中。流动儿童固有的生活习惯影响其在学校中的各种关系，使之自觉不自觉地成了学校场域中的他者。因此，要走出生活嵌入困境，需要努力避免他者意识被流动儿童自身及重要他人反复确认并再次沉淀和固化。

入乡随俗是实现生活嵌入的日常路径。乡俗和乡愿是黏合乡土民众的重要文化力量。正如露丝·本尼迪克所言，一种文化就像一个人，或多或少有一种思想与行为一致的模式[①]。实现入乡随俗，既反映了一个人对当地生活习惯和文化习俗认同、接纳和融入的过程，也客观呈现了外来者被当地文化习俗接纳和同化的结果。流动儿童在生活上能够入乡随俗，反映了他们对新环境、新生活方式或习惯的适应。这种适应的完成，可以有效提升他们的生活质量或生活乐趣。与此同时，高质量的生活和生活中的乐趣又会对他们的学习状态或者教育过程中的精神面貌产生积极影响。

被动植入是生活嵌入的助推方式。如果说入乡随俗是外来者主动融入当地社会的结果，那么本地对外来者的主动接纳则是帮助外来者实现生活嵌入的另一重要侧面。语言不同，生活习惯不一样，会给外来者的生活带来诸多不便，甚至影响其能否扎根。如果外来人口流入地能够主动在语言习得、生活习惯本土化以及主动给外来者提供保持某些生活趣味的便利，切实帮助农村社会流动者及其子女更快适应当地生活，就能够使流入者更乐意在当地长期工作和生活。这种境遇也会为农村流动儿童生活嵌入提供坚实基础。概而言之，如果学校或/和社区、家庭能够提供更多的语言接触机会、生活体验机会，农村流动儿童适应当地生活的潜能就容易被激活，就能更好地适应当地生活，通过教育获得更好成长就有了更大的可能。

---

① 本尼迪克. 文化模式 [M]. 何锡章，黄欢，译. 北京：华夏出版社，1987：36.

（三）流动儿童文化嵌入的阻碍及其消弭

乡村文化与城市文化、外来文化与本土文化存在相通性和相容性，也存在差异性和互斥性。流动儿童跟随父母在他乡生活，在外地接受教育，无论是认同流入地的生活方式和文化习惯，还是他们携带的生活方式和习惯被接纳，都需要一个过程。这个过程中的文化嵌入是否顺利和成功，直接影响流动儿童归属感的形成。

1. 文化嵌入的阻碍

家乡的味道是每一个游子心中割舍不断的心理依赖①。这种心理依赖往往具有某些特殊二重性：第一，具有维系与接纳的矛盾二重性。对故乡的文化心理依赖一方面有利于流动者维系两地之间的心理联系，另一方面可能对融入流入地的当地文化造成某些阻碍。第二，具有文化交流的互惠二重性。不同地域文化习俗的接触、碰撞、交流会给文化间的相互了解、理解和融通打开一扇窗口，也会给重新审视自己的文化和生活习惯提供现实参照。文化嵌入既有融通的可能，也不能忽视或无视羁绊和冲突的存在。

乡村熟人社会带来的文化羁绊。植根于农村流动儿童内心深处的是一种乡村文化。邻里之间地域上的接近、心理上的熟知形成了隐藏在乡村文化之中的心理地理连续体关系。乡村文化这种以熟人关系为基础的熟人文化尽管存在杀熟或者宰生等隐忧，但人情、信用确立了社会交往的重要基础，并成为黏合乡村关系的重要力量。流动儿童跟随父母到了一个完全陌生的环境，曾经熟悉的一切都被陌生环境、陌生人群和陌生语言文化所替代，熟人社会的那一套规则和秩序突然失灵，他们内心的冲突和不安就会油然而生。

城市陌生人社会引发的文化冲击。城市是一个典型的陌生人社会，这种城市文化与工商业发展所需要的平等交换、契约精神相匹配。它主要依靠规则、法律而不是凭借私人感情、民间信用来维系社会秩序。流

---

① 彭拥军. 嵌入性难题与化解：优化流动儿童教育处境的可能视角［J］. 教育研究与实验, 2018（2）: 67-71.

动儿童从一个充满温情的农村熟人社会进入一个陌生人充斥的城市社会，尽管城市的新异性会刺激他们萌生很多不曾有过的好奇心或探究愿望，但他们内心深处也容易产生孤独感和恐惧感。如果他们能顺利克服困难，融入当地社会，就意味着顺利完成了文化嵌入。如果无法完成这种嵌入，主动或被动退出的压力就会凸现。

熟人社会与陌生人社会的文化碰撞。流动儿童离开了熟悉的、依靠人情面子维护的、温情脉脉的田园牧歌式农村社会，来到熙熙攘攘的、充满商业意味和现代色调的城市和发达地区生活和学习。他们一方面会产生强烈的见世面的渴望感和（或）见过世面的优越感叠加形成的积极心理，另一个方面也会滋生一不小心就会淹没或消失在城市这个陌生社会之中的恐惧感，从而引发消极情感体验。流动儿童一旦被这种消极情感体验包裹，其学习情趣就会大打折扣，其成长的教育软环境就容易悄然受损。

2. 文化嵌入阻碍的消弭

地方文化差异会给交流合作带来障碍，也会给不同文化间的交流、学习、借鉴、移植和进步带来诸多机会或可能。文化间的同质性意味着文化相容和相通，文化的相容和相通使文化交流和合作成为可能；文化间的异质性虽然可能产生文化误解和文化排斥，但也使不同文化间的互相交流、学习和促进成为必要。

文化间的理解与交流有利于文化嵌入。实现不同地域文化间的相互理解，塑造流动儿童成长的良好文化环境，使他们在不同文化的共同熏陶下健康成长，这是促进流动儿童和本地儿童共同成长的重要文化基础。如何实现不同地方文化间的相互理解，如何实现文化间的有效交流，从而让流动儿童能够在各种文化共同影响下成长，这是优化流动儿童文化处境的题中之义。不同地域之间的文化互信、文化交流和文化理解是优化流动儿童成长的文化处境之重要基础或前提。有了文化互信，文化交流和文化理解就有了基础和可能；通过有效的文化交流，文化互信和文化理解能够得到强化和深化；实现了文化理解，文化互信和文化交流就充满生机活力。当文化理解、交流和互信是充满活力的，儿童成长的文化环境就是优良的。

文化融合与发展确保文化嵌入质量。文化互信、文化交流和文化理解要能够不断持续，需要满足以下几个基本条件①：一是成功萃取文化间的共同因素，夯实文化互信、文化交流和文化理解的认知基础。二是互相学习，积极吸收其他文化中能为我所用的合理因素，促进不同文化的自我发展，为更高水平的交流合作打下基础。三是要预防和及时化解文化间可能存在或者已经存在的矛盾与冲突。不管是显性还是隐性的文化冲突，如果得不到及时有效化解，就可能威胁文化间的正确理解、有效交流和充分互信。只有地方文化能够相互吸收和共同发展，流动儿童教育成长的文化环境才能不断优化。

（四）流动儿童制度嵌入壁垒及其卸除

流动儿童能够有机会跟随父母进入城市和发达地区接受教育，其背后的有力推手是阻碍城乡之间和地区之间社会流动的制度壁垒的消解。但新制度的创生与滚滚洪流般的农村社会流动在时间和空间上都不可能完全同步，并且制度规则往往还需要不断完善。因此，即使影响流动儿童教育成长的物理环境因适应社会流动需要而不断改善，制度性调整仍然需要不断推进。

1. 残存的制度壁垒影响流动儿童嵌入的有效性

正如有学者评价科举对社会流动的作用时所指出的那样，"科举制度造成了社会流动，这是中国古代在制度上优于世界其他各国的重要表现。中国唐宋时期之所以能够在经济、文化发展上高于当时世界各国，主要原因之一就是，当时的中国，毫无疑问，制度优越"②。如何通过制度建设来实现流动儿童教育处境优化，对充分发掘人口红利、促进社会持续稳定和不断繁荣具有重要意义，而认识目前已经存在或可能存在的制度瓶颈则是解决问题的前提。

首先，制度与行动的罅隙影响嵌入效果。农村社会流动原本就是在

---

① 彭拥军. 嵌入性难题与化解：优化流动儿童教育处境的可能视角[J]. 教育研究与实验, 2018（2）：67-71.

② 李强. 当代中国社会分层与流动[M]. 北京：中国经济出版社, 1993：4.

我国现代化过程中，城市和发达地区的诱惑以及对区域间利益差别的觉醒直接推拉作用的产物。但政策制定者自上而下的行动逻辑（专家献计、行政拍板与社会动员）与政策实践者自下而上的行动逻辑（利益关怀、目标关切与策略选择）之间常常存在罅隙，这种罅隙既可能是政策制定者的政策初衷与行动者的利益关怀不一致的反映，也会因政策制定者和政策行动者之间不断的互动而变化。这种罅隙及其变化容易导致政策预期无法实现或者无法彻底实现，也容易使农村社会流动者需要不断修正其流动预期与流动路径来获取政策便利。

其次，要明晰流动儿童社会流动的性质。流动儿童是伴随性社会流动的产物，流动儿童教育处境优劣实际上依存于其父母的流动状态。除此之外，直接作用于流动儿童教育的相关政策可能对流动儿童所面临的政策环境或社会处境具有更明显和直接的影响。面对数量庞大的流动儿童，国家在不断完善相关政策规定的基础上，很长一段时间采取"以流入地政府管理为主，以全日制公办中小学为主"的"两为主"政策，但该政策仍然存在某些不足。正如葛新斌指出的，"两为主"政策所凸显的财权与事权的严重不对称性，构成了流入地政府无意认真落实中央政策的制度诱因[①]。同样地，经费拨付方式也存在罅隙："两为主"政策要求流入地政府负责，财政部门要安排必要的保障经费，但并未说明由哪一级财政来保障[②]。财政投入不足和转移支付不畅等问题导致流入地政府权衡政策规定和自身利益后，在较长一段时间普遍通过收取"借读费"等形式来转嫁流动儿童义务教育财政支出的成本和压力。

2. 要理顺制度逻辑与流动儿童教育处境优化的关系

优化流动儿童教育处境的制度逻辑是流动儿童教育处境的重要抓手。它必须依循制度变迁的基本行动逻辑，及时有效地实现流动儿童在流入地的制度嵌入。

遵循公正平等的制度理念。严格说，公正与平等是相倚性很强的一

---

① 葛新斌. "两个为主"政策：演进、问题和对策[J]. 教育理论与实践，2007（15）：35-38.
② 范先佐，彭湃. 农民工子女义务教育经费保障机制构想[J]. 中国教育学刊，2009（3）：11.

对概念。换句话说，不公正的平等或者不平等的公正都容易产生偏于负面的社会后果①。教育公正意味着平等地对待每一个人，不管其民族、种族、性别和肤色等先赋性因素差异。在理想状态下，每一个人都可以获得与其能力和需要相匹配的制度保护或教育对待。对于处境不利者，还应该合理使用罗尔斯的逆向歧视原则。概而言之，公正侧重规则的不偏不倚，平等则是用来描述平衡或者解释付出与回报之间关系合理性的一个概念。如果把收获或所得与付出和智力之间的比值在不同人之间进行比较，发现这个数值相同或者相近，那么这个社会有较好的平等性。同样地，如果社会机会的分配也遵循这样的规则，社会则是公正平等的。保证流动儿童享有与本地儿童同样的教育机会，使他们有同等机会得到发展，就体现了社会的公正与平等。

借助合理的制度保护与助推。流动儿童伴随父母来到外地，常常会遇到很多本地人不曾想到和不会遇到的困难。对他们进行合理的制度性保护，帮助他们更好地适应当地生活环境和教育情境，政府、学校和社区都可以有所作为。政府可以通过学校给流动儿童提供额外的语言训练，社区和学校一起组织流动儿童家庭与本地儿童家庭的联谊，积极推动流动儿童和当地儿童结对发展，帮助流动儿童缩短适应期、提高适应水平；学校建立差异性激励制度，比如流动儿童获得了一点点进步就可以得到肯定和奖励，但获奖要求应该随时间和孩子应有的水平提高而逐步提高，最终（约一学期或一年）实现同等对待。政府、学校、社区和家庭的通力合作有利于营造更好的教育处境，有利于帮助流动儿童克服陌生感和孤单感，最终促进流动儿童更好地成长。

第二节 农村学校的现状呼唤现代高等教育的介入

农村流动儿童是农村社会流动发展到特定阶段的一种伴随性产物。

---

① 彭拥军. 嵌入性难题与化解：优化流动儿童教育处境的可能视角［J］. 教育研究与实验，2018（2）：67-71.

值得注意的是，中国目前的农村社会流动主要体现的还只是生活场所和生活方式的改变，尽管确实包含了职业形式的变化，但这些自主流动的农村社会流动者只得到了制度的部分认可（即制度上默认其流动行动的合法性），并没有得到制度的充分保护甚至常常被排除在制度保护之外或被某些制度歧视。基于以上事实，作为伴随性社会流动者的流动儿童，和其父母一样，并不是城市制度全面确认的稳定常住人口。他们之所以离开农村，除了家人团聚，享受有亲情的生活等现实原因驱动外，实际上与农村留守儿童的社会处境和教育处境不佳有着密切关系。农村留守儿童成长处境不良的事实被众多研究暴露，被一众媒体披露并被人们日益认识后，农村社会流动者产生了努力创造条件、携带未成年子女一同外出的行为偏好，由此催生了日益庞大的农村流动儿童群体。实际上，无论是农村留守儿童还是农村流动儿童的教育，都需要直面如何确保农村适龄教育人口接受到公平而有质量教育的问题。这个问题之所以受到广泛关注主要有如下原因：一是现代社会的发展引发对教育公平的普遍关注，越来越多的人倾向于认为农村儿童的教育公平是社会公平的重要试金石；二是教育除了社会化功能外，还普遍存在社会提升或筛选功能；三是农村人口接受的教育服务水平与家庭和社会的教育期待之间仍然存在显著差异并且这种差异被人们普遍觉察。农村儿童难以充分接受公平而有质量的教育，其实与农村学校的现状息息相关，甚至二者互为因果。

  农村学校撤并与农村适龄教育人口较长时段的减少直接相关[①]。适龄教育人口减少的直接力量有两个：一是强有力的计划生育政策的累积效应造成城乡普遍的少子化，对我国农村适龄教育人口的缩减有重要影响；二是部分留守儿童向流动儿童的转变大大减少了在农村学校就读的适龄教育人口。除了政策性力量外，影响少子化的背后力量，学术界一般认为有三个：（1）教育力量。高等教育逐步大众化和普及化使人们的

[①] 近几年生育政策持续调整，适龄教育人口趋于稳定并有微弱增加，但对农村教育的影响尚待观察。

生育观念出现了从重视生育数量向更加关注孩子生存和发展质量的重大转变。这种观念转变会降低家庭生育多子女的积极性；与此同时，新生代父母接受全日制教育时间的显著拉长明显压缩了年轻人的生育时间和空间，其直接表现为生育年龄推迟和代际年龄差变大，代际年龄差的拉大对人口增长产生较强烈的累积性抑制作用。（2）经济力量。一方面，随着现代社会生产力的发展，职业竞争需要成年人付出更多的时间和精力来应对，年长一代的职业竞争和职业发展的需要与家庭生育孩子的计划安排往往存在矛盾，二者关系的平衡需要在时间、空间和成本等方面进行综合性考虑，最终导致生孩子的生物性冲动容易被经济理性压制而普遍出现生育意愿减弱和抑制多孩生育意愿的情况；另一方面，不断攀高的生育和抚养的直接和间接成本也会削弱众多家庭的生育愿望并抑制真实的生育能力。两方面因素的叠加会显著抑制生育行为。（3）城市化或城镇化力量。现代化的推进与城市化水平的不断提高相伴随。城市化程度越高，人们的陌生人社会处境就越显著。

  人们择偶的有效性因为真实交际范围或者个人有效交际圈子的缩小而使有效交往频次和交往质量出现总体性下降。年轻人寻找理想配偶所需要的时间成本、信息甄别成本大大增加；与此同时，城市大龄人群数量的增加会缓解同辈群体的婚姻焦虑，使不婚和婚育时点严重推后被普遍接纳而变得很正常。值得指出的是，原来仅仅在城市凸显的这些状况开始向农村蔓延，也会诱发农村进一步的少子化。除此之外，农村普遍存在的男孩择偶困难问题，甚至部分地区出现的光棍村现象，也会进一步加剧农村适龄教育人口的有效供给不足问题，这些现象或问题都会给农村教育可持续发展带来必须正视的压力。可以肯定：我国农村学校招收的适龄就学儿童数量不足，一是农村儿童出生数量的累积性绝对减少所致，二是农村留守儿童教育处境不良被普遍觉察而加剧农村适龄儿童逃离农村学校的现象所致，三是农村适龄儿童因逃逸而加剧的供给不足与农村学校教育质量不高、缺乏竞争力现象互为因果，又会进一步导致农村学校适龄教育儿童有效供给日益不足并使农村学校陷入撤并怪圈。

一、农村学校大量撤并：严格生育政策的伴生性后果

少子化和流动性流失是农村学校适龄教育人口持续减少的直接原因，而农村适龄教育人口的持续减少则是农村学校撤并的直接原因。长时段强制性实施的计划生育政策对我国和我国农村快速迈入少子化甚至过度少子化阶段具有比较明显、持续和深远的影响。客观说，我国计划生育政策是计划经济时代的产物，具有特殊的社会经济、历史和政治背景[1]。新中国成立后，我国人口增长比较迅速，总体上大大超过了生产力增长的速度。人口数量增长过快，产生了人口消费需求相对过剩和经济发展相对不足的矛盾，二者共同作用导致经济短缺的压力凸显。在这种背景下，国家不得不采取特殊的抑制人口增长的政策。

为了有效澄清上述观点，我们不妨认真回顾一下新中国人口增长的历史：根据1953年全国第一次人口普查数据推算，新中国成立时的人口总量为5.42亿，而1954年全国人口总数就已经超过6亿大关；尽管三年困难时期死亡率异常，生育率急速下降，但1964年全国人口总数还是突破了7亿大关。换句话说，1954—1964年的10年时间，我国人口总数净增1亿；到1969年，我国人口总数又突破了8亿大关，1974年再突破9亿大关，这一阶段的人口增速已经由过去约平均10年增加1个亿的速度提高到平均每5年净增1亿人口的速度[2]，并且人口总量净增长1亿的突破时间仍然可预见地呈现逐步缩短的趋势。如果不及时对人口增长进行有效的人为干预，人口数量增长完全有可能陷入失控局面。在此背景下，经历了1950年代和1960年代对人口认识的短暂反复和政策性试点后，"人手"（指人的生产性或创造性）与"人口"（指人的消费性）的争论结束了，实施计划生育很快被列入国家议事日程。但计划生育政策该如何推进，推进力度该多大，要推进到什么程度，这几个相倚问题的解决则需要经过一段时间的试点来探索和总结。具体而

---

[1] 原新. 中国计划生育的历史演进 [J]. 百年潮，2017 (11)：14-24.
[2] 原新. 中国计划生育的历史演进 [J]. 百年潮，2017 (11)：14-24.

言，计划生育政策从强制推进到事实上基本废除大概经过了以下几个阶段[①]：

（一）计划生育政策从弹性尝试到强制实施阶段

在全国范围推行计划生育政策始于 1970 年代初期。1973 年 12 月，国务院计划生育领导小组办公室召开全国第一次计划生育工作汇报会，提出了"晚、稀、少"[②]的生育政策。该政策没有对每个家庭生育孩子的数量进行具体规定，是一个具有明显弹性的试探性政策。事实上，当时每对夫妇实际平均生育 5~6 个孩子。人们当时的生育观念主要还是秉承"大家庭、多子多福、多代同堂、男孩偏好"为核心价值的中国传统生育文化，弹性生育政策自然只能对家庭生育数量产生有限的约束作用。

为了使人口增长真正受到有效的人为控制，在经过弹性尝试之后，生育政策对生育数量的限制迅速趋紧。出台的新政策明确要求一个家庭生育数量最多为 3 个，最好是 2 个。与此同时，计划生育的宣传力度显著增大，并且上升到了"为革命搞好计划生育"的新高度。其相关内容很有时代性或历史感，故把其内容整理如下：

  人要在生育上完全无政府主义是不行的，也要有计划生育。计划生育是伟大领袖毛主席提倡多年的一件重要事情，是我国社会主义建设中的一项既定政策。

  实行晚婚和计划生育，有利于集中精力读马、列的书和毛主席的书，有利于落实战备，加强国防，巩固无产阶级专政，有利于广大妇女积极参加社会主义建设，有利于保护母亲和儿童身体健康，有利于我国民族的健康和繁荣，有利于教养后代，为无产阶级革命事业培养可靠接班人。

关于"为革命搞好计划生育"的宣传画则把计划生育所涉及的工农商学兵等主要人群形象地展示了出来，并用文字凸显了主题的革命性。

[①] 原新. 中国计划生育的历史演进［J］. 百年潮，2017（11）：14-24.
[②] 该政策的"晚"即晚婚晚育，"稀"即拉开生育间隔，"少"即减少生育数量。

计划生育的革命性色彩既通过宣传画的物理色彩来体现，又借助宣传画的红色基调来直观呈现真正要追求或遵循的精神色彩。

计划生育政策全面、广泛和深入开展后，其产生的人口数量控制作用十分明显。我国人口总和生育率从1970年的5.81迅速降至1980年的2.31，总和生育率大步向更替水平迈进，计划生育政策对实现生育率快速下降的作用十分显著，对人口总量增速的抑制作用不言而喻。

（二）全面实施独生子女政策阶段

尽管前期的计划生育政策产生的实际效果非常显著，但由于我国人口基数很大，故每年新增人口的绝对数量依然十分可观；加上人口预期寿命不断明显增长，二者叠加造成我国人口总量持续上升的势头短期内很难扭转。因此，如何控制全国人口总量不超过党和政府确定的几个重要数据关口，是当时人口政策调整十分关注的重要问题。基于以上考虑，1978年，华国锋同志所作的政府工作报告明确提出：计划生育很重要。有计划地控制人口的增长，有利于国民经济的有计划发展，有利于保护母亲和儿童的健康，有利于广大群众的生产、工作和学习，必须继续认真抓好，争取在三年内把我国人口自然增长率降到百分之一以下[①]。1980年9月，国务院领导在五届全国人大三次会议上的讲话中强调："除了在人口稀少的少数民族地区以外，要普遍提倡一对夫妇只生育一个孩子，以便把人口增长率尽快控制住。"1980年9月25日，《中共中央关于控制我国人口增长问题致全体共产党员共青团员的公开信》要求所有共产党员、共青团员特别是各级干部，用实际行动带头响应"一对夫妇只生育一个孩子"的倡议，这就是"独生子女政策"落地的历史背景。这种倡议在实践过程中很快变成了政策红线，独生子女政策由此成为我国计划生育史上对家庭可生育孩子数量限制最为严厉的政策。1981年，专门从事计划生育管理工作的国家计划生育委员会成立，计划生育工作得到了体制性和机制性确认。1982年，中国共产党第十

---

① 华国锋. 团结起来，为建设社会主义的现代化强国而奋斗 [R/OL]. (1978-02-26)[2020-06-23]. http://www.scopsr.gov.cn/zlzx/rdh/rdh1_4079/rdh11/201811/t20181121_329808.html.

二次全国代表大会将计划生育定为基本国策,计划生育在政策地位上的重要性空前提升。

客观说,人口增长和经济发展之间实际上存在着复杂的互动关系。由于人口总量增长压力过大,实施严格的生育政策成为当时无奈的选择。受严格生育政策影响,中国家庭的生育水平从平均生育5～6个孩子到政策只允许生育1个孩子,前后仅仅经历了10年时间的缓冲。人们的生育观念仅仅经过这么短时间的缓冲,实际上难以从根本上改变,故不得不强制性推进计划生育政策。在这种背景下,计划生育政策实施工作成为当时"天下第一难"的工作。与此同时,以家庭联产承包责任制为开端的经济改革正在如火如荼开展。当时的农村经济本质上仍然只是小规模的劳动密集型经济,这种经济需要大量劳动力投入,再加上当时农村除了有限的集体经济外,几乎没有任何社会保障。因此,子女数量和结构不但对家庭经济和家庭经济的可持续性发展影响很大,而且对农村养老的影响也很大。有鉴于此,强制性的独生子女政策与农村家庭生存和发展的现实需要之间实际上存在尖锐矛盾,这种矛盾在农村独女家庭更加突出。计划生育政策在执行过程中出现了一些人们不乐意遇见但真实发生的事情。因此,独生子女政策的合理调整已经到了刻不容缓的程度。

（三）独生子女政策合理调整阶段

为了调和农村生育水平与家庭生产生活稳定和提升的矛盾,国家有关部门一直尝试着对城市、农村和少数民族地区的生育政策进行带有多元化色彩的调整。1984年,中央提出"（1）对农村继续有控制地把口子开得稍大一些,按照规定的条件,经过批准,可以生二胎;（2）坚决制止大口子,即严禁生育超计划的二胎和多胎"[①],这就是著名的"开小口子、堵大口子"的生育政策。自此以后,实际执行的人口政策主要包括以下四个方面的内容:第一,适当放宽农村生育政策为"一孩半"

---

① 参见1984年4月13日发布的《中央批转国家计生委党组〈关于计划生育工作情况的汇报〉》。转引自彭云芳. 中国计划生育全书 [M]. 北京：中国人口出版社, 1997: 24.

政策^①。第二，城镇继续提倡一对夫妇只生育一个孩子的政策。第三，部分人群或地区可生育两孩，授权各个省级行政部门制定名为计划生育条例（后改为人口与计划生育条例）的地方法规，因省制宜地落实国家的计划生育政策。每一个省级行政单位，在制定相关法规时，除了坚持国家计划生育政策的"城镇一孩，农村一孩半"的基本规定之外，均有满足某些规定条件可以再生育一胎的特殊规定，但这些特殊规定各省并不完全统一，要求满足的条件最少的省份也有 5 个之多，要求满足的条件最多的省份则多达 9 个。第四，少数民族的生育政策可适度放宽。至此，城镇一孩，农村一孩半，部分人群普遍二孩，少数民族适当宽松的多元化计划生育政策的基本格局就形成了，这也是我国执行时间最长的计划生育政策的核心内容。严格执行的计划生育政策使我国总和生育率下降很快且很快下降到更替水平以下，全国很快全面进入低生育水平的新阶段。

（四）以独生为核心的政策多元松动阶段

尽管我国人口增长很快进入了低生育水平阶段，但由于人口总量仍在持续增加，国家计生部门和大多数研究者主要集中关注人口总量增长带来的压力，而对生育率的重大变化敏感性不够，以"城市一孩，农村一孩半"为核心内容的计划生育政策持续执行的时间自然就比较长。然而，人口老龄化的迅猛来临，劳动力人口开始减少和适龄教育人口逐年递减预示着我国人口结构已经发生重大变化。这种变化逐步被研究界和官方重视起来，对计划生育政策进行调整的呼声日渐高涨。计划生育政策也在小心翼翼中逐步调整。我国计划生育政策经过微调，大致分为以下五类：（1）一孩政策。政策覆盖范围包括绝大多数城镇居民以及北京、天津、上海、江苏、四川、重庆 6 省（直辖市）的农村居民。到 2010 年，这种政策覆盖的人口约占全国总人口的 37.2%。（2）一孩半政策。政策覆盖的范围包括河北、山西、内蒙古、辽宁、吉林、黑龙江、浙江、安徽、福建、江西、山东、河南、湖北、湖南、广东、广

---

① 即第一孩是男孩的农村家庭不能再生第二胎，第一孩是女孩的农村家庭允许生育第二胎。

西、贵州、陕西、甘肃等19省（自治区）的农村居民。到2010年，这种政策覆盖的人口约占全国总人口的52.8%。（3）二孩政策。一是各省份规定"双独二孩"；二是天津、辽宁、吉林、上海、江苏、福建、安徽7省（直辖市）"单独农村夫妇二孩"；三是海南、云南、青海、宁夏、新疆等5省（自治区）部分地区农村居民普遍两孩。到2010年，这种政策覆盖的人口约占全国总人口的5.8%。（4）三孩政策。部分地区的少数民族农牧民可生育三个孩子，如青海、宁夏、新疆、四川、甘肃5省（自治区）的农牧民夫妇，海南、内蒙古等地前两个孩子均为女孩的少数民族农牧民，云南边境村和人口稀少的少数民族农村居民，黑龙江人口稀少的少数民族居民。这类政策覆盖的人口数量很少，不到1%。（5）特殊政策。西藏自治区藏族城镇居民可生育两个孩子，藏族及人口稀少的少数民族农牧民不限制生育数量；全国人数较少的少数民族不限制生育数量。到2010年，这类政策覆盖的人口约占全国总人口的3.8%。2010年后，经过分省实施"双独二孩"试点后，在2013年底全面推行"单独二孩"政策[①]。

（五）"全面二孩"政策阶段

"全面二孩"政策是指所有夫妇，无城乡、地域、民族之别，都可以生育两个子女的政策[②]。2015年10月29日通过的《中国共产党第十八届中央委员会第五次全体会议公报》提出："促进人口均衡发展，坚持计划生育的基本国策，完善人口发展战略，全面实施一对夫妇可生育两个孩子政策，积极开展应对人口老龄化行动。"2015年12月，中共中央、国务院出台了《关于实施全面两孩政策改革 完善计划生育服务管理的决定》，提出了稳妥扎实有序实施"全面两孩"政策，大力提升计划生育服务管理水平，构建有利于计划生育的家庭发展支持体系，把

[①] 2013年11月12日《中共中央关于全面深化改革若干重大问题的决定》提出："坚持计划生育的基本国策，启动实施一方是独生子女的夫妇可生育两个孩子的政策，逐步调整完善生育政策，促进人口长期均衡发展。"

[②] 2015年12月27日，全国人大常委会表决通过了人口与计划生育法修正案，"全面二孩"政策于2016年1月1日起正式实施。

计划生育工作的具体目标设定为：到 2020 年，计划生育服务管理制度和家庭发展支持体系较为完善，政府依法履行职责、社会广泛参与、群众诚信自律的多元共治格局基本形成，计划生育治理能力全面提高；覆盖城乡、布局合理、功能完备、便捷高效的妇幼保健计划生育服务体系更加完善，基本实现人人享有计划生育优质服务，推动联合国 2030 年可持续发展议程的落实；保持适度生育水平，人口总量控制在规划目标之内。

（六）生育政策从强制计划到提升服务的转变阶段

为更好地坚持计划生育的基本国策，加强医疗卫生工作，深化医药卫生体制改革，优化配置医疗卫生和计划生育服务资源，提高出生人口素质和人民健康水平，国家提出了对相关部门进行改革的方案。该方案提出：将卫生部的职责、人口计生委的计划生育管理和服务职责整合，组建国家卫生和计划生育委员会；同时，不再保留卫生部、人口计生委[①]。国家卫生和计划生育委员会（简称国家卫计委）于 2013 年 3 月 18 日挂牌，该委员会的组建旨在加强以下职责：（1）深化医药卫生体制改革，坚持保基本、强基层、建机制，协调推进医疗保障、医疗服务、公共卫生、药品供应和监管体制综合改革，巩固完善基本药物制度和基层运行新机制，加大公立医院改革力度，推进基本公共卫生服务均等化，提高人民健康水平。（2）坚持计划生育基本国策，完善生育政策，加强计划生育政策和法律法规执行情况的监督考核，加强对基层计划生育工作的指导，促进出生人口性别平衡和优生优育，提高出生人口素质。（3）推进医疗卫生和计划生育服务在政策法规、资源配置、服务体系、信息化建设、宣传教育、健康促进方面的融合。加强食品安全风险监测、评估和标准制定。（4）鼓励社会力量提供医疗卫生和计划生育服务，加大政府购买服务力度，加强急需紧缺专业人才和高层次人才培养。

2018 年 3 月，根据第十三届全国人民代表大会第一次会议批准的

---

① 国务院将组建国家卫生和计划生育委员会［EB/OL］.（2013-03-10）[2020-06-25]. http://www.gov.cn/2013lh/content_2350846.htm.

国务院机构改革方案，将国家卫生和计划生育委员会（国家卫计委）的职责整合，组建中华人民共和国国家卫生健康委员会（国家卫健委），不再保留国家卫生和计划生育委员会。国家卫生健康委员会在内设机构的调整上，明确撤销了原来与计划生育工作有关的计划生育基层指导司、计划生育家庭发展司、流动人口计划生育服务管理司等三个机构。国家卫健委的工作包括以下三个方面的新内容：（1）负责承担人口监测预警工作并提出人口与家庭发展相关政策建议；（2）完善生育政策并组织实施；（3）建立和完善计划生育特殊家庭扶助制度。国家卫健委的最新职责仍然包括"负责计划生育管理和服务工作，开展人口监测预警，研究提出人口与家庭发展相关政策建议，完善计划生育政策"等内容。

  国家在建制上从国家卫健委到地方卫健委的全覆盖，意味着人口强制性计划生育在政策意义上的全面弱化和人口服务在政策层面上的全面推进。中国人口政策在短短几十年时间内的重大变化，确实存在许多值得总结和反思的东西。尽管我国对人口政策进行了广泛的讨论，但政策实施都存在强制推进特征，政策转变存在急刹车特征，相应的人口现象和人口问题均带有突发烙印[①]。2020 年 11 月，党的十九届五中全会通过的《中共中央关于制定国民经济和社会发展第十四个五年规划和二〇三五年远景目标的建议》提出了"增强生育政策包容性""促进人口长期均衡发展，提高人口素质"的政策性建议。"计划生育"的提法从政策文本中彻底消失，生育政策的包容性将会使观念上和行动上产生许多前所未有的新内容。2021 年 5 月 31 日国家又提出了"一对夫妇可以生育三个孩子"的新政策。不管怎么说，中国人口的人为干预对遏制人口快速增长产生过重要影响，也对中国人口结构形态产生了深远影响。中国经济社会等方面的迅猛发展变化与中国人口老龄化、快速过度老龄化及急速少子化相叠加，这种人口结构及其变化给教育（包括农村教育）带来了许多前所未有的无法有效预见和准确预计的挑战，也给相关研究和实践带来了极其难得的契机。

---

① 原新. 中国计划生育的历史演进［J］. 百年潮，2017（11）：11-24.

二、资源优化的名义：在试误中前行的农村学校合并

在农村学校发展的探索过程中，为了避免有限的农村教育资源产生浪费并确保学校的规模效益，全国性撤并农村学校成为一种行政主导型的积极应对方式。这种行政主导的、类似暴风骤雨式的农村学校撤并运动留下了许多值得研究的东西。就其演变的外在形式看，有学者通过梳理把它归结为四个阶段：第一阶段，撤并条件差、生源少的村小；第二阶段，竞赛式的村小撤并；第三阶段，对校车事件的反思与撤并放缓；第四阶段，撤并的急刹车[1]。

（一）被动前行的农村学校撤并

中央政府许可、地方政府主导的全国性农村学校撤并，从事实表层看，是针对农村学校普遍出现招生不足甚至招生严重不足的现实情况采取的积极应对方式；转到事实的背后，则不难发现某些潜藏着的被动甚至无奈成分。

首先，前所未有的生源压力是农村学校撤并运动的直接诱因。强制性生育政策叠加经济社会的超常规发展使我国快速进入低生育水平阶段，农村同样存在的少子化现象从源头上减少了农村学校适龄教育儿童的有效供给。与此同时，有如滚滚洪流般的农村青壮年长时段、大范围的社会流动引发的儿童伴随性社会流动，其重要后果之一就是农村流动儿童的大量产生。大规模农村流动儿童的出现在造成城市教育更加拥挤的同时，也在有力地减少农村学校适龄教育人口的实际供给。农村流动儿童的产生，除了留守家庭对儿童成长存在不利影响而导致家庭偏向于选择携带儿童到城市读书外，农村教育难以与城市教育形成有效竞争，农村学校对农村家庭无法产生有效的吸引力和赢得足够的信任感也是不可忽视的重要原因。有鉴于此，新生一代的农村父母宁愿付出更高代价，也越来越倾向于让孩子在外地或城市就读，以便帮助下一代尽可能避免重复父母那样主要依靠出卖体力打工的命运。大量农村流动儿童和为数不少的农村择校学生的存在都进一步减少了农村学校有效的生源供给，在现存

---

[1] 李涛. 撤点并校如何在执行中走样 [N]. 中国青年报，2015-09-14（10）.

教育框架基本不变的情况下①，农村教育很可能只能走在日益弱化的路上。

其次，制度性推手是农村学校撤并运动的推动力量。1985年5月，《中共中央关于教育体制改革的决定》的颁布确认了基础教育的管理权属于地方，这一决定为县域内农村中小学大规模撤并提供了政策层面或制度层面的可能空间。2001年3月，国务院颁布了《关于进一步做好农村税费改革试点工作的通知》②，该通知明确提出了"要高度重视农村义务教育的稳定和发展。农村税费改革必须相应改革农村义务教育管理体制，由过去的乡级政府和当地农民集资办学，改为由县级政府举办和管理农村义务教育，教育经费纳入县级财政，并建立和完善农村义务教育经费保障机制，加强县级政府对教师管理和教师工资发放的统筹职能"，"要进一步优化教育资源配置，合理调整农村中小学校布局。根据实际情况适当撤并规模小的学校和教学点，提高农村学校办学效益"。同年5月，《国务院关于基础教育改革与发展的决定》③提出："因地制宜调整农村义务教育学校布局。按照小学就近入学、初中相对集中、优化教育资源配置的原则，合理规划和调整学校布局。"这一文件实际上成为2001年后中国大规模进行农村义务教育学校撤并的纲领性文件。中国农村学校布局结构调整很快进入快速撤并高峰期，这是自上而下的行政动员方式产生的必然结果。

最后，运动式行政惯习是农村学校大规模撤并的助推力量。地方政府出台的诸多有关农村中小学布局结构调整的规划或意见，都以指标和计划的方式并借助行政的强有力手段来推进农村学校布局结构调整。地方政府习惯和乐意采用自上而下的行政手段，高、快、急地"一刀切"式推进农村学校撤并工作。客观说，中央关于农村学校结构调整的总体

---

① 笔者认为，对现存框架进行适应性改变的策略可能有：（1）农村学校趁机采取小班化；（2）启动农村教师脱岗进修来提高教师质量；（3）采用城市师资和优秀大学生来农村援教。这些举措的综合运用，有可能最终增强农村学校对农村儿童的吸引力和吸附力。

② 国务院关于进一步做好农村税费改革试点工作的通知：国发〔2001〕5号［EB/OL］. (2001-03-24)[2020-08-26]. http://www.gov.cn/gongbao/content/2001/content_60763.htm.

③ 国务院关于基础教育改革与发展的决定：国发〔2001〕21号［EB/OL］. (2001-05-29)[2020-08-26]. http://old.moe.gov.cn/publicfiles/business/htmlfiles/moe/moe_16/200105/132.html.

精神是合理的，该指导精神也给予了地方政府必要的自主权和对农村学校布局合理调整的必要空间。令人费解的是，地方政府在推进农村学校布局结构调整时却陷入竞赛般的狂热之中。地方政府齐刷刷地陷入农村学校撤并漩涡中，应该是有内外原因可循的。事实上，2001年6月，国务院召开了改革开放以来的第一次全国基础教育工作会议①，会议要求"要进一步做好中小学校布局调整，调整工作要坚持实事求是的原则，并注意与小城镇建设，与移民扶贫开发，与中小学校危房改造结合起来，不断提高教育资源的使用效益"，全国范围内大规模的农村学校撤并拉开了帷幕。在地方政府主导的实践中，行政运作主导的层层分解、指标式管理手段在乡村学校撤并问题上逐步盛行。有必要讨论的是，国家政策预期与地方政策行动之间为什么会产生比较明显的距离呢？这主要是因为政策理解或者执行中出现了选择性偏离。中央政府有关农村学校布局结构调整的政策话语概括性较强，而地方政府在具体的政策实践过程中选择性地把政策精神解读为强化集中办学和规模效应，这种选择性解读有利于地方政府借助国家政策力量来破解当时摆在地方政府面前的教育困局。华中师范大学教育学院课题组对调研的88个地方学校关于布局调整规划②的政策文本进行分析后发现，近90%的文本中关于实施学校撤并的核心指标被局限为规模效应、服务半径与覆盖人口，而上学距离、上学时间、交通便利度、区域文化、学校设施状况、办学历史与教学质量等因素在政策文本中极少被提及。

（二）农村学校撤并中的种种问题

由于农村学校大规模撤并后，学校的服务半径显著增大，学生上学的便利程度普遍降低。乘坐校车成为解决学生上学问题的首要选项，但有一段时间校车事故频发，迫使各界不得不直面农村学校撤并的弊端并认真反思。2006年以后，针对农村学校布局结构调整中的弊端所引发

---

① 切实把基础教育摆在优先地位：祝贺全国基础教育工作会议胜利闭幕 [EB/OL]. (2001-06-14) [2020-08-27]. http://news.sina.com.cn/c/277257.html.
② 雷万鹏. 义务教育学校布局：影响因素与政策选择 [J]. 华中师范大学学报, 2010 (5): 155-160.

的各种危机，教育部积极采取了应对策略，着重解决大规模撤点并校后日益突出的低龄学生寄宿、就学距离变远、地方教育投入减少和撤并程序随意等问题。教育部于2006年出台相关文件，试图改变地方政府过度强调集中化规模办学而导致学生就学距离变远、低年龄段学生被迫寄宿等难题。但由于社会对该问题的关注度不够，加之与学校撤并相关联的强大利益刺激，很难从根本上熄灭地方政府强烈的撤并热忱，农村学校撤并中仍然有一些问题难以在短期内有效解决。

1. 行政成本和办学成本直接或变相转移给弱者的问题

农村学校布局调整导致学生就学距离总体上明显增加，部分学生就学耗时明显偏长。李涛通过分析1185个县的调研样本，发现初中、小学的服务半径增幅分别为26%、43%，平均半径分别达到8.34公里、4.23公里，而西部地区270个县的初中、小学服务半径增幅则更大，分别达到47%、59%，平均就学距离为14.35公里和6.09公里；就学距离变远后需要改进和跟进的相关配套设施设备却明显滞后。以校车为例，其配备和监管就很不到位。绝大多数县为规避责任而不统一配备校车，让学生和家长承担全部交通安全责任。在1185个样本县中仅有288个县配备了校车，仅占样本县总数的24%。在由县配置的9639辆校车中，5%的车辆存在驾证不相符现象，35%的车辆未配备专职管理人员，22%的车辆未配备逃生锤等安全设备，另外这些配备有校车的学校中，尚有41.26万名学生（占12%）自行包租社会车辆上学。随机抽查的2944辆包租车辆中，有997辆（占34%）存在超载问题。毫不夸张地说，当时对校车的监管几乎处于全面缺位状态[①]。布局调整后所建立的寄宿制学校管理和服务能力同样不足，不仅设施建设滞后，而且还或多或少存在校园安全隐患。这种隐患的消除常常都是在家庭付出相应代价后才真正引起广泛重视。

毋庸讳言，农村学校布局调整实际上在一定程度上加重了家庭负担，导致部分地区辍学率有所反弹。家庭负担增加主要体现为交通、食

---

① 李涛. 撤点并校如何在执行中走样 [N]. 中国青年报，2015-09-14（10）.

宿、校外租房等方面的额外支出。李涛等人实证调研、重点核实的52个县的1155所学校中，辍学人数由2006年的3963人上升到2011年的8352人，增加了1.1倍[①]。

2. 城乡一体化还是均衡高质农村学校自我发展的路径选择难题

农村学校大面积向城镇聚集，农村学校数量迅速减少，以至于农村教育面临终结的威胁。农村学校布局调整实际上变成了农村学校的大规模撤并，同时催生出农村生源过度向城镇学校集中的现象。农村孩子不断涌入城镇学校，表面丰盈的城镇学校教育资源日益呈现拥挤式紧张；与此同时，由于农村学校办学区位的重心上移[②]后，农村学校生源不足问题实际上仍然没有得到解决，在日趋严重的马太效应中，农村学校实际情况不容乐观。

农村学校现状不容乐观实际上就是农村教育在某种意义上的终结。有些学者和政策实践者认为，农村学校终结的威胁并不是一种危机，反而是城乡一体化或统筹城乡发展政策实践的机遇，是农村教育发展的必然结果。这种观点的实质就是农村学校的终结是另一种形式的教育成果产生必须承受的代价。这种城乡一体化的实质，从农村教育而言，就是农村教育城里办或农村教育融入城市教育。

笔者认为，乡村教育发展绝不能在提高教育质量的口号声中把农村学校布局结构调整片面化地理解为农村学校撤并。如何办好农村基础教育，通过农村教育自身的优质来实现城乡教育均衡发展或城乡教育的一体化发展，才是农村学校发展的未来方向。在农村通过增建、拆分、复校等方式来造就一批高质量的小微学校，应是当下及未来农村学校布局结构调整的内在要义，与撤点并校一样，它们都将根据不同地区的实际情况以及发展趋势来调整。与此同时，撤点并校也并不应就此终结，应结合地方实际和发展需要因地制宜地推进。农村学校布局调整，首先应该遵循教育逻辑，其次才是考虑行政逻辑。在具体的规划中，则首先要考虑人口当前和长远的发展变化，使农村学校具有必要的包容性或发展

---

① 李涛. 撤点并校如何在执行中走样 [N]. 中国青年报，2015-09-14（10）.
② 即原来就近办在村里的小学和幼儿园，大多数建制性地上移到乡镇政府所在地。

弹性。高等教育培养合适的农村教师是应对农村发展和农村人口变化之教育挑战的必要策略，也是高等教育成功介入农村教育和农村学校发展必须有所行动之处。

第三节　现代高等教育向农村教育注入生机与活力的思索

在古代，个人在捕猎和种植等方面突出的体能与智能是赢得社会地位或实现向上流动的重要依据；中世纪的欧洲社会，教会是拓通社会阶层的通道；在依靠武力开疆拓土的时代，军队成为向上流动的阶梯；工业革命后，在贸易和制造业上的成功，往往成为一个人进入上层社会的途径；在传统中国社会，权力与知识结盟是因为知识可以为权力所用，可以增强权力的合理性和权威性，而权力可以保证知识产生更大影响力并获得更多社会资源。唐代有"满朝朱紫贵，尽是读书人"的说法，比较通俗地描述了中国传统社会中的文化政治景观，教育成为获取权利、财富、声望乃至其他重要社会关系和社会资源的重要手段[①]。知识与权力结盟，使教育成为提升个人乃至家庭或家族地位和声誉的重要手段。教育助推寒门出贵子之所以被广泛关注是因为它实际上是社会公平梦想的一种实现方式。在中国古代社会，"学而优则仕"是最容易被观察到的寒门出贵子的路径。中国古代的文官制度实际上一直采用凭业绩和凭血缘这两种不同的方式来选拔或推选官员。从社会流动的发生机制看，即存在着竞争性和赞助性流动两种类型，而赞助性流动实际上处于主导地位。"寒门出贵子"实际上反映了社会对代内或代际的上升性社会流动尤其是长距离向上流动的一种积极期待。

一、寒门新贵：值得研讨的教育社会现象

在中国传统的乡土社会，大部分人的生命轨迹贯串于生于斯死于斯

---

① 彭拥军. 高等教育与农村社会流动 [M]. 北京：中国人民大学出版社，2007：1.

的农耕生活中,勤耕是生活的重大需要,甚至就是生活本身。读书识字的价值主要体现在以下三个方面:一是帮助人明白基本的生活道理,便于与人相处;二是增长见识,开阔眼界;三是充当社会筛选机制,把那些资质优良的孩子挑选出来支撑门庭和推动社会发展。在这种认识中,寒门出贵子更是特别引人关注,因为它反映了上升性社会流动渠道的通畅性,在给社会中下层跻身社会中上层留下了通道的同时,能够舒缓甚至化解阶级或阶层之间可能存在的某些对立与紧张。寒门贵子的个体性或集体性故事就能够演绎成人们广泛关注的社会公共事件。

(一)秧田村:读书改变命运的村庄故事

在普遍浮躁的今天,很多村庄仍然在默默传递着"读书改变命运"的故事[①]。湖南省浏阳市沙市镇秧田村有一堵"博士墙"(见图1-1),尽管它是现代物品,但仍然能够较好地反映传统与现代的赓续。

图 1-1 秧田村"博士墙"
图片来源:笔者 2022 年 6 月 22 日摄于湖南省浏阳市沙市镇秧田村

---

① 村里的"博士墙":读书还能否改变农村孩子的命运?[EB/OL].(2019-05-22)[2022-07-22]. http://news.china.com.cn/2019/05/22/content_74809542.htm.

自 1977 年中国恢复高考以来，秧田村已经有 800 多个孩子考出了农村（其中包括 26 名博士和 176 名硕士）。为此，秧田村专门用一堵两层楼高的墙面（博士墙）来记录全村已经走出来的 26 名博士的信息，并在墙上写上哈佛大学、清华大学、北京大学、南开大学等知名大学的校名。博士墙顶部写着红色大字"知识改变命运 文化孕育美德"，墙的中部则写上"博士墙"三个绿色大字，三个大字下面则用虚实结合的字体写着"勤耕重教 耕读传承"八个字，以此彰显乡土社会浓厚的传统色彩。博士墙实际上是秧田村新时代的教育图腾或文化图腾，它以显明的方式表达了村民共同的文化信仰和教育期待。

1. 秧田村人才辈出的文化力量

图 1-2　秧田村"耕读文化馆"

图片来源：笔者 2022 年 6 月 26 日摄于湖南省浏阳市沙市镇秧田村

秧田村人才辈出，看似偶然，实则必然。说其偶然，是因为考试选拔制度的废除与恢复都不是秧田村人能够左右的，他们凭借教育实现社会地位的跃迁很有几分偶然性；说其必然，尽管不能排除城市竞争力量尚未全面觉醒和成长等外部力量的隐性谦让或变相助推，以及较长时段内教育只是社会升迁渠道中的一种充满不确定性和艰难度的正规渠道等外在原因,但是秧田村确实有着从千千万万个与之竞争的农村村落中脱颖而出的内部性根由。它自身的乡村文化确实成功孕育了不为外在变化轻易左右的内在力量。

(1) 勤耕重读的家庭文化。村民们现在的收入水平普遍提高,家里的房屋建得越来越漂亮,农村的道路也修得越来越宽敞,现代观念已经越来越深入村民的心中,而传统的"敬师长,信朋友,力耕种,勤诵读"等家训仍然被该村村民敬畏和践行。这就不难理解为什么秧田村博士墙上会写上"勤耕重教"。这种精神仍然是该村各个家庭崇尚的家庭文化的重要内容。在这个乡村里,有很多为人称道的勤耕重读的故事。该村的罗建植是地地道道的浏阳农民,他虽然只有初中文化,但他立誓,即使借米吃饭,也要让自己的孩子读书。正是由于有这样坚定的信念,他的两个儿子罗洪涛和罗洪浪都在上海交通大学完成了博士学业。他孩子小的时候,秧田村的每家每户,无一例外,都是家境清贫,孩子们都需要在读书之余努力做家务。他的孩子读书回来,也要割牛草、挑水。正是各种各样的家务活锻炼了孩子们吃苦耐劳的精神,磨炼了他们的意志,使他们更加切实地感受到读书机会的来之不易,因此更加珍惜这样的机会。

(2) 崇文重教的村庄文化。秧田村除了普遍重视家庭文化对孩子成长的熏陶外,还形成了良好的村庄文化传统。村庄文化最直观和最典型的表现就是该村很早就有自己创设的书院。据村民介绍,村里的文光书院由清朝举人彭子铨变卖家产并带领当地开明乡绅、当地名人等一起捐资创办。在文光书院,每天早晨都有琅琅书声传出。陈永流是秧田村文光书院的英语教师,他对此感触很深,也获益良多。他的学生中有4个全日制博士,他的儿子也已经博士毕业。除了先贤们留下的乡村文化财富外,秧田村的新一代乡贤们组织成立了村教育基金会。这个由秧田村自发成立的民间组织每年都会对考取大学、获得硕士或博士学位的村民家庭进行奖励并张榜表扬。除此之外,还有乡贤个人创办的各种奖励基金。比如李昌开成立了教育教学奖励基金,负责为学校师生支付伙食费；黄蔚德出资 100 万元成立了敬老爱亲奖励基金，积极引导敬老爱亲行动，倡导文明之风。可以毫不夸张地说，崇文重教的文化心理已经融入秧田村的文化土壤中，引导着秧田村的一代又一代的年轻人勤耕重读。

（3）全村共享的书香文化。为了营造鼓励小孩发奋读书的社会氛围，给孩子树立起可以亲身接触到的学习榜样，每年高考成绩揭晓后，村干部都会带着 400 元奖励金去每个考上重点大学的学生家里道贺。近几年经济发展，村里将奖励金提高到了 1000 元，奖励的形式也有新的创意，凡是有子弟攻读博士学位的家庭，不光会在博士墙上反映出来，其住所的门前也会贴上一个"书香家庭"的牌子，并获赠一块"博士匾"。该村村民屈伟员的女儿屈婷是博士墙上的第一个女博士。她在 2003 年考入南开大学后，一直读到了博士。屈婷的家里就有一块"博士匾"，屈家将该匾悬挂在客厅显著位置。人们进入客厅就能看到写着"恭维屈婷同学荣获博士学位"的匾额。这几个大字印在一张红色的纸上，装裱在一个 1 米宽的带金色外边的长方形玻璃框中。在秧田村，一个人的成功不仅是他本人和全家的光荣，也是左邻右舍乃至全村人的光荣。

2. 秧田村带给人们的教育启示

秧田村作为博士村，因其学霸气质早已闻名全国，秧田村的博士墙近些年还在不断增添光芒。一定有人想问：博士村的成功能否复制？这是一个难以直接回答的问题。人们接受教育的过程和结果其实都充满了确定性和不确定性，而如何从充满不确定性的世界中寻找确定性，这不仅是一个商业领域或经济学领域的难题，也是教育和教育学甚至是人类面临的一个难题。尤其在普遍浮躁的今天，秧田村仍然能够用行动默默而坚定地诠释"知识改变命运"的信念，这是十分难能可贵的。人才培养不是一朝一夕之事，秧田村的教育故事埋嵌着许多能够感受或需要发现的教育启示。

（1）父母对教育的态度影响甚至决定后代对知识的态度。秧田村村民罗碧波说："自家的学风源于母亲带了好头。"罗碧波母亲对待知识严肃认真,"她对书爱得一发不可收拾,现在每天还要坚持读书两三个小时"。母亲长久坚持的读书习惯深刻影响了这家人,激发了孩子们对学习的热情和对知识的渴求。尊重知识的态度是可以影响后代甚至代代相传的。父母以身作则,孩子就能有样学样。无论在哪个年代,父母对于孩子的影响都是潜移默化的,都是意义深刻的。父母尊重知识的态度,往往影响甚至决定几代人对待知识的态度。由于罗碧波母亲的言传身教,孩子们很自然地像母亲那样读书并爱上了读书;在耳濡目染中,孩子们跟着长辈求知求学。就这样,对知识的尊重代代相传。

可以肯定,孩子对学习的热情不单单来源于课堂,更来源于日常生活,来源于父母的示范、鼓励和鞭策。在生活中,一点一滴的小事都可以向孩子传递学习的意义,起到"点石成金,滴水成河"的作用。父母的每个行为都在无声地告诉孩子学习意味着什么,父母对孩子学业的关注也让孩子意识到学习是一件多么重要的事情。秧田村村民罗建植的平板电脑里装满了与孩子学习成长相关的各种照片,比如高考成绩单、博士研究生录取通知书。保存这些照片不仅能记录孩子成长中的点点滴滴,还能通过这些生活和学习中的点滴,无声地告诉孩子坚持不懈的学习可以取得怎样的成就,可以创造怎样的奇迹。此外,这些记录也是家里长辈以他们为荣的见证。这种通过生活点滴把无形的爱有形化的行动会激发出孩子们最浓厚的学习兴趣。更重要的是,罗建植对孩子一路走来的学业成就如数家珍。家长对孩子成长的重视无疑会是孩子成长路上的一大助力。

(2) 对教师尊重的程度影响学子成长的高度。秧田村成为博士村绝非偶然。这个村不仅内部充满着厚重的"崇文"文化,能够让人们看到文化的力量和教育带来的成功,还与周边几个村子一起成为了有名的"博士村群"。这里出了 36 名博士,八分之一的村民是大学生。这样的数字放在哪都让人眼前一亮。况且这里还不是教育资源丰富的大城市,仅仅只是小乡村。这里博士扎堆,源于崇文重教。正如苏轼所言:"博观而约取,厚积而薄发。"① 这里正是因为有这样的崇文重教的文化积累,人们的精神得到了鼓舞,整个家园充满了一种书香氛围。正如曾任长沙市委常委、浏阳市委书记黎春秋所言,"好家风、好乡风、耕读文化代代传承,凝聚成一股强大的力量,不仅改变了村容村貌,更强化了精神文明建设'内核'"。

图 1-3　秧田村"教授墙"
图片来源:笔者 2022 年 6 月 26 日摄于湖南省浏阳市沙市镇秧田村

除此之外,秧田村人尊师重教,这是教育成功必不可少的甚至是极为关键的一环。只有让孩子们对老师心怀尊敬,才能亲师信道,才能更好地激发孩子们的求知欲,才能让良好的求学之风代代相传。如果连教师都不能得到应有的尊重,教育之路必将坎坷难行。事实上,秧田村之所以能够成为著名的"博士村",离不开村中教师对学生们的悉心栽培,

---

① 苏轼《稼说送张琥》。

也与秩田村不断努力提高教师工作待遇，以便更好地激发教师的积极性和创造性分不开。

要让更多优秀的老师留下来，就需要努力为老师们提供更适宜的工作环境，让老师能够心无旁骛地投身工作，这样才能更好地满足孩子们的求知欲，为孩子的未来发展铺平道路。只有更好地提高乡村教师待遇，让农村学校留住人才，才能有效保证师资资源和教学力量的数量和质量。只有教师群体得到应有的尊敬，才容易形成更适宜人才培育的社会环境，从而为人才返乡或智力回流提供铺垫和可能；只有在农村形成可循环的优秀人才链，才能不断提高村民的知识文化水平，并提高乡村对知识和技能型人才的吸引力和吸纳力。

（二）寒门出贵子：农村教育处境优化的试金石

2020年我回到老家，陪同父母去舅舅家看望长辈。这次看望行动，无意中使我发现了一个多年来一直在努力寻找但一直未果的案例。舅舅家的近邻，一个贫寒家庭出了一名在本地出生、在本地接受教育但成功考上北京大学的孩子。这是我一直苦苦寻找的"寒门贵子"的宁乡版本。在好长一段时间，我都有一种朦胧的感觉，就是寒门出贵子似乎变得更难了。寒门出贵子是一个附加了很多社会意义的重要现象，是一个内含多重分析价值的社会事实。

1. 偶遇案主

2020年8月29日我和父母来到舅舅家，有幸发现了一直想获得但总是未能成功的案主线索。发现新寒门贵子，且案主黄泽中就在我的家乡，这让我十分激动。在网络公共媒体和自媒体都很发达的今天，发现具有田野研究价值的对象按理应该更加容易。然而，案主的故事如果没有演变成广为关注的重大公共新闻，往往容易淹没在各种信息碎片中，反而不容易引起关注。即使有幸发现了合适的案主，要进行深度挖掘仍然需要研究者自身把握好在研究者与研究工具之间合理转换的技巧，才能够顺利进入现场并实现深度挖掘。

我看到黄泽中家外墙上悬挂的醒目的条幅，当时下意识地就拍下了如下照片（见图1-4）。

图 1-4　黄泽中的家

图片来源：笔者 2020 年 8 月 29 日摄于湖南省宁乡市

黄家住宅不大，但看上去喜气洋洋，悬挂在房屋正面显眼处的上下两行字反映了基层政府和乡亲们的期盼和祝福。上面一行写着："数年寒窗征战场，金榜题名天下晓。"下面一行分别是"热烈祝贺双凫铺镇双凫铺社区黄泽中同学金榜题名！"和"热烈祝贺五亩冲组黄泽中同学考上北京大学！"。

当事人黄泽中已经提前到北京大学读书了，因此一时没有机会和他本人面谈。为了掌握一些基本信息，笔者先在当地的新闻平台进行搜索，获得了如下新闻（题头）：

679 分！今年宁乡唯一考上北大的这位学子是宁乡人的骄傲！

寒来暑往勤耕耘，八月放歌奏凯旋！

宁乡一中理科学子黄泽中

以 679 分的优异成绩被北京大学生命科学系录取

录取通知书已于 8 月 23 日送达

在熟人社会中，调查获得准入相对容易。笔者除了通过左邻右舍和黄泽中的中小学老师进行了基本调查外，还顺利地加上了他的微信，希望通过多渠道、全方位的调查，能够准确把握事实及其背后的东西。

2. 真实寒门

湖南宁乡是典型的江南丘陵地区，靠山而居是很多农村家庭的自然选择。黄家住宅是一栋依山而建的独立平房，房屋正面贴上了瓷砖，看上去整洁漂亮。这一栋不大的平房其实住着两户人家。房子右边的那一头住着黄家已经成家的大儿子一家三口，房子左边的一头则是尚在读书的黄泽中和他父母的住所。即使只从居住条件看，在已经进入中国百强县市前列的宁乡，黄家仍属于比较典型的贫困户。

黄泽中的父母都是地道的农民。他们读书不多，赚钱也不多。他们在学习上无法给黄泽中提供帮助。父母能够做的，就是倾其所有，让孩子安心学习，能够心无旁骛地努力向上。

对他们家来说，黄泽中被北京大学录取其实不算新闻，但拿到通知书（见图1-5）的那一刻，一家人还是抑制不住那种高兴劲，因为这意味着黄泽中上北大已经得到了制度性确认。

"我23日接到镇邮政快递工作人员的电话，把手里活一丢，马上跑去把录取通知书拿回来。心里很高兴，也感到非常自豪。"黄泽中母亲黄南香开心地说。录取通知书拿回家后，一家人高兴地把录取通知书看了又看，喜悦之情无法言表。

图 1-5　黄泽中的北京大学录取通知书
图片资料来源：黄泽中本人提供

3. 寒门贵子的启示

黄泽中同学是我发现的就在身边的寒门贵子（见图1-6）。他的成功离不开其突出的天赋和种种与众不同的努力，也离不开家庭和社会创造的机遇和提供的帮助。

图 1-6　让宁乡人为之骄傲的学子黄泽中

图片来源：作者于 2022 年 6 月 18 日摄

图片说明：图片的背景是黄泽中的"荣誉墙"，墙上张贴的是他在各个阶段获得的奖状。

（1）个人的出众的学习体验。每一个优秀的学生，都有自己偏爱的学习习惯或方法，黄泽中同学也不例外。他的学习经验主要有以下几个点：第一，在课堂上，跟着老师思路走，不分神，以求所学知识当堂基本掌握。第二，课后作业以求质不求量为原则，做题争取做到举一反三，触类旁通。第三，重视合作学习。古人说，独学而无友，则孤陋而寡闻[①]。不要一味提倡教育竞争，要重视学生之间各种方式的合作学习。黄泽中认为，如果能够找一个合适的学习伙伴，在相互鼓励和帮助中共

---

① 戴圣. 礼记 [M]. 贾太宏，译注. 北京：西苑出版社，2016：428.

同进步,实现科目优势互补,能够获得事半功倍的效果。"班上有个英语成绩比较好的女同学,她帮我提升英语,我帮她提升理综,两个人相互勉励,共同进步,这次高考她也取得了不错的成绩。"黄泽中如是说。

(2)动手能力很重要。黄泽中同学看上去显得有些静,实际上他也很喜欢运动。羽毛球和乒乓球,他样样都会;跑步,也很积极;其他方面的动手能力实际上也很强。他中小学阶段在运动和动手能力方面的情况,笔者已经无法亲自见证并取得第一手材料了。我个人对其访谈的某些内容,实际上已经从他后来在大学学习过程中完成的某些作品中初步得到了证实。下面的图1-7和图1-8就是黄泽中在北京大学读书期间自己独立完成的作品。

(3)不能忽视的社会支持。黄泽中同学一直成绩优异。在小学毕业时,得到了贵人(他的老师)指点,申请了长沙的知名初中和宁乡最好的金海中学。金海中学给予他学费等方面的减免力度大,因此他最终选择在该校完成了初中学业。在选择高中时,他也有实力在长沙四大名校

图 1-7 黄泽中作品《花上花》

图片来源:黄泽中微信朋友圈

作品说明:这是一幅用干花呈现的作品。作品的核心部分是把鲜艳的干花通过立体设计,形成了花上开花的景致;作品的四角则是用干花制成的四丛环绕的"红珊瑚"。

图 1-8 黄泽中作品《浓雾乡间路》

图片来源：黄泽中微信朋友圈

作品说明：该图通过运用生物化学等方面的综合技术，形成了一幅富有乡土气息的压花画。该花的近景渲染出树木丛生、百草丰茂和鲜花盛开的场景，鲜花中间呈现了一条逐渐"消失"在浓雾中的乡间小路。

和宁乡一中之间进行选择，而宁乡一中提供的资助政策，可以使他心无旁骛地免费读完整个高中。这种优惠政策对家境贫寒的黄泽中来说是最大的福音。北京大学刚好有强基计划并且也有他喜欢的专业，就这样他进入了北京大学。除了要学习专业基础课、必修课、选修课以外，他会花很多时间在科学研究上面，因此会比较早就选定一位合适的导师来跟他一起做研究。在就业方面，黄泽中表示，"我直接往服务于国家基础战略的方面去努力。选了强基计划就意味着选择了一条服务于国家、服务于社会的道路"。

结语

不管是群体意义上还是个体意义上的寒门贵子，从现实层面看，它不但给出身底层的人们带来了希望，由此使他们觉得社会是公平的，努力是具有积极意义的，而且也给出身高位的人带来了解和理解社会底层的更多机会，有利于增进不同阶层间的了解和理解，减少不同阶层之间可能产生的社会隔阂和社会冲突，起到社会减压阀的作用。从历史层面看，凡是向上流动道路比较畅通的时代，往往政治更加昌明，经济更加繁荣，文化更加发达，社会文明更加彰显。

二、寒门新贵：乡村振兴背后的社会思考

寒门出贵子，从教育的视角看，其实就是教育实现了其预演的社会选择功能，但这种选择功能实际上会呈现出教育张力（educational tension），也就是说，教育会产生一种向度相反的矛盾力量：一方面，教育可能产生社会地位或社会阶层的提升作用，诱发上升性社会流动的广泛出现；另一方面，教育也可能固化原有阶层，阻塞向上流动的通道。尽管有人说，"阶层固化"只是一种"老调"，但每次重弹都容易在网络上引发各个阶层尤其是中层群体的集体焦虑和研究界对底层社会的担忧。有学者认为"阶层固化"并非是一个经过反复论证而产生的严格的学术概念，而可能是一种被舆论放大的风险[1]。我国的社会阶层结构到底是流动的还是固化的，如果从城镇化和高等教育接受者等方面的数据看，显然是社会流动比阶层固化更容易被观察到，也更容易得到数据支持。事实上，这类讨论在近些年来从学术争鸣议题蔓延成街头巷尾的舆论，并演化为产生强烈社会反响的学术议题和公共话题。这种讨论折射出的社会问题实际上是人们对确实存在的某些阶层固化现象的集体焦虑，其背后隐藏着人们对当前社会向上流动机制的普遍担忧和不满[2]。如何正确看待教育在社会升迁和社会发展中的作用，确实已经成为一个需要用审慎研究加以有效澄清的学术问题和大众议题。

---

[1] 朱光磊，李晨行. 现实还是风险："阶层固化"辨析[J]. 探索与争鸣，2017（5）：76.

[2] 林晓珊. 境遇与体验：一个阶层旅行者的自我民族志[J]. 中国青年研究，2019（7）：15-23.

(一)社会职业整体性上升为实现农村底层升迁愿望提供了社会空间

按照现代社会学的一般理论假设,在现代化程度越高的社会中,阶层流动的通畅性就越强,人们通过自身后天努力获得地位升迁的可能性越大。如果在一个看似已经步入现代化的社会中,人们的阶层流动依然主要取决于家庭背景等先赋性因素,那么这个社会往往隐藏着突出的不平等。当今,我国正在向现代化强国迈进,国家发展和社会进步会带来十分广阔的社会流动空间和向上流动机会。社会发展不但能够增加越来越多的白领岗位,而且也会使某些传统的蓝领工作转型升级为白领工作。造成社会白领群体不断增大的力量主要来自两个方面:一是工业和其他非农产业取代传统农业成为主导产业(这种现象在发达国家率先出现,在我国也已经十分明显)。仅以1988年为例,农业就业者占整个社会就业者的比率是:美国3%,英国2%,法国7%,联邦德国4%,意大利10%,加拿大5%,澳大利亚6%,日本8%[①]。二是科技革命使技术密集型产业取代劳动密集型产业,社会白领阶层取代蓝领阶层成为最主要、最庞大的社会阶层。据米尔斯的研究,美国的白领阶层在19世纪80年代前只有75万人;到1940年,这个数字达到1250万以上;在这期间,老式中产阶级只增加了135%,而新中产阶级则增加了1600%[②]。经过80年的历史演进,美国从事生产制造的蓝领工人下降到不足工人数的1/2,而白领占据了大多数职位[③]。然而不能忽视的一点是,我国社会在当前确实面临着各种影响阶层流动机会平等分配的侵蚀性力量。网络上弥漫着各种"拼爹""富二代""官二代"和"读书无用论"等似是而非的论调就是社会对这类问题的反应。这些论调尽管角度不同、立场不一,但都指向了社会可能存在的发展机会不公。如果确实存在的社会不公被人们普遍感知并牵引个人行为,一旦个人期待通过努力拼搏来实

---

① 国家统计局. 中国统计年鉴 1991 [G]. 北京:中国统计出版社,1991:823.
② 米尔斯. 白领:美国的中产阶级 [M]. 杨小东,等译. 杭州:浙江人民出版社,1987:83-84.
③ 米尔斯. 白领:美国的中产阶级 [M]. 杨小东,等译. 杭州:浙江人民出版社,1987:86.

现梦想的愿望被现实击得粉碎，就容易把个人的不满指向政府和社会。如何从舆论层面和事实层面尽量使个人获得更好的社会资源和向上流动的机会，以便尽可能减少对家庭背景等先赋性因素的依赖，这是政府需要努力的一个方向；如何帮助找寻解决问题的最小阻力路径或实现路径则是研究者应该积极努力的方向。

正是在特定现实背景下，"寒门能否出贵子"成为一个备受现代社会拷问的问题。"寒门"即意味着贫寒的家庭出身，而家庭出身反映的正是一个人一出世即面临的无法轻易改变的、结构化的生活环境和家庭背景。家庭背景一般包括家庭所拥有的社会资本、文化资本、经济资本和政治资本，这些资本通常又是由父母亲职业地位、父母亲受教育程度、家庭收入、家庭成分和家族社会网络等变量来决定的。不同于社会中上阶层，农村底层家庭在社会资本存量上比较匮乏，故底层子弟向上流动之路往往更为艰辛。所幸的是，底层子弟在当代中国社会中并非毫无出路，教育作为实现代际社会流动的一条重要渠道，依然在发挥着重要作用。正如一些学者所指出的，"就目前中国改革开放的总体趋势而言，中国社会很难有真正意义上的社会阶层固化的可能。通过教育而获得自我提升的社会流动空间是一直敞开的"[1]，每年仍然有不少农村底层家庭的子弟通过高学业成就而改变自身和家庭的命运。李路路等人的实证研究也发现，我国代际间的总流动率在过去 40 年是持续上升的[2]。

对于那些取得高学业成就的底层农家子弟来说，他们是如何突破家庭背景的局限，最终实现向上的阶层流动的呢？陈猛将那些通过教育实现阶层跨越的人称为"阶层旅行者"（class traveller）[3]。他试图用"阶层旅行"这个概念，把阶层地位的流动过程视为一场旅行，这不仅意味

---

[1] 赵旭东. 向上流动的空间始终畅通：中国社会阶层流动的活力与弹性[J]. 人民论坛, 2018 (20): 54-55.

[2] 李路路, 石磊, 朱斌. 固化还是流动？：当代中国阶层结构变迁四十年[J]. 社会学研究, 2018 (6): 1-34.

[3] 程猛. 向上流动的文化代价：作为阶层旅行者的"凤凰男"[J]. 中国青年研究, 2016 (12): 91-97.

着"个体从社会经济地位较低的阶层跃升至社会经济地位较高的阶层是一场漫长的教育与文化之旅"[1],而且还蕴含着个体在阶层旅行中所经历的不同境遇和情感体验。正如某些质性研究偏向的研究者对单纯的问卷调查研究的批评所指出的那样,"数字既是雄辩的,有时也是苍白的"。数据背后遮蔽了很多社会事实,忽略了对问题的结构情境和历史背景的研究[2]。质性研究对代际阶层流动的考察走出了以往基于大规模问卷调查数据的量化统计分析这种比较一般化和表层化的研究方式,试图以生动传神的个人或群体故事来描摹底层社会(主要是农村)向上流动的种种际遇,其研究意义和社会贡献不可忽略。借助案主的成长故事将个体在一个较长时间段内复杂的情感体验和生命故事完整地呈现出来,从而使人们能够清晰地看到农村出身的底层子弟,在其社会流动中的情感结构实际上具有随时空发生转换的情境性。数据很难捕捉到隐藏在研究对象内心深处的情感体验,只有局内人才能知晓其在阶层流动过程中的境遇与体验。

教育作为一种制度性中介力量直接引致的农村人口阶层地位升迁或教育作为一种重要条件而催生的农村社会流动都可能包含跨地域、跨身份、跨职业、跨文化等诸多方面的内容。地域之间比较利益的差别是产生地域流动的直接动因,而不同职业角色的功能专门化导致了各种职业在技术、权威和对资本控制上的差异。农村社会流动实际上意味着农村人口对技术、权威和资本需求的转换。对个体而言,个人通过掌握更多的文化技术,可以进入专业化程度更高的部门或领域;对农业而言,更多知识和技术人员的普遍进入,必然提升该行业的知识和技术含量,从而实现农业从传统形态向现代形态的转变,实现农业和农民职业地位的提升,造成农村社会在技术、权威和资本控制能力等方面有所提高。正如威廉·G. 布朗所言,教育"可以让人们从他们最初的社会地位中解

---

[1] 程猛. 向上流动的文化代价:作为阶层旅行者的"凤凰男"[J]. 中国青年研究,2016(12):91-97.

[2] 应星,刘云杉. "无声的革命":被夸大的修辞[J]. 社会,2015(2):83.

放出来"①，但布朗所指的解放其实主要是职业上的改变。从国际经验看，英国的农村社会流动是工业发展和城市扩张产生巨大劳动力需求与农村积累了大量富余劳动力两者相互呼应的产物。美国则是城市工业发展和农村劳动力需求竞争的结果，它导致了工业和农业的技术进步。农村劳动力的短缺，刺激了农业生产方式不断改进，推动了农业劳动生产率的持续提高，加快了农业的机械化和现代化。而我国与英美都不同。新中国成立后的一段时期，我国优先发展重工业的模式使得城市和工业在资金以及智力等方面都需要农村支持，但城市和工业发展对农村人口的吸纳作用都相对较弱。在城市和工业优先的非均衡发展格局下，农业科技发展相对迟缓。改革开放后，制度创新提高了农村的生产效率，使农村劳动力出现富余，并使城乡比较利益被人们普遍察觉。农村社会流动就从涓涓细流逐渐演化为势不可挡的社会洪流，由此改变了城市与乡村、工业与农业的结构关系，为职业的普遍性提升制造了广阔的社会空间。

（二）出人头地的朴素愿望牵引农村底层的阶层升迁

在现代化背景下，农村正在发生悄然而深刻的变化。这种变化不仅仅表现在农村外在结构形态或者物质生活水平方面，实际上更重要的是价值观念在各个不同时期都有了相应的调适和变化，这种价值观念的演变对农村社会变迁具有重要意义。正如李普塞特所指出的："一个复杂的社会经常在一种压力下，就是要调整它的结构来适应它的中心价值观，以便减轻由于社会关系的变化产生的张力，做不到这一点，就要发生社会动乱。"②

出身农村社会底层家庭的孩子是否还有向上流动的机会？有研究认为，阶层能动性是阶层文化的体现，底层社会子女也具有阶层能动性，

---

① 转引自埃伦伯格. 美国的大学：国家的财富还是濒于灭绝的物种？[M]. 伊萨卡：康乃尔大学出版社，1997：23.

② LIPSET S M. The first new nation: the United States in historical & comparative perspective [M]. New York: W. W. Norton & Company, 1979: 7-8.

他们可以通过确立积极的人生态度，充分利用公共资源等外生资源来克服阶层背景的物质资源劣势，从而实现向上流动。这种能动性的根源之一，在于他们的行动具有了更远大的目标导向性[①]。事实上，做"城里人"或吃"国家粮"在较长时间内一直是我国大多数农村人的梦想和夙愿。笔者曾经就怀揣这样的梦想，也很幸运地把它变成了现实。记得小时候，我们同学中几个"吃国家粮"的，不需要砍柴割草，也不需要放牛或参加农村的其他劳动，在我们的印象中，他们的生活除了读书，就是快乐地游戏。尽管在当时我们并不能思考出其中包含的深刻社会内容，但是已经能够感觉出城乡的显著差异，或者更准确地说，是农村人口和非农人口的显著差异。也许正是这种差异感的存在，在农村孩子的心中播下了要成为城里人和吃上"国家粮"的种子[②]。

通俗地讲，做人上人或者出人头地是中国人一直传承下来的朴素梦想，这种梦想实际上就是要实现社会阶层的向上跃迁并避免阶层的坠落。从这个意义上看，这种观念还是比较积极的。中国能够创造出凭借读书成就取人的科举制度，就与人们的这种诉求有着心理和文化上的一致性。教育的成功往往需要一定的文化资本，故书香门第在中国是一种重要的好出身。出身农村的底层子弟虽然没有社会中上层那种丰厚的文化资本，但也并不是全然没有文化资本。有学者对底层社会所拥有的独特形态的文化资本做了概括，并把它概括为先赋性动力、道德化思维以及学校化的心性品质，并认为底层子女取得高学业成就的关键不在于获得了中上阶层的文化资本，而恰恰是充分利用底层特有的文化资本的结果[③]。事实上，底层特有的文化资本非常具有感染力，对底层子弟的目标、道德的形塑具有十分强大的作用。正如费孝通先生回忆儿时经历所指出的，他小时候很喜欢看莆仙戏，尤其是莆仙戏中的传统剧目《状元

---

① 渠敬东. 迈向社会全体的个案研究 [J]. 社会，2019 (1)：1-36.
② 彭拥军. 高等教育与农村社会流动 [M]. 北京：中国人民大学出版社，2007；前言1.
③ 布迪厄，华康德. 实践与反思：反思社会学导引 [M]. 李猛，李康，译. 北京：中央编译出版社，1998：265.

与乞丐》①。这部戏给他留下了深刻印象，也在很大程度上改变了他的人生观。《状元与乞丐》是中国民间流传甚广的一部优秀戏剧。其精华就在于它向底层社会宣扬这样一种价值观念：读书可以改变命运，哪怕你被断定为"乞丐命"，也可以通过考取功名来改变个人和家庭的命运。反过来，如果不认真读书，即使是"状元命"，也有沦为乞丐的风险。这部戏剧实际上揭示了社会学界普遍认可的"人并非环境的被动接受者，而是命运的积极行动者"的观点。

事实上，农村中有很多像《状元与乞丐》中文龙那样发愤苦读的人，他们的生活际遇和成长经历虽然没有母亲在兄嫂欺凌、丈夫远去他乡的困境中含辛茹苦地教养孩子的那种内心激烈冲突和外在生活尴尬的戏剧化行为过程，但生活中遭遇的各种各样的苟且则远比戏剧描摹出来的更丰富多彩，对不同个体的影响更加特别。

毫无疑问，农村人的青春岁月里确实都或深或浅、或明或暗地烙上了"出人头地"的印记。包括笔者在内的农村生、农村长的个体，在小时候其实根本就不明白什么是"出人头地"，也不知道该如何做才能"出人头地"，自然也没有能力很早就把人生目标及走向目标的路径清晰地规划出来，然后一步一步地付诸实践。笔者至今还记得，初中时正值《少林寺》热播，就有同学邀三五好友，一起离家出走到少林寺学武功，希望通过一身功夫来实现出人头地和保家卫国的朴素理想。当然，更多的农村青少年则是立志考上大学，光宗耀祖。大家都有意无意地忽略了考上大学的难度系数（当时农村同龄人考上大学的大约占 3% 左右）。农村孩子们心中的这种认识，首先是长辈的灌输，然后是教师循循诱导逐步形成的。但不管怎么样，身处底层、有比较明显读书能力的农村孩子都明白：只有好好读书且读好多书，才有可能彻底改变自己的命运。

（三）农村底层实现阶层跃升存在不可回避的教育张力

跨越农村底层这样的目标牵引着农村年青一代的个人行动，也寄托着其父母的教育期望。大量实证研究关注了教育期望与家庭背景的关

---

① 费孝通. 乡土中国 [M]. 北京：北京出版社，2005：60-61.

系，并且得出了"父母教育程度较高，对子女的教育期望也较高"① 这样一种几乎被研究界普遍认同的结论。但这并不意味着没有受过教育或教育程度低的父母对子女就没有高的教育期望。事实上，中国农村家庭的很多父母都对其子女抱有高期待，并自觉不自觉地向子女传递了这种期待②。很多农村家庭的家长，即使其教育期待没有转化为成功的教育效果，但他们为孩子的教育成功倾其所有的精神和行动仍然具有社会感染力。我们小时候，很多父母差不多目不识丁。他们天天早出晚归，忙着干农活，几乎没有时间也没有能力过问孩子的学习，更不会像今天的精英阶层父母那样能够帮助子女确立一种明确的人生目标并规划相应的行动路线，也不像现在的父母那样把孩子的作业盯得那么紧，但他们内心里比任何人都渴望孩子成材，尤其对那些学习成绩比较好的孩子，更是如此。这就是农村父母们普遍的望子成龙的心态。

现在，城市和乡村的家庭，对孩子的教育的重视已经相当明确，但功利性有增无减。我们那个年代的农村父母，其教育期望中包含着一种不用也无法言明的爱和期盼，也常常裹挟着一种"恨铁不成钢"的打骂式教育。即使在今天，社会底层的孩子常常还是能够把"不辜负父母的期望"铭记于心，甚至写在作文里面。这一点与我们小时候一样，如果说有什么不同的话，就是这样的人似乎越来越少了。总体而言，农村父母对孩子的教育期待由隐晦变得明确，教育方式由打骂为主变为讲道理为主，形式上的文明程度越来越高。我们那个时代的父母在教育中的打骂或打骂的威胁是分场合的，这种行为同样包含智慧。大多数家庭都能够意识到，只能在家这个相对私密的场所通过打骂来教育孩子，有外人在时，承担主要和直接教育责任的母亲都会有意无意地夸孩子"聪明""懂事""勤快""能吃苦"。现在，农村家庭的教育似乎都被城市化进程改变了。我们小时候一天天长大而变得"懂事"（这种懂事实际上是理

---

① 艾诺. 位置 [M]. 邱瑞銮, 译. 台北：台北皇冠文化出版有限公司，2000：54.
② 程猛. "读书的料"及其文化生产：当代农家子弟成长叙事研究 [M]. 北京：中国社会科学出版社，2019.

解了父母所代表的成人社会对我们的成长期待,并努力把这种期待转变成个人的成长事实)。那些读书有望的孩子确实会把父母的期望和鼓励静悄悄地转化为成就动机;那些不能通过读书改变命运的孩子,则通过其他方式诠释了"懂事"的意义。一句话,农村懂事的孩子,都是好孩子。

然而,在现实生活中,早期从农村考出来的孩子,基本上在城市和非农行业站稳了脚跟,甚至还有相当一部分人的社会地位超越了比他们更早进城的城市居民,真正把"知识改变命运"变成了事实。但这个年代相当多的农村孩子,没有能够凭借教育的中介力量,直接改变自己的身份和地位,反而或深或浅地产生了教育挫败感。教育在农村不同家庭的孩子甚至同一家庭的不同孩子身上产生了不同的影响,教育呈现出来的是一种相互矛盾的力量(即教育张力)。值得指出的是,这些受过教育的孩子,与他们的长辈相比在农村社会流动中仍然具有优势。到了高等教育大众化和普及化时代,尽管农村考上一般大学的人数越来越多,但考取重点大学(主要是在顶尖大学以及其他的"985 工程"和"211 工程"大学)的比重则呈现不断下降的趋势。这些教育成功者,在城市的职业竞争中,既缺乏明显的教育优势,又无社会资本优势,想要胜出或者获得成功需要更长的时间累积,这种状况容易使人们产生教育不经济或不那么经济的错觉。事实上,教育已经产生了一种矛盾的力量,教育改变了生命的轨迹,却难以在生命周期中最重要的时段带来让人期待甚至振奋的明显改善。而那些没有考上大学、只能在农村谋生的孩子,尤其是男生,往往在婚配上都可能存在困难,甚至在农村出现了可怕的"光棍村"现象。底层不良的生活处境很容易让人随波逐流,乃至自甘堕落和"破罐子破摔"。

(四)农村底层人口实现阶层超越需要克服教育的无力感

农村人口尤其是年轻人要实现阶层跨越式的流动,需要个体强大的心理支撑力量(如远大的理想和抱负,学习和工作中的毅力),否则在贫穷现实的残酷打击下,很容易自暴自弃,永远沉没在底层之中。此外,个体要有合理的职业抱负或志向。缺乏合理的职业理想或抱负，容易被底层生活和底层思维模式所困而故步自封，而合理的职业抱负就像新开了一扇门或一扇窗，能够打开新视野，帮助个体站在新角度去观察社会，发现和理解成长中的问题，改变自己的人生格局。不管怎样，教育在社会选择中确实会产生张力，并且这种张力相当复杂。

　　毋庸讳言，对农村普通家庭尤其是从大山里走出来的孩子来说，最容易体会到的是那种"知识的无力感"。正如前几年一位博士生的春节返乡笔记中所说的："作为农村大学生，当你回到家乡的时候，你童年那些伙伴都衣锦还乡了，而你连自己的问题都不能解决，你还能做什么呢？没有人信任你的知识。"① 笔者现在已经成功地走出了这样的无力感状态，但在我读研期间甚至一直到我完成博士学业之前都经常被这样的无力感、挫败感和失落感裹挟着。这种无力感中既夹杂着深深的自责，又裹挟着对现实的种种无奈。在经济分层越来越被人们视为重要的分层指标时，出身农村、因读书而最终能够在城市工作的人，回到家乡都会面临这样的尴尬：老家人常会问这些外出者的收入，并且期待薪酬水平能够超远现实。更令人尴尬的是，一些亲戚朋友甚至熟人遇到一些私人问题或公共问题时，希望这些被他们认为在外面有地位、见过世面的人能够出面帮忙解决，这时候那种无能为力的感觉就更明显了。通过读书走出农村的人，大多数只不过是一介书生，社会网络或社会资本远没有人们想象的那么强大，很多时候真的是心有余而力不足。农村人普遍希望这些读书人能够帮助他们的孩子在县城里找个更好的学校读书，或者帮助他们介绍一些谋生的资源等等。这些期待，在熟人社会里，都是合情合理的。然而，通过读书在外谋取了工作的人们大多无法有效承诺或者根本无法承诺并满足这种期待。可以肯定，乡土社会的情感联结犹如一张大网，出生在农村的人既从中受益，也因自己是这种网上的一个结点而受其羁绊。从农村成功考出来，通过接受高等教育而成为城里

---

① 熊和妮. 命运共同体：劳动阶层教育成功的家庭机制研究[D]. 北京：北京师范大学，2016：232.

人后，只要没有彻底从农村断根，即使不在农村工作与生活，也无法选择逃离，这种不在场的"在场"，常常让其更加感到无力，这类问题真的需要用心用力去破解。

人生忧患读书始①，原本只是中国古代读书人的一种感慨，但即使到现在，它仍然真实存在。值得指出的是，从农村进入城市的知识分子的"知识无力感"既是他们凭借教育力量走出农村底层者处境后心中仍存的痛感，也是维系他们独特"乡愁"的某种文化心理力量。近几年各种"返乡体"文字充斥自媒体，它们多少有一些偏颇和片面之处，被不少人批判为"城市知识阶层关怀天下的优点和不接地气的毛病在当下的综合体现"②。"返乡体"流行的背后，其实预示着"知识无力感"问题已经从一种个人困扰演变成关涉城乡矛盾、收入差距和阶层固化等公共议题的争鸣。研究者可能更需要做的是思考如何超越个体的局限性，而不是以一种"高学业成就者"的姿态来审视农村的弊病。社会大众要做的是思考如何看待返乡体揭示的问题以及问题背后的种种原因或力量。诚然，农村的很多问题确实不是农村智力流出者和社会大众能够直接改变的，也不是知识分子凭借知识本身能直接改变的，但知识仍然是突破艰难险阻的最重要武器和沟通乡村和城市的桥梁，知识也能够帮助农村获得更多力量，从而得到反哺。

事实上，家庭背景与教育获得之间的关联性已经得到很多经验研究的证实。大多数研究的理论假设是，良好的家庭背景有助于获得教育资源和公平的竞争机会。然而底层农家子弟的高学业成就已经对这一假设产生了一定的挑战，因为底层子弟在没有良好家庭背景的情况下同样有人获得了高学业成就并改变了命运，教育依然是底层子弟实现阶层跨越的有效路径。一项针对中美两国教授社会流动的比较研究发现，不管是在现代化发展程度高的美国还是在现代化发展程度相对较低的中国，大学教授的职业流动打破了大部分"地位获得模型"中家庭背景具有明显

---

① 苏轼《石苍舒醉墨堂》诗："人生识字忧患始，姓名粗记可以休。"
② 拉鲁. 不平等的童年 [M]. 张旭，译. 北京：北京大学出版社，2010：272.

影响的魔咒，表明学术职业是突破社会流动中家庭背景局限性的一条通道①。这一研究展示了社会流动机制的良性层面，即大学教师是完全可以通过个人努力等自致性因素（而不是先赋性因素）来获得职称、收入和科研成果等方面的提升，这种情况在我国普遍存在。布迪厄的研究结果断然宣称"教授的社会流动并无家庭背景的显著影响"。而我国的研究则倾向于认为，一个人和他的原生家庭有着千丝万缕的联系，原生家庭的影响甚至可能持续一生②，因而几乎没有人可以逃避家庭背景的影响，只是家庭背景产生影响的时间和机制对每个人来说不一样。事实上，当一个人已经是教授时，他的社会流动的确更多取决于他个人因素，但在他的成长过程中，他的心性品质、成就动机和抱负水平等影响社会流动的心理因素都深受家庭背景的影响。除了那些可以量化的指标之外，还有很多底层特有的、不可量化的、无形的文化资本以潜移默化的方式对个体产生影响③。

"寒门出贵子"还是"寒门难出贵子"，不仅是公众号的燃点，而且似乎永远是一个争议热点，因为"阶层流动"与"阶层固化"这些话题，涉及个人主义取向和结构主义取向的争论。不同的预设会产生不同的回答。"寒门出贵子"论强调寒门激励子弟斗志和社会平等机会尚在，而"寒门难出贵子"论则强调寒门子弟的格局困境以及教育、职业中的不平等结构。美国学者科尔曼提交的《科尔曼报告》让人们更深刻地认识到家庭背景是影响孩子成长的最重要、最关键的因素。布劳和邓肯提出的著名的"地位获得模型"证实了现代社会中的"读书有用"论，指出教育是现代人获得社会地位的重要因素。在此基础上，不少教育分层和教育平等相关的研究关注了"谁"能够获得好的教育机会和资源。所

---

① 布迪厄，华康德. 反思社会学导引 [M]. 李猛，李康，译. 北京：商务印书馆，2015：254.
② 洪岩壁，赵延东. 从资本到惯习：中国城市家庭教育模式的阶层分化 [J]. 社会学研究，2014，29（4）：73-93.
③ 默顿. 社会理论和社会结构 [M]. 唐少杰，齐心，等译. 北京：译林出版社，2006：633，640.

以说，教育具有促进社会阶层流动的功能，同时也是社会阶层再生产的工具。在现代和平文明社会，一个人要成为可供讨论或者是可供参照的"贵子"，很大程度上需要通过教育以及努力工作。"社会流动"与"再生产"的争论反映了教育之于社会流动的两面性，即教育不仅具有促进社会流动的作用，还具有抑制社会流动的倾向，至于哪一方面占主导地位还要将其放在特定历史情境中检验。

附录　新中国历年新生人口表

1949 年：1275 万

1950 年：1419 万

1951 年：1349 万

1952 年：1622 万

1953 年：1637 万

1954 年：2232 万（二战结束后，世界范围内婴儿潮，中国第一波婴儿潮）

1955 年：1965 万

1956 年：1961 万

1957 年：2138 万

1958 年：1889 万

1959 年：1635 万（三年困难时期）

1960 年：1402 万（三年困难时期）

1961 年：949 万（三年困难时期）

1962 年：2451 万（三年困难时期结束，中国第二波婴儿潮）

1963 年：2934 万

1964 年：2721 万

1965 年：2679 万

1966 年：2554 万

1967 年：2543 万

1968 年：2731 万

1969 年：2690 万

1970 年：2710 万

1971 年：2551 万（1971 年中国开始实行计划生育政策）

1972 年：2550 万

1973 年：2447 万

1974年：2226万

1975年：2102万

1976年：1849万

1977年：1783万

1978年：1733万

1979年：1715万

1980年：1776万（1980年中国开始实行独生子女政策）

1981年：2064万（50后、60后进入结婚生育期，中国第三波婴儿潮）

1982年：2230万（1982年9月计划生育被定为基本国策）

1983年：2052万

1984年：2050万

1985年：2196万

1986年：2374万

1987年：2508万

1988年：2445万

1989年：2396万

1990年：2374万

1991年：2250万

1992年：2113万

1993年：2120万

1994年：2098万（经济不景气）

1995年：2052万

1996年：2057万

1997年：2028万

1998年：1934万（金融危机）

1999年：1827万

2000年：1765万

2001年：1696万

2002年：1641万（2002年实施《中华人民共和国人口与计划生育法》）

2003年：1594万（2003年开始，中国每年人口出生数开始基本稳定）

2004年：1588万

2005年：1612万

2006年：1581万

2007年：1591万

2008年：1604万

2009年：1587万

2010年：1588万（有研究者认为，80后一代进入结婚生育期，高成本导致多数人生一个或者晚生）

2011年：1600万（2011年11月，中国各地全面实施"双独二孩"政策）

2012年：1635万

2013年：1640万（2013年11月，《中共中央关于全面深化改革若干重大问题的决定》提出"启动实施一方是独生子女的夫妇可生育两个孩子的政策"）

2014年：1687万

2015年：1655万

2016年：1786万（2016年1月1日我国正式施行"全面二孩"政策，预测会有第四波婴儿潮，翟振武会长预测二胎放开会新生4995万婴儿）

2017年：1723万

2018年：1523万

2019年：1465万

2020年：1200万

2021年：1062万

第二章 乡村振兴的立命根基：
现代高等教育培养现代农民的思考

现代化已经成为一个用来描述社会和文化现代变迁过程和结果的常用概念。根据马格纳雷拉的定义①，现代化最初是指发展中的社会为了获得发达的工业社会所具有的一些特点，而经历的文化与社会变迁的、包容一切的全球性过程。当今，人们对现代化的认识和理解已经大大超越了马格纳雷拉的界定，现代化已经具有更加丰富的意涵。从现代化的历史发生过程看，它最初确实主要是指近代以来，世界各国向西欧及北美等发达国家和地区学习、寻求新的发展出路的过程。这种视角下的现代化在基本内涵或指向上与西方化或西化具有高度的相近性或相似性。随着人们对现代化认识的不断加深，现代化已经包括了知识的科学化、政治的民主化、经济的工业化、生活的城市化、思想的自由化和文化的人性化等诸多方面或层面的内容。从这种意义上说，现代化是人类文明进程中不可逾越的一种深刻变化，是文明要素创新、选择、传播和退出的交替进化过程。概而言之，现代化的核心内容实际上主要包括"人的解放"和"生产力（效率）的解放"两个方面。从生产力解放的角度看，现代化意味着技术的爆炸式进步和人类掌握的知识和技术以惊人的速度实现数量增长和范围扩张，人类的生产能力得到了前所未有的提高，与现代化相伴随的种种变化给人类带来了前所未有的自信。从人的解放视角看，现代化过程则很难摆脱以下两种悖论性后果：一是知识和

---

① 马格纳雷拉. 一个土耳其城镇的传统与变迁 [M]. 纽约：威利出版社，1974：81.

技术增长的无限性与人类用来学习知识和技术的时间和精力的有限性之间的矛盾日益凸显，人在自己的创造物面前常常显得无能甚至无助；二是不同文化之间不断的交流、学习、借鉴和融合使文化差别不断缩小，世界文化的多元性或丰富的单一性面临走向单一化或同质化的威胁，进而威胁世界本来应该具备的丰富性和多样性，容易引发现代化危机或者现代转型危机。换句话说，现代化过程实际上就是社会不断实现转型的一种过程。有鉴于此，人们常常把中国现代化建设与社会转型联系在一起，甚至把我国当前所处的发展阶段称为现代化建设的转型期[①]。值得指出的是，我们目前常常仅把转型作为一个积极和进步的概念看待，往往忽视了转型过程的漫长性以及转型失败的可能性和转型失败带来的风险。

一般而言，社会转型是一个包括社会结构和制度等在内的多层面、多方位、多角度的转型。在社会转型过程中，如何提高社会幸福总量和增进人民的幸福感，这是社会转型不可忽视的一个总体性目标。如何把农村纳入现代社会转型的轨道又确保农村的乡村特色，如何使农村既输出智力又不影响农村自身的发展甚至更好地促进农村发展，如何通过教育有效提高农民自身素质，如何在农村发展过程中实现传统农民向现代农民的转变，这些直接反映农村现代化成效的内容既是我国全面实现乡村振兴和现代化必然包含的内容，也是现代化得以顺利推进和全面实现的前提条件和现实保障。有必要指出的是，社会转型过程往往也是社会利益重新分配和重新组合的过程。在我国现代化推进过程中，改革和发展的阵痛曾经更多地由农村和农民来承担。曾经实施过的通过价格剪刀差来以农补工、以牺牲农村来发展城市的非均衡发展战略，一方面确实在新中国成立初期降低了工业发展成本，保障了工业的迅速发展，对加速我国现代化进程具有积极意义，但另一方面却使城乡差异逐步制度化（尽管改革开放初期，处于边缘的农村由于一度借助联产承包等系列新

---

① 彭拥军. 走出边缘：农村社会流动的教育张力[M]. 武汉：华中科技大学出版社，2011：42.

政策，发展速度优于城市，城乡差距也在缩小，但城乡制度设计上的差异很快又引起了城乡差距的反弹并呈现拉大的趋势)①。在现代化转型阶段，实现农村人口合理有序的社会流动，通过智力输出与智力回流的平衡，在促进农村现代化的过程中把乡村建设成为产业兴旺、生态宜居、乡风文明、治理有效、生活富裕②的宜居之地，这是乡村振兴的基本愿景。要实现农村发展愿景，可以探索的路径也许很多，但培养适应新时代农村发展需要的现代农民，是乡村振兴的根基所在。

第一节　高等教育与农民生活现代化

2005 年 11 月，农业部出台了《关于实施农村实用人才培养"百万中专生计划"的意见》，该意见首次在政策性用语上明确提出了"要培养职业农民"的观点③。2006 年，农业部进一步明确提出要将从事农业生产、经营、服务以及农村经济社会发展等领域的职业农民培养成有文化、懂技术、会经营的农村专业人才，职业农民的内涵由此变得更加丰富，外延变得更加明晰。自此以后，职业农民、现代农民和现代职业农民等表述逐步从政策话语演变成为学术界相关研究广为使用的重要用语。2013 年 5 月，农业部办公厅颁布的《关于职业农民培育试点工作的指导意见》，又把职业农民培育作为解决农业、农村、农民问题的抓手放到了"三农"工作的突出位置。2012 年到 2018 年连续 7 年的中央一号文件都强调"加快培育职业农民"，并要求将职业农民培育纳入国家教育培训发展规划，力图把职业农民培养成建设现代农业的主导力量。由此可见，国家对职业农民的塑造十分重视。从理论上说，农民职

---

① 彭拥军. 现代教育与农村智力流动 [M]. 湘潭：湘潭大学出版社，2013：50.
② 中共中央 国务院印发《乡村振兴战略规划（2018—2022 年）》[EB/OL]. (2018-09-26) [2020-12-09]. http://www.farmer.com.cn/zt2018/zxgh/tt/201811/t20181109_1415642.html.
③ 中华人民共和国农业农村部. 关于实施农村实用人才培养"百万中专生计划"的意见 [EB/OL]. (2005-12-20) [2020-12-09]. http://www.moa.gov.cn/nybgb/2005/dseq/201806/t20180618_6152565.htm.

业化不仅意味着农村中人地关系的新变化和新格局，而且意味着与自给自足的传统农业社会农耕方式或农耕文明相伴随的传统农民在职业意义上或生存意义上的彻底消失，从某种意义上说，它将抵达法国社会学家孟得拉斯所指称的"传统农民的终结"[①]。在理想状态下，它也意味着甚至可以被视为现代农民的诞生。

一、高等教育对现代农民生活情趣的涵养

农村现代化或者说农村现代化的成功，让人能够显而易见地观察到或感受到的社会现象或社会结果之一应该就是：农村人口成为见多识广、乐意接受新经验以及新观念、具有很强的个人效能感、能积极参与社区各项事业、在思想上是开放的、在认识上是灵活的、在处理个人事务时有高度独立性和自立性的现代农民[②]。为了更好地区分传统农民和现代农民、传统乡村生活与现代农村生活，并准确理解涵养现代生活情趣的内容，我们有必要重新认识传统农民，明确传统农民与现代农民之间的连续性与差异性。

（一）重新认识传统农民

传统社会中农民生产的产品或获得的收益除了被国家和地主征收的部分外，主要用于家庭消费，其生产方式的主要特征是自给自足。新中国成立后，农民生产的产品中很大一部分仍然是被自己消费（曾经有过的上交国家的农业税和地方的乡村组提留除外）。传统农民或现代社会中传统意味明显的农民没有参与或仅仅部分地参与了市场经济，他们身上呈现的传统意味明显大于至少不弱于现代意味。不管是传统社会中还是现代社会中的传统农民都不会是市场的积极主体，他们不会主动面向市场生产，即使被动参与市场交换，也不是以繁荣市场为目的，而主要是为了满足自身生存或生产的需要。换句话说，传统农民的消费主要是

---

① 孟得拉斯. 农民的终结 [M]. 李培林，译. 北京：社会科学文献出版社，2010：13.
② 英克尔斯，史密斯. 从传统人到现代人：六个发展中国家中的个人变化 [M]. 顾昕，译. 北京：中国人民大学出版社，1974：424.

生存性消费，其生产性支出也主要服从或服务于自身的消费性支出，其生产具有明显的保守性和非交换性。由于传统农民生产的自给自足程度高，市场参与程度低，其生活水平低，消费不丰富①，传统农民的社会政治经济地位偏低甚至很低（但这并不意味着相对地位很低，比如中国古代的"士农工商"被称为"国之石民"，农民排第二，社会地位并不低），并且对地位提升的自我知觉程度不高。

传统农民作为一类社会群体，从不同视角可以揭示出不同特征，但通常会呈现以下三大方面的经济社会特征②：

（1）就业选择机会明显缺乏。传统农业社会，经济结构单一，生产方式简单，生产技术落后，农业产出低下，总体上缺乏进行市场交换的足够剩余产品。在传统农业社会，缓慢变化的经济环境、不发达的市场经济和有限的社会分工，使得传统农民很少与外部发生关系，难以进行社会角色的多元分工，几乎没有职业选择或职业转换机会，难以拥有更多的改变自身命运的机会，基本上处于"农之子恒为农"这类子承父业的职业继替状态，人们只能维持"生于斯，死于斯"的保守生存状态。

（2）自主选择能力显著不足。以家庭为生产主体的传统农民，专注于家庭或家庭整体利益，不太需要也不会重视个体独立的自主性。传统农民的生产活动对自然环境、生活经验和农业生产技巧具有很强的依赖性，这种生存格局必然导致其风险抵御能力低，对风险的厌恶感强，因变革和创新可能带来风险而拒绝变革和创新。正如马克思所言，小生产方式使人"成为迷信的驯服工具，成为传统规则的奴隶"③。加之传统农民的文化程度普遍不高，导致个体和家庭的人力资本富集程度普遍偏低，传统农民因而无法也无力改变生存现状。

（3）经济社会地位依附性明显。传统农业社会，农民收入主要来源

---

① 孙大伟. 农民职业化的内因分析 [J]. 南方农村，2016（3）：4-8.

② 张彤璞，郭剑雄. 现代农民形成的三个维度分析：基于就业选择集的视角 [J]. 西北农林科技大学学报（社会科学版），2019（6）：140-149.

③ 马克思，恩格斯. 马克思恩格斯选集：第二卷 [M]. 中共中央马克思恩格斯列宁斯大林著作编译局，编. 北京：人民出版社，1972：67.

于农业这一单一渠道，因生产效率和劳动产出较低而只能维持低收入水平。农民低下的经济地位容易导致其社会地位的低下。其他利益集团容易运用垄断、操控等不公平手段，在市场交易中故意压低农产品价格，损害农民利益，农民在市场中无法摆脱人身依附和被剥削的境地。马克思把它总结为，传统农民存在"指令经济中的人身依附状态"。

如果从经济社会关系和现代性品质的视角看，传统农民通常具有以下几个方面的特点：

（1）近乎先赋的相对卑微的社会地位。在历史上，"农民"这个词在西方很难说是一个褒义词。在西方使用最广泛的英语中，可以用来指代农民的常见词汇有 farmer 和 peasant。farmer 可以译作农民、农夫或农场主，其主要侧重工作本身或者因工作而获得的一种自致性地位。这个用语比较中性，很难说有明显的褒贬意味。但 peasant 用来代指"农民"时则有侧重先赋性地位的倾向，它含有比较明显的贬义味道。peasant 一词源于古法语，原本就含有"异教徒、未开化者、堕落者"的含义，带有强烈的贬义色彩。由此可见，在古代西方，农业生产者多被认为是社会偏离者、卑贱者、依附者或亟待开化者。在古代中国，受儒家爱民思想和统治者重农抑商政策的影响，农民的社会地位优于西方传统社会。中国有"士农工商四民者，国之石民也"之说，这说明古代中国的农民在主要阶级中的排位曾经处于相对较高的位置。但农民属于被统治阶级的基本属性依然存在，其真实处境仍然很难摆脱张养浩《山坡羊·潼关怀古》中感叹的"兴，百姓苦；亡，百姓苦"的那种底层境遇或底层境遇的威胁。

（2）对土地具有明显的依附性。传统农民作为农业生产者，其最基本的生产资料是土地。耕者有其田往往是传统农业社会的理想图景。但事实上，很多农民无法拥有土地或仅仅拥有少量土地，土地所有权一直是社会矛盾或缓和或激化的重要原因。换句话说，传统农业和传统农民对土地的依附性很强。与此同时，在封建时代，国家往往通过税收、地租、户籍制度等手段将农民牢牢束缚在土地上。故费孝通先生有本书的英文版主标题就是 Earth Bound China，直接把它翻译过来就是"捆绑在土地上的中国",意指中国农民的生活是捆绑在土地上的。传统农民对土地严重依赖的状况在现代社会有明显好转,但传统农业和传统农民对土地的依赖或依附仍然存在。可以肯定,从生产方式角度看,传统农民的生产对于土地具有严重的依附性,这种依附性还会扩展到生产关系领域,正如弗兰克·艾利思所指出的:"低下的社会和经济地位可以视为农民的依附性。"①

(3) 与现代性格格不入的显著保守性。从生活视角看,传统农民的生活处于自给自足的自然经济状态下,这种生活本身就具有明显的保守性。用马克思主义政治经济学的基本观点来描述传统农民的生活就是它只是一种简单再生产。传统农业社会自给自足的小农经济,简单地理解或陈述,就是农民生产活动很大一部分(除了被国家和地主征收的部分外)是为自己消费而实施的,农民生产的产品很大部分也最终被自己消费掉了,因此传统农民充其量仅仅只是也只能是部分地参与了市场或市场经济。传统农民参与市场交换绝不是为了促进市场繁荣,而主要是希望通过多少有些迫不得已的交换行为来满足其基本生活需要或生产活动需要。概而言之,传统农业社会的农民生活是生于斯死于斯的固守乡村的生活,其生活半径很小;传统农业的生产和交换的相对分离意味着市场的普遍性和丰富性都较差。从这种意义上说,传统农业社会的结构比较原子化,马克思把农民的结构关系称为"一袋马铃薯"②。村民们偏安于一个个小小的村落,村落外的农民之间的交往和交流很少,深度更是不够,乡村内部(邻里除外)实际上也是"鸡犬之声相闻,老死不相往来"。一言以蔽之,传统农民的生活具有简单而保守的特征,与现代社会的开放、流动和交换很不相同,与现代社会多姿多彩的生活特质也

---

① 艾利思. 农民经济学 [M]. 胡景北, 译. 上海: 上海人民出版社, 2006: 6.

② 马克思"一袋马铃薯"语出《路易·波拿巴的雾月十八日》:"法国国民的广大群众,便是由一些同名数简单相加形成的,好像一袋马铃薯是由袋中的一个个马铃薯所集成的那样。数百万家庭的经济生活条件使他们的生活方式、利益和教育程度与其他阶级的生活方式、利益和教育程度各不相同并互相敌对,就这一点而言,他们是一个阶级。"参见马克思, 恩格斯. 马克思恩格斯选集: 第一卷 [M]. 中共中央马克思恩格斯列宁斯大林著作编译局, 编. 北京: 人民出版社, 1995: 677.

明显不同,甚至有些格格不入。传统农民的生活样态和精神特质都与现代农民有较大差距。

(二) 明确现代农民的基本定位

从理论上说,传统农民向现代农民的转变过程实际上包含了农民从一个象征身份的概念转变为一个表征职业的概念的转变过程。有人认为,现代农民需要具有四个方面的基本品质[①];也有人认为,现代农民具有以下三个方面的基本特征[②]:

(1) 多元化的就业选择。工业化意味着各种新兴产业的兴起和就业岗位在数量和类型上的显著增加。这种产业和职业的数量变化是与产业化、市场化的大分工密切相关的。它使得现代农民不能、也不再以单一的农业生产为就业渠道,职业行为和择业范围都开始走向多元化。面对发达的市场分工和城乡一体化的劳动力市场,农民可以选择在农业部门就业,也可以选择在各种非农部门就业,还可以在农业生产经营各个环节的不同"工种"就业。换句话说,现代社会的农村出身者可以在"为农"和"离农"这两个不同维度进行职业选择,都具有选择的多样性和从业的多元性。只是选择离农行业中的多元性意味着改变了农民的职业与身份,并意味着从农业的短期退出甚至长期或终身退出,而选择为农行业则意味着在成为现代农民的道路上向前迈进了一大步甚至是决定性的一步。

(2) 较强的主体选择能力。现代农民与传统农民相比,因为具有较高的文化素养,因而具有较强的能力基础和发展基础。他们可以通过对现代农业生产技术和经营管理知识的掌握和应用来获取额外的农业收益。与传统农民相比,他们具有较高职业素养和农业技能,具备一定的专业生产技术和经营技能。他们归属于具有不断学习的能力、不再被土地简单束缚的开放性和发展性的新型职业群体。毫无疑问,在现代开放

---

① 吴易雄. 新型职业农民培养的基本问题 [J]. 继续教育研究,2006 (1):40-43.
② 张彤璞,郭剑雄. 现代农民形成的三个维度分析:基于就业选择集的视角 [J]. 西北农林科技大学学报 (社会科学版),2019 (6):140-149.

社会中，现代农民不但具有在各种农业岗位之间自由选择职业的能力，而且具备在农业与非农两个不同职业领域之间自由切换职业的能力或潜力，他们越来越需要具备更强的职业选择甚至职业创造能力。

（3）较高的农业收入。现代农民在完全的市场经济环境中从事农业生产、经营活动，不但可以从一定数量的耕地中获取收益，而且能够从农业生产经营活动中获得重要甚至主要收入来源。在一个成熟的现代社会中，现代农民对现代农业生产技术的掌握和运用提高了农业生产的综合效率，农业技术构成的优化为其带来了更高的农业生产和经营收益，使农民群体的平均收益水平不低于甚至高于和远高于社会平均收益水平。现代农民经济收入的提高，会使其社会政治经济地位出现总体性提升。

概而言之，现代农民应当具备与现代农业生产和现代社会生活相适应的四个方面的能力：（1）职业驾驭能力，即驾驭职业活动的专业能力；（2）职业应变能力，即处理职业活动中突发问题的应对能力；（3）职业交往能力，即适应现代开放社会的职业交往中应具备的沟通能力；（4）职业适应能力，即认同现代社会基本价值并模塑自身职业行为的能力。

现代农民的能力要求和职业期待会促使传统农民在走向现代农民的过程出现以下三个方面的变化。

（1）现代农民的职业化过程是农民走出卑贱者藩篱的前进、上升过程。一般而言，职业化意味着标准化、规范化和制度化；也就是复杂问题简单化，简单问题标准化，标准问题制度化。职业的标准化意味着职业设置了从业者的基本准入门槛，换句话说，现代农民的职业化意味着不是任何人都可以随随便便就能做农民或做成农民，更遑论做成优秀的农民。这种职业门槛对农民社会地位的提高有着一种制度化或准制度化的保护作用，可以帮助农民避免重蹈低贱者覆辙。职业规范化是职业制度化的必然要求，它不仅要求职业资格准入的规范化，而且要求执业行为的规范化。职业制度化要求职业准入、执业行为都有制度可依循，有制度来确认和保障。由此，我们不难推断：农民职业化意味着现代农民在知识、技能、理念、态度、心理等方面均需要达到标准化、规范化和制度化的水准才是合格的。当然也必须承认，农民职业化过程是一个不断推进、不断提高的过程，其最基本的要求就是农民具有现代农业发展要求的职业资质和推动现代农业不断走向进步的职业意识和职业能力。随着涉农领域科学技术水平的不断提高，农民职业资质会呈现不断提升的趋势。从这种意义上说，现代农民的职业化必然带来农业生产效率和效益的大幅提升，也会使农民的政治经济地位的优先性或优越性日益呈现出来。因此，可以预见，现代农民肯定不会再是职业地位和社会地位的卑贱者，而必然会成为拥有知识性和技术性权威的全新职业人群。

(2) 现代农民的职业化过程是农民不断摆脱对土地过度依附的演进过程。职业分化伴随劳动分工而产生，换句话说，就是只有劳动分工发展到一定阶段和水平才能使某些工作成为专门职业。时代进步和科学技术水平的不断提高使得劳动分工越来越细，行业之间相互渗透、相互交叉的情况也日益普遍，从而使各种新型职业不断涌现。分工不断细化的发展态势必然与现代社会的职业化过程紧紧相随。同样道理，农民职业化过程必然是农业生产在分工上不断细化的过程，也必然是农民群体或农民阶层从以农业生产为业这一单一社会形象或职业形象向政治领导型、生产创造型、经营管理型、科技研究型、生活服务型等多元社会形象或职业形象转变的过程。随着农民职业形象的不断多元化，农民受土地的直接制约或束缚会越来越小。特别是随着现代社会在制度安排层面的不断进步，农民的生产活动对于土地等基本生产资料的依附性必然越来越低，生产活动在时间和空间上的选择将更多并具有更好的自由度。

(3) 现代农民的职业空间拓展过程是农民走向更文明开化的过程。一般而言，职业是否具有广阔的发展空间是评价其优劣的核心要素。职业发展空间可拓展性强的职业，更容易获得社会的肯定性评价，也具有更好的职业认可度。传统农民从事的是一项古老的职业，尽管这是一项直接影响人类基本生活质量的重要职业，但由于太过基础和缺乏职业门槛而容易被视为低贱职业。这种社会偏见意味很浓的认识背后，确实潜藏着传统农民这种职业在发展空间的可拓展性等方面严重不足的问题。而现代农民的职业化意味着农民在职业地位和社会地位方面的拓展有了广阔的成长或提升空间。在工业化、信息化、城镇化和农业现代化迅猛发展的今天，一方面，农民接受职业教育、技能培训的机会越来越多，这为农民自觉提升人力资本提供了更多的机会和可能，也会刺激越来越多的新时代农民产生职业提升的愿望；另一方面，社会的不断进步，必然会对农民职业化提出越来越高的要求。农民职业发展的外部要求和内在动力的共同作用，必然使现代农民作为一种全新的职业形态获得稳定、有序、广阔的职业发展空间，也必然使农业和农民从相对封闭保守的状态走向更为开放进步的状态。

（三）享受现代农民的幸福人生

现代社会的一个突出特点就是每个人都不得不在职业社会中扮演某一个甚至某一些角色。有鉴于此，形成合理的社会匹配机制，使人们进入合适的职业领域并占据相应的社会岗位，是一个不能回避也无法逃避的问题。教育和高等教育在社会职业匹配中产生何种作用，实际上与劳动力市场的发育，社会对知识技能的吸纳水平有关。就农民的职业化问题而言，2006年中央一号文件对现代农民的基本属性从"有文化""懂技术"和"会经营"三个维度进行了描述①。这三个维度实际上涉及两个侧面或层面。"有文化"从人的基本素质要求角度来明确现代性或人的现代性提升对现代农民塑造的意义或价值，"懂技术"和"会经营"主要从职业性和职业发展性层面来明确现代农民的职业要求。中央政策文件对现代农民社会属性的新表达反映了对其新属性的重视，但这种描述对现代农民的农民属性这一最基本的属性有所忽略。

事实上，现代农民具有以下三重属性：（1）涉农属性。它强调农民是以农业或农业相关产业为生的职业人群。而农业（agriculture）是利

---

① 2006年中央一号文件：中共中央 国务院关于推进社会主义新农村建设的若干意见［EB/OL］.（2005-12-31）［2021-07-16］. http://www.moa.gov.cn/ztzl/yhwj/wjhg/201202/t20120214_2481239.htm.

用动植物的生长发育规律,通过人工培育等方式来获得产品的产业。农业最原初的劳动对象是有生命的动植物,或者说,农业生产的半成品或终产品来自动植物本身。(2) 现代人属性。这一属性意味着现代农民已经走出了传统农民保守封闭的生存状态,正在逐步摆脱对土地的直接依赖关系,不断走向开放创新。由于逐步摆脱了对土地的强依赖关系,现代农民与土地之间正在逐步形成新的互惠关系。(3) 专业属性。这一属性意味着现代农民作为一种职业,已经具备了专业性,已经变成了新型职业,有了自己的行业标准或从业标准,也就意味着有了准入标准或准入门槛。通俗地说,现代农民不是给无法从事其他职业的人群留下的最后工作保障,而是需要经过良好的教育和训练才能有资格从业的新职业。换句话说,现代农民的工作已经走出了卑贱的藩篱,能够享受职业成长带来的职业乐趣和职业活动带来的生活情趣。现代农民已经从迫于生计的无奈选择走向享受职业成长和幸福人生的新型职业。

1. 涵养现代情趣的主体性成长

增强竞争能力是现代人对生存问题的一种新认识,尽管这种认识也带来了与现代性相关的焦虑或现代性焦虑,但只要这种竞争性在合理限度内,它确实会对社会和人的发展产生推动作用。基于职业的现代性或者现代职业内在包含的竞争性(笔者强调竞争性并不意味着否认或简单否认合作的价值),我们探讨现代农民问题时,不能忽视对农民个体或群体现代性的关注。个体现代性是一系列态度、价值、感知与行动方式的集合,它可能是积极参与现代社会生活所需要的品质[1]。所以,个体的现代性是一个现代人所具有的,与传统人所不同的特征。从整体上看,农民应该还处于从传统人向现代人转型的过程中,但农民的这种处境不能也不宜简单地用落后或者愚昧来描述。他们的这种状况,隐含着深刻的历史性和现实的制度性原因。有鉴于此,英格尔斯在《从传统人到现代人》中试图用现代性量表来测量人的现代性,并描述社会结构性变迁如何造成人的素质变化和心理变化,以及社会性结构变动对人的新

---

[1] 英格尔斯. 人的现代化 [M]. 殷陆君,编译. 成都:四川人民出版社,1985:258-261.

需要所带来的影响①。毋庸讳言，现代农民一定是具有良好现代性的农民，是能够更好地从事现代农业生产工作、享受农民职业带来的成就与乐趣的新型职业工作者。

现代农民的现代性程度或水平是衡量他们是否能够享受主体性成长、享受职业人生的重要观察侧面。对个人而言，其思想道德境界的高低直接影响他对个体与个体、个体与群体、群体与群体关系的感知、判断和掌控水平，从而对其适应社会和享用生活的质量产生深远影响。具有与现代社会和现代农业发展相适应的思想水平和道德境界，对现代农民的职业成长和现代生活享受能力提高都具有十分积极的影响。对社会而言，思想穿透力和道德伦理性的不同层次和水平必然影响一个国家和民族道德实践的自觉性和道德思维的合理性与深刻性，进而影响达成社会同意的广度、深度和高度。一般而言，农民群体的现代性水平越高，其道德境界提升的速度和能够到达的高度也越容易实现提升；道德境界的高度反过来又会影响人的现代性成长。具有良好现代性的农民群体，群体内和群体间的冲突会大大减少，社会的整合性会大大增强，社会发展与进步的阻力不断缩小而推动力量相对甚至绝对增强，社会进步的向度和力度及二者的结合度就容易进入更加良性的状态。

可以肯定，不管从何种意义上说，现代人是建设现代化国家的首要支撑。近现代高等教育总体上致力于培养现代人。这种现代人必须也必然包括现代农民。换句话说，现代社会中，高等教育如何培养现代农民仍然存在较大的研究空间、发展空间和实践空间。正如英格尔斯指出的：那些完善的现代制度以及伴随而来的指导大纲、管理守则，本身是一些空的躯壳。如果一个国家的人民缺乏一种能赋予这些制度以真实生命力的广泛的现代心理基础，如果执行这些制度的人自身还没有从心理、思想、态度和行为方式上都经过一个向现代化的转变，失败和畸形

---

① 英克尔斯，史密斯. 从传统人到现代人：六个发展中国家中的个人变化 [M]. 顾昕，译. 北京：中国人民大学出版社，1992：113-179.

发展的悲剧是不可避免的①。现代农民必须是现代人，他们必须具备现代性的成长潜力和动力，也需要随着现代性的不断成长而呈现出越来越强的主体性，进而在农业生产和农村建设中展示出越来越强的主观能动性和创造性。

2. 饱含职业乐趣的专业成长

在现代社会中，人们一方面越来越需要掌握必备的文化基础知识，具备较高的科学素养，形成良好的思维习惯并具有不断学习的能力；另一方面需要不断激发和被激发学习的需要并满足这种需要。在现代社会，接受高等教育不仅意味着知识增长和认识能力的提高，而且意味着将有进一步接受更高层次教育或不断更新知识的需要和能力，从而具有高等教育永恒顾客的潜在需要和现实可能；除此之外，接受过高等教育的父母，其后代接受高等教育的可能性大大增加。由此可见，高等学校的校友是高等教育持续发展的长久有效支撑。高等学校校友是母校发展的积极关注者，是与高校发展有着密切关联的利益攸关者。关于这一点，我们也可以从反例中得到印证。我国文化素质最低的群体是农民和工人（基于本研究的论域，我们只讨论农民），按照常理，这些群体最需要接受职业教育。然而，我们很容易发现，农民自身很难自发地表现出对高等教育的直接而强烈的需要。这一方面是因为目前的农业活动主要不是高科技支撑的，农业对知识和技术的需求不够迫切，也没有产生对从业者的外在压力；另一方面，农民处于社会阶层结构的底层，他们没有深刻体会到知识在改善生产和生活方面的用处，自我提高的主观欲望很难被强烈激发；此外，农民现在的文化知识水平与社会发展的知识技能期待之间还存在短期内难以弥合的差距，知识技能提升的外在要求难以有效转化为农民自我发展的内在动力。基于同样道理，在成人世界里，农民主动接受在职教育的比例非常低。除了直接与生活相关的职业导向性教育，比如学习各类手艺或者其他看得见回报的职业技术外，他

---

① 英格尔斯. 人的现代化 [M]. 殷陆君，编译. 成都：四川人民出版社，1985：4.

们鲜有通过教育实现自我提高的愿望。如何让农民产生职业成长的需要，如何使他们的需要可以得到满足并激发进一步的职业成长需求，这是农民能否享受专业成长乐趣，能否把农民从一种被动的工作选择转变成一种主动自觉的职业诉求的重要观测点。

3. 延展农耕文明的生活趣味

乡土中国千百年来保存了恬静美满、安全永恒的田园牧歌式生活[①]，这种昔日的美好在近现代化进程中似乎正在退却到社会发展的边缘。在一个正常开放的社会里，如果农民能够接受良好的教育，能够传承和发展农耕文化蕴含的种种美好，那么伴随现代化和城市化出现的城市病也许可以找到新的解决方案，城乡并行发展的现代化模式也许能够较好地承接过去和现在并延展到未来。在这种演进和发展路径中，良好的教育除了提高人的社会竞争力外，还应该帮助人们提高寻找生活享受机会和创造生活趣味的能力，确保人们的身心处于更加健康的状态。具体而言，教育要帮助人们培养好的生活习惯，帮助提高享受生活和提升生活质量的能力，帮助现代农民在传统农耕文明基础上创生出具有农耕性的新文化；教育可以提高人的自我保健和自我保护意识，降低意外死亡概率，提高农民的预期寿命，创造具有现代趣味的田园生活；教育能够帮助人们学会自我调节，促进人们保持更加健康的心态，摆脱城市快节奏生活带来的亚健康状态，帮助人们更好地回归自然，回归生活，回归人本身。

有必要指出的是，目前我国农村发展的现实状况还不尽如人意：(1) 在人口数量与质量的关系把控上，人们（包括政府）在相当长的时间内对人口数量的关注和控制远远超过了对人口质量提高的关注和努力。在人口智力资源的开发利用上，即使到现在，现实情况仍然不够理想。(2) 在人口素质提升的向度和力度上，教育发挥的作用仍然存在亟待改善的空间。由于教育的积累性历史欠账较多，我国国民整体教育水平仍然相对偏低，在农村有效传播和培育先进社会理念仍然比较困难。(3) 在社会匹配机制的推进和优化上，因为知识对个人与群体社会地位

---

① 费孝通. 乡土中国 [M]. 北京：商务印书馆，2001：23-30.

升迁的影响还比较间接且相当有限，先赋性因素在社会竞争中的影响力尚未有效消除，甚至还相当强大，所以这些不理想的窘况容易使知识分子生活在理想与现实的夹缝之中，使知识分子的社会影响和示范效果存在容易被普遍觉察到的不确定性。毋庸讳言，如果个体教育回报的清晰性不够，知识改变命运这一重要理念被各种力量侵蚀而变得相当模糊甚至让相当一部分人表示怀疑时，这种不理想的境况对农村人试图通过接受教育改善命运的动机就会有比较明显的偏于负面的影响①。

　　换一个角度看，这种窘况说明人力资本充分发挥作用的社会心理环境和制度依存环境都存在较大提升空间。但目前社会心理层面的敬业精神的内在生成机理尚未能被准确把握，促进人力资本有序有效流动的制度安排尚存运转不够畅达的问题，这些因素都会影响人力资本合理配置和人们劳动积极性的充分发挥。在这种背景下，农村人口要全面形成接受良好教育的积极预期，农业生产与农业人口的合理再生产之间要形成真正的良性互动，都还需要经历一段较长时间的探索。毋庸讳言，这些问题的解决程度会影响农民与土地之间新型关系的形成，也会影响传统农民转化为现代农民的进程和效果。农村人口数量过大与农村生产资源相对有限之间的矛盾必须得到有效解决，如果按人头分配基本资源（如土地使用权）的格局短期内难以扭转，农村资源在产权和经营方面过于分散的境况就难以有效改变，农村集约经济的发展就举步维艰。一句话，如果农村资源的保障性功能大于发展性功能，农村就很难摆脱小农经济格局。农村如果长期陷入小农经济窘境，农村的农耕性特征就容易掩盖应有的现代性特征。农村人口要抵达能够享受农村生活趣味的发展阶段，就必然需要经历较长的历史演进过程。

二、高等教育对现代农民职业技能的培植

　　从传统农民到现代农民，单纯从外在形式看，其职业属性似乎没有

---

① 刘鹏. 高考弃考背后的喜与忧 [EB/OL]. （2013-06-09）[2021-07-16]. http://opinion.people.com.cn/n/2013/0609/c1003-21799393.html.

根本性变化。真正引起职业属性本质性变化的内在力量既体现在职业门槛中知识技能含量的增加上，也表现在职业领域的扩张或职业空间的延展上，还表现在职业更替由子承父业的封闭形态向职业选择具有更强的知识性和技术性特征的开放形态转型。因此，现代农民必须是高层次教育的接受者，他们不能仅仅通过在劳动过程中对年长一代劳动方式的观察和体悟来实现职业技能的感知和领悟。现代农民的培养呼唤高等教育的有效介入。高等教育如何在农业领域发挥现代社会职业的匹配机制的作用，以此推动农民群体进入合适的职业领域并占据相应岗位，将成为一个不能回避也无法逃避的问题。对农村人口而言，高等教育在现代职业匹配中发挥积极作用主要通过让农村人口离开农业和投身农业两个向度相反的过程来提高其现代性。

（一）高等教育对农民现代性提升的经济学解释

首先，分割的劳动力市场是高等教育产生社会匹配的经济学基础。现代社会的职业越来越"白领化"，这意味着主要劳动力市场将不断扩大并吸纳越来越多的劳动力进入。值得指出的是，中国地域广阔且发展很不平衡，地区间的劳动力市场分割状况十分明显。研究结果表明：无论是主要劳动力市场还是次要劳动力市场，经济越发达的地区，教育对劳动者收入的提升作用越大；经济越不发达的地区，工作年限对劳动者收入的提升作用越大[1]。造成这种地区差异的主要原因在于不同地区在经济发展水平和劳动力市场竞争机制的完善程度方面都存在一定差距。经济越发达的地区，劳动力市场的竞争性越强，也越充分，劳动者的收入与其知识、能力和教育等因素就越容易呈现更强的正相关关系；经济越不发达，收入的决定机制更强调论资排辈，其工作年限对收入的影响就会更大。高等教育对农村人口现代性的提升，一是通过驱动部分农村人成功竞争其他职业，永久性离开农业和农村，一是通过提升农村从业者的文化素质和职业技能，改善农村人口的现代性品质，提升涉农行业和

---

[1] 米尔斯. 白领：美国的中产阶级 [M]. 周晓虹，译. 南京：南京大学出版社，2006：197-200，210-214.

涉农产业的经济效率，进而再次提升农业从业人口素质期待并增强行业对人才的吸引力与吸纳力，实现行业进步与从业者素质提升的良性匹配。

其次，高等教育提高社会吸纳知识和技能的能力。众所周知，工业革命与教育普及密切相关。一方面，机器大工业能够大大提升社会生产能力；另一方面，社会化工业大生产对携带知识和技能的产业工人产生强大需求。前者能够给教育提供良好的物质支持而使教育普及变得可能，后者则使教育成为必要。其实，工业革命与高等教育变革也密切相关，因为高等教育自身的演进过程逐步凸显了三项基本职能：（1）培养人才，实现人力资源再生产；（2）发展科学，实现科学技术再生产；（3）直接服务社会，实现科学技术的推广应用。英国的新大学运动，其重要表现就是科学技术学科在大学中大量涌现，甚至出现了大量以学习科学技术并以职业为导向的新型大学[①]。事实上，高等教育改革，一方面是高等教育在一定程度上迎合经济技术发展的需要，传统大学或者传统学科走向衰落而科学技术学科走向显学地位就是比较直观或比较外显的反映；另一方面，随着接受高等教育人数的增加，高等教育接受者逐渐成为从事白领工作的重要甚至主要人群，高等教育接受者成为重要的社会群体或社会动员力量，从而促进社会对高等教育进一步的关注和重视；此外，职业的白领化必然使主要劳动力市场日益发展，可以帮助提高社会对高等教育接受者的吸纳水平。对农村而言，现代农村、现代农业和现代农民就是农村发展的未来，从长远看，高等教育对农村、农业和农民的全面介入能够有效提升农村生产力水平，改变农村形象并提升农村对知识技能的吸纳力，凸显高等教育对农村发展的重要价值。

再次，高等教育在实现劳动力的三重转化中起关键性作用。所谓劳动者的三重转化是指由潜在劳动力转化为一般劳动者，由一般劳动者转化为专门劳动者，由单一劳动者转化为多元劳动者。在现代社会，基础教育仍然具有把潜在劳动力转化成现实劳动力的功能，但它造就的只是

---

① 侯翠环. 英国的新大学运动及其历史意义 [J]. 河北大学成人教育学院学报，2005（1）：52-54.

一般劳动者，只能使他们进入次要劳动力市场，因而难以满足求学者进一步的发展要求；高等教育是一种专业教育，它可以更加有效地把一般劳动者转化为专门劳动者，使之成为高级专门人才，即使在高等教育大众化和普及化的浪潮中，这种功能仍然存在甚至有可能进一步强化。在高等教育大众化和普及化阶段，尽管我们看到高等教育制造精英的作用似乎有所弱化，但这只是由于它的社会成层功能变得不显著，泛泛而谈的高等教育成为人们的权利甚至义务[1]。此外，在终身化教育和学习化社会的背景下，高等教育还承担起把单一劳动者转化为多元劳动者的重要使命。高等教育是终身职业培训、知识更新等继续教育的支持力量，高等院校应该系统地考虑职业界及科学、技术和经济部门的发展趋势。为了满足工作的需要，高等教育系统和职业界应共同制定和评估理论与职业培训相结合的教学过程、衔接性课程。高等学校可在其预测职能的范围内促进新的工作岗位的创造，但不要使这成为其本身的唯一的目标[2]。高等教育在把传统农民转变为现代农民、把一般农民转化成专业农民、把单一性专业农民转化为多元化的农民方面发挥积极作用，这是现代高等教育对农业、农村和农民进行智力渗透的重要努力方向。

最后，高等教育提高人的社会流动能力。现代经济要求毕业生具备不断更新知识和形成新技能的能力，具有在不断变化的劳务市场中寻找到合适职业岗位和创造新职业岗位的素质。也就是说，在现代经济中，社会流动和职业转换将更为常见甚至相当频繁。在这种背景下，一方面，要加强高等教育界、职业界和社会其他部门之间的联系并不断革新其联系方式，以便更好地促进高等教育界和职业界之间的人员交流并以此改进课程，使之与工作实践能够更加密切结合；另一方面，必须明确，高等教育接受者不可能一劳永逸地完成高等教育阶段的所有学习。为了职业发展或者寻找新职业岗位，他们必须进行终身学习。就现代农

---

[1] 彭拥军. 高等教育：精英符号的生产者 [J]. 江苏高教，2013（5）：9-13.

[2] 联合国教科文组织. 1998年世界高等教育大会公报 面向二十一世纪高等教育宣言：观念与行动 [R]. 巴黎：联合国教科文组织，1998.

民的发展而言，现代高等教育在农民的培养上将发挥越来越大的作用，在农民实现农业部门之间的转换上也将发挥更加重要的作用，在农民在农业部门与非农部门的融合生长方面也必将发挥更加有力的影响。随着现代农业的内涵越来越丰富，农业生产在时间和空间方面也将越来越复杂多样，现代农民的流动不仅在农业各部门之间会更加频繁，在跨越农与非农边界而塑造新的职业方面的流动也可能出现，高等教育与现代农民之间的相互需要将更加紧迫和多样。

（二）高等教育对农民现代性提升的经济学路径

高等教育作为一种资本投资方式，其回报最终表现为它能够帮助增加社会储蓄。具体而言，这一功能主要表现在三个方面[①]。

其一，高等教育具有提高个人和家庭储蓄的功能。高等教育可以提高受教育者的文化技术水平，使劳动者获得更好的岗位，从而增加个人收入和储蓄；文化技术水平的提高可以帮助提高劳动质量，从而增加劳动者的个人收入。劳动者收入增加是受教育者提供的劳动数量和质量优化而引起产品质量上升和劳务增加的结果，这是高等教育实现直接增强个人和家庭储蓄能力的功能表现。此外，个人接受高等教育还可以使他们得到某些无形收入，比如因懂得更多的医疗保健知识能够减少疾病发生的概率，有效选择治疗方案并提高治疗效果，从而节省医疗支出，并因提高生命质量而获得生活增收。在代际传承意义上，高等教育接受者更倾向于使子女接受更好的教育并以此积累社会竞争优势，从而既使子女在文化教育方面受益，又可以提高下一代的储蓄能力。对农民而言，提高储蓄能力和从业幸福感，首先要提升职业生产能力。增加农业生产、流通、经营等多环节涉农活动的总体性收入，使职业具有较好的财富回报和经济竞争力，这是高等教育提升现代农民个人和家庭储蓄的重要观察点。

其二，高等教育提高公司或企业的储蓄能力。一般而言，没有真正的夕阳产业，只有真正的夕阳技术。一个公司或企业，其员工教育和培

---

① 范先佐. 教育经济学 [M]. 北京：人民教育出版社，2008：75.

训水平的高低，直接影响其劳动生产率。总体而言，受过良好教育和培训的员工具有更高的技术水平，能够帮助增加产量，降低原材料消耗，减少残次产品比率，提高企业的再生产能力，增加企业利润。比如，随着教育水平和技术水平的提高，我国的生产能力有了长足进步。以家电中的空调为例，中国空调随着研发能力的提升和市场占有率的提高，到2020年，很多技术已经从国际先进水平上升到国际领先水平，覆盖的领域从家用到商用，再到核电冷却专用，使中国成为世界空调制造大国和强国。而农业方面，发达国家80%以上的农业收益来源于先进的科技，而我国目前农民对新技术、新成果的认识和利用都远远不足。导致农业社会化服务体系不健全的一个重要原因，是中国农业劳动力的文化科技素质整体偏低[1]。我国的复种指数（同一地块种植同一作物的次数）和复耕指数（同一块土地在一个时段内重复耕种的次数）都很高，这种境况对土壤保持和生态修复不太有利；农业服务体系与农业大国的体量相比更是相对弱小，甚至绝对弱小。我国自己拥有具有独立知识产权的农业技术仍然比较落后，几乎没有自己研发的农药，还存在化肥、农药和激素严重滥用等问题。事实上，我国大多数农作物优质种子的供给和优质种子的培育技术、种子品牌和种子市场都没有实现有效的自主控制；我国农产品产量和质量仍然存在差距，尤其是缺乏农产品深加工，农业产品的知名品牌或具有号召力的知名品牌都很少；我国农民的文化素质和科学技术素养整体偏低，不利于农业技术的推广应用和农业技术的创新；我国不成规模的农业比较普遍，农业的集约经营程度低，农业在国际市场缺乏足够的竞争力。从发达国家农村社会变迁的过程来看，农村及农业的现代转变都是在大量高素质农业人才的支撑下完成的。美国农业机械化和自动化是农业科技进步与农民高素质化同步推进的产物。

在美国，农业对人才的要求绝不亚于其他任何行业，美国农民的文

---

[1] 中国农业劳动力素质整体偏低[EB/OL]．(2021-10-06)[2022-07-22]．https://www.guayunfan.com/baike/862793.html．

化素养和技术实操能力普遍较高。据美国农业部公布的报告，约25%的美国农民都有大学学历。除了学习农业相关的专业知识，这些有知识的农民还要学习大量的市场、管理、物流、金融、法律和环境的有关知识，因为美国农民实质上是一个农业企业主，除了种植，他也必须考虑企业经营的问题①；而我国农民文化程度普遍不高。据第三次全国农业普查数据公报，2016年末我国农业生产经营人员有3.14亿人（农业生产经营人员指在农业经营户或农业经营单位中从事农业生产经营活动累计30天以上的人员，包括兼业人员），这些人员受教育程度主要为小学和初中，分别占37%以及48.4%，未上过学的占6.4%，高中以及中专文化程度的占7.1%，大专及以上文化程度的则仅占1.2%②。从整个农村人口的文化程度来看，也同样保持该分布。2016年，农村人口文化程度依旧集中于小学和初中，分别占29.9%以及54.6%，未上过学的占3.3%，高中文化程度的占10.7%，而拥有大专以及大学本科学历的仅占1.4%。2020年，农村人口文化程度仍然保持该分布，小学和初中文化程度的分别占32.3%以及51.3%，高中文化程度的占11.2%，大专及本科文化程度的占1.8%，未上过学的占3.4%③。随着农民队伍素质的不断提升与优化，当前农民培训内容在逐步完善，主要围绕粮食生产、养殖技术、病虫防治等农业相关知识，同时还会涉及综合素质，金融信贷、农产品营销、电商推广等经营管理方面的知识，有利于促进农民间的合作，帮助农民创造财富，提高生活水平。有大量证据表明，农民的技能和知识水平与其耕作的生产率之间存在正相关关系。基于以上分析，我们不难形成以下认识：农村人口文化程度太低的现状对我国农民职业地位提升和农村产业结构优化十分不利。由于我国农业的公司化

---

① 华商韬略 章妮诺. 危险的美国农业称霸路：产业越来越强，农民越过越苦. (2021-05-17)[2022-08-22]. https://baijiahao.baidu.com/s?id=1699972930960777711&wfr=spider&for=pc.

② 国家统计局. 第三次全国农业普查主要数据公报（第五号）[EB/OL]. (2017-12-16)[2022-07-21]. http://www.stats.gov.cn/tjsj/tjgb/nypcgb/qgnypcgb/201712/t20171215_1563599.html.

③ 国家统计局农村社会经济调查司. 中国农村统计年鉴—2021[M]. 北京：中国统计出版社，2021：33.

程度很低,通过农民知识和技能的提升来增加涉农公司储蓄能力的研究与实践尚未全面进入探索阶段,更遑论实质性地促进涉农公司储蓄能力的增长和行业竞争力的形成或提升。

其三,提高国家储蓄能力。一般而言,国家储蓄能力的提高主要来自税费,它实际上建立在个人(或家庭)以及企业的储蓄能力提高的基础上。企业利税的增加依赖员工的专业技能水平,而专业技能水平的高低与教育和技术水平的高低密切相关;个人收入的增长既能直接增加国家的储蓄和税收,又能提高个人的购买力和消费水平,从而繁荣市场。消费市场的需求拉动可以增加企业产品的销路,增加全员就业机会,从而拉动企业和社会生产能力的提高,进而增加国家的储蓄总量。如果个人储蓄增加和企业盈利能力增长形成了良性循环,国家的储蓄能力就会持续提高。在现代化进程中,我国农业对国家储蓄的贡献和贡献率呈现下降趋势,即使全面免除农业税并给予各种涉农补贴,也尚未全面扭转这种趋势。切实提升农业的现代化水平,有效提高农民在生产和生活上的现代化程度,真正提高农业在国家储蓄中的贡献度,都是高等教育实现对农村、农业和农民的智力渗透必须正视的问题。

概而言之,高等教育通过提高社会储蓄能力来提升农民生活质量和现代生活品质主要表现在以下三个方面:一是高等教育提升国家储蓄后,国家对农民的经济反哺可以帮助提升现代农民的生活质量;二是国家储蓄增加了,可以有更多资金安排涉农项目,有利于推动农业增产和农民增收,从而有效提升农民生活质量;三是国家储蓄增加,可以有更强的财政能力增加对农村教育的投入,推动均衡高质的农村教育发展,增强农村人口流动能力并促使部分农村人口有效流出涉农领域,进而有效减少农村人口数量,优化农村的人地结构关系。与此同时,农村教育的良性发展也有利于培养其所需的高素质现代农民,为先进农业技术的推广应用打下更好的基础,为农民更好地创造和享受现代生活提供推动力。

(三)高等教育介入农民现代性的生活之维

改革开放的一个重要分层变化是政治分层逐步弱化,经济分层成为越来越明显的社会分层表征。由于我国改革开放后新一轮非均衡发展战略带来的巨大财富在特定的时间和空间范围内不可能实现均衡分配，人们占有经济资源的差异直接造成了他们在现实生活中的阶层差异。改革开放前，个人的社会阶层差异尽管也受能力、机遇、努力程度等多重因素的影响，但政治地位差异更加直接地影响人们的社会阶层地位。改革开放后，社会结构发生了悄然而深刻的变化，支配各种资源的机制也更加多样，社会分层依据自然也发生了相应变化。高等教育对农村人口社会阶层地位的影响也是不断变化的，即使在改革开放后也仍然如此。高等教育最初只对出生在农村的少部分人产生了直接的上升性社会流动作用，对其他人则产生了一定的价值引导作用[1]。在高等教育大众化和普及化浪潮中，随着大学生就业出现困难等新情况的出现，高等教育无论在社会动员还是在价值引导上，对农村社会流动的作用都在发生着前所未有的新变化[2]。高等教育与社会分层体系的关联实际上已经不可避免地发生了变化。高等教育对农村、农民和农业的影响如何进一步维持与深化，对农民现代性的影响如何能够在日常生活中很好地呈现，都还是未尽的话题。

1. 农民现代性的生活技能之维

现代农民既要承继传统生活的基本技能，又要接纳现代技术而形成生活新技能。生活技能涉及方方面面，其最基本的则是与衣食住行相关。传统社会要求衣着要与穿着者的性别、与生活的场景相匹配；衣服除了保暖之外，还有重要的功能就是美化妆容。衣服要合理搭配，显得端庄稳重，便于行动。

在饮食方面，最初涉及的是种植与采摘，其后就是对食品的加工。传统社会，男性主要从事外面的工作，厨房则是女性体现才能的重要空间。现代社会，做饭则是男女都必须掌握的生活技能。在厨房家务中获得必要的生活技能，让传统的饮食文化得以传承，这仍然还是农村生活

---

[1] 彭拥军. 走出边缘：农村社会流动的教育张力 [M]. 武汉：华中科技大学出版社，2011：11.

[2] 彭拥军. 走出边缘：农村社会流动的教育张力 [M]. 武汉：华中科技大学出版社，2011：11.

十分重要的内容。关于用餐礼仪,各地都有不同要求;一家人一起用餐,除了食不言外,饭碗要用左手端着,不宜把饭碗放在桌面,然后低头吃饭。用餐结束,要收拾碗筷。

住所要求干净整洁,每个人都要学会整理并正确使用自己的卧具,养成好的就寝习惯和起居习惯。搞好个人卫生才能就寝,早晨起床要把卧具整理好。这都是传统社会的基本要求。

走路要注意步履轻盈,不影响他人;走路要注意姿态,得体端庄;路遇熟人,要打招呼;此外,出门观天色,进门观颜色,学会观察自然和生活中的细节,避免尴尬。

对传统生活技能的学习和对传统生活的体验,一是可以增加生活本领,提高生活品质;二是可以从种菜、做饭等活动中感受到传统手艺独特的魅力,增添生活情趣;三是参加家里的生活活动,将爱心融入其中。在传统佳节里,几代人一起做一些传统食品,向父母或一些孤寡老人送上亲手做的粽子、饺子、汤圆等传统饮食,礼轻情义重。这种活动是很好的感恩教育,也是促进邻里和睦相处的重要方式。

在现代社会,以万物互联为发展方向的现代生活,需要人学会使用手机、计算机和互联网,只有这样人们才能获得高科技对生活的全面赋能,才能更方便、更快捷和更有效地生活。如果缺乏这方面的知识和能力,将难以适应现代生活,容易成为现代社会的边缘人。教育赋予人的发展能力越来越重要,随着农民现代性的提升,高等教育在培养现代农民方面的作用也将越来越大。

2. 农民现代性的社会交往之维

关于传统中国人的成长,孔子提出过"兴于诗,立于礼,成于乐"[①]的阶段论或境界论,其意思是要提高一个人的修养水平,始于学诗,立于学礼,成于学乐。具体而言,修养的提升表现在言语表达优雅得体,待人接物合乎礼仪规矩,能够理解、表达和欣赏生活的音韵和律动。到了汉代,叔孙通定朝仪,确立了一种制度化的仪式文化,通过宏大排场

---

① 孔子. 论语 [M]. 肖卫,译注. 北京:中国文联出版社,2017:113.

的皇家礼仪来显示皇帝的显赫。传统礼仪融入了日常生活的方方面面。具体而言，传统礼仪有交往礼仪，主要有磕头、鞠躬、拱手、问候等；集体礼仪有奠基仪式、下水仪式、迎宾仪式、祭祀仪式、结婚仪式等。

现代人最重要的人际交往技能就是熟悉礼仪并运用礼仪实现正确的人际知觉，从而能够得体地生活并恰如其分地参与或展现生活的仪式，使生活呈现必要的仪式感。一般而言，生活礼仪包括礼节和仪式两个方面。礼节和仪式主要是关于人们在社会交往活动中的仪容仪表、仪态、仪式和言谈举止等方面约定俗成的、共同认可的行为规范，对礼节和仪式的遵循有利于维持特定的秩序并表达彼此的尊重。

在交往中呈现出自己最好的精神面貌和形体样态，在互动过程中遵循现代交往礼仪，这是现代人的必修课。现代农民既要传承乡村文化中的固有礼仪，又要在国际化背景下了解、理解甚至践行某些国际礼仪。比如问候、握手、拥抱和亲吻等礼节需要根据场合与对象进行合理的选择，才能取得恰如其分的交际效果。只固守一乡一俗所推崇的礼仪，很难成为眼界开阔、心思开放的现代农民。

三、高等教育对现代农民生活品质的提升

基于生活产生感悟，基于生活形成想象，并以此形成和扩展社会生活圈子，提升社会生活品质。高等教育如何有效提高现代农民的生活趣味、生活品位和生活境界，这是高等教育实现对现代农民生活品质塑造的重要观察点和思考角度。

（一）高等教育扩展社会资本

关于社会资本的研究，最早可以追溯到20世纪70年代。第一位系统论述社会资本的学者是法国社会学家布迪厄[①]，他指出，社会资本是

[①] 皮埃尔·布尔迪厄（Pierre Bourdieu，1930—2002），当代法国最具国际性影响的思想大师之一。从人类学、社会学和教育学到历史学、语言学、政治科学、哲学、美学和文学研究，布迪厄都有所涉猎。他向当今的学科分类提出了多方位的挑战，在涉及范围极广的不同领域中提出了很多专业性的质询。

与关系网络有关的实际或潜在资源的集合,这些资源或多或少是制度化的,在一定条件下可以转换成经济资本。科尔曼则认为,社会资本是表现在社会结构中的资源。他还论证了社会资本和人力资本、物质资本的关系,研究了社会资本的各种形式。在高等教育场域中,接受高等教育会形成特定的师生关系、同学关系和校友关系等,这些制度化的关系网络都是现存的或潜在的社会资本,会对个人成长和成功产生潜在甚至显在的作用。

我们不妨以农村出身的大学生为例略加说明。这些大学生在原来乡土社会中形成的伙伴关系主要受血缘和地缘关系的影响,由于接受了高等教育,业缘关系会取代(至少部分地被取代)地缘关系,从而使大学生在交往对象、交往方式、交往语言等方面的选择都发生前所未有的变化。他们被成功纳入了国家制度化框架,因而不会成为"城里人眼中的乡下人"和"乡下人眼里的城里人"(这一点与农民自发进城可能被双向边缘化有重要区别)。事实上,他们容易被城市和乡村同时认同。一方面,这些出身农村的大学生,因为血缘之根扎在农村,他们离开农村后仍然是农村的骄傲,是他们的弟弟妹妹们(这种弟弟妹妹更多地体现在超血缘意义的乡邻关系上)的学习榜样和父老乡亲们教育未成年孩子真实可用的活教材,他们在农村乡土社会中仍然拥有丰富的社会资本。另一方面,因为他们受过高等教育,拥有了新的社会身份,这种身份能够被城市所接纳,并且在拥有这种拟制身份的同时,拥有了相应的关系网络。新关系网络的建立和新生活方式的习得都会使他们能够更好地适应社会发展,更好地融入城市和城市文化中。正是由于这些来自乡下的大学生在心理和文化上的两栖性,他们更容易发挥联结与融通城乡生活方式的纽带作用。

(二)培植社会竞争力

在经济动力的驱动下,高等教育的工具性功能实际上得到了前所未有的重视。高等教育入学率不断提高,学位课程不断丰富,间断性学习、回归学习和终身学习已经成为普通高等教育越来越关注的重要内容。高等教育越来越成为衡量个人、组织乃至国家竞争力的重要现实或潜在指标。

2001年《世界竞争力报告》显示，在47个国家中，中国经济竞争力处于第28位。而我国在教育和人力资源指标方面处于优势的都是数量指标，譬如人口和劳动力数量均排名第一，就业比例排名第二，人口负担系数排名第六，但是许多反映教育和人力资源质量的指标是弱项，比如文盲率居第44位，熟练劳动力的易获得性排名第44位，大学教育对竞争性经济的满足程度排第42位，合格工程师在劳动力市场的易获得性排第47位。可见，人力资源和教育质量是我们的弱项，影响了国家的国际竞争力①。

2004年《世界竞争力报告》特别提到，中国浙江省的全球竞争力名列第19位，和印度同属于进步最快的国家和地区。评比报告认为，浙江省的大幅度进步主要得力于新技术的投资和开发，科技进步带动了整个地区经济的迅速发展。美国外交关系委员会资深经济研究员爱德华·林肯表示，一些亚洲国家在这次全球竞争力评比中脱颖而出，这并不出人意料。他说："这些国家拥有健全的教育体系，因此拥有一支受过良好教育的劳动力大军。这些国家的政府积极促进工商业的发展，制定各种政策和法规，创造适合经济发展的社会环境。另一个不可忽视的原因是，这些国家都有一个稳定的政治环境，为经济的发展提供了必要的条件。"②

2009年中国内地排名相较上一年提升一位，居于29位。中国近几年在经济上的突出表现使得我国的发展阶段迅速从要素驱动阶段过渡至效率驱动阶段，但同时也带来了全新的挑战，比如在金融市场、科技、高等教育等方面排名较后。其次，失业率以及社会稳定方面也迫切需要关注③。2017年，中国位列第27位，是全球最具有经济竞争力的新兴经济体之一，中国表现最为突出的指标有"市场规模""宏观经济环境"和"创新"，进步较大的指标包括"技术就绪程度""商品市场效率"和

---

① 关逸民. 洛桑报告2000—2007中国竞争力排名解析[N]. 中国信息报，2007-06-06 (7).
② 关逸民. 洛桑报告2000—2007中国竞争力排名解析[N]. 中国信息报，2007-06-06 (7).
③ The Global Competitiveness Report 2009-2010 [EB/OL]. (2019-10-08)[2022-07-23]. https://www3.weforum.org/docs/WEF_GlobalCompetitivenessReport_2009-10.pdf.

"高等教育和培训"。

尽管这一报告是在西方观念主导下形成的，存在一定的偏见或者偏向，但我们从中还是可以认识到，我们的员工素质和管理水平确实存在某些问题，这些问题都与教育特别是高等教育存在内在关联。换个角度则可以说，高等教育日益成为衡量竞争力的重要指标。从这一点来看，我国高等教育要实现对农村全面的智力渗透还有很大的成长和发力空间。

（三）高等教育涵养生活趣味

现代农民要培养生活趣味，首先要具有社会融入技能。只有顺利融入社会，能够被社会和他人接纳，才会更有利于长久保持比较平和、乐观、积极的心态。对现代人而言，在生活和交往中如何进行情绪管控，这是很重要的。保持积极乐观的心态，善于从负面或偏于负面的情绪中走出来，乐意帮助别人不陷入尤其是避免长久陷入负面情绪中，这已经是现代社会给我们带来的生活甚至是生存难题。

现代社会在确保物质的丰盈时，却使我们都越来越需要成为职业人。职业社会往往是陌生人社会。在陌生人社会中，每个人实际上都是孤独的，因为从业者是流动的，职业岗位也是变化的。职业社会中的交往圈子已经用业缘替代了血缘和地缘，社会交往逻辑突破了家庭和邻里心理地理连续体的亲密或亲近关系，遵循着职业社会中规规矩矩的社会交往规则。社会交往中的人情、面子等道德意味浓厚的软性调适法被刚性的法律规则部分甚至全面替代，交往中的弹性和柔性已经明显退让甚至退却。

现代农民如何通过高等教育保存、继承和发展乡土社会的生活趣味、生活品位和生活意味，又能够与城市社会、国际社会中的某些值得学习和借鉴的生活方式、生活趣味连通起来，融通起来，使农村既呈现现代气息，又蕴含乡土韵味，实现费孝通所说的"各美其美，美人之美，美美与共，天下大同"①，这是一个很值得认真思考和积极实践的

---

① 1990年12月，日本著名社会学家中根千枝教授和乔健教授在东京召开"东亚社会研究国际研讨会"，庆贺费孝通80华诞。在就"人的研究在中国——个人的经历"主题进行演讲时，费老总结出"各美其美，美人之美，美美与共，天下大同"的十六字箴言。

重要事项。尽管费老的 16 字箴言是站在国际交往的视角来阐述的，其实它也适用于从生活中的乡农关系、城乡关系以及国际化与本土化关系的角度来阐释现代农民生活的方方面面。

第二节　高等教育与农民职业成长

新中国建立了计划经济体制，国家垄断了几乎所有重要资源，并构筑了一套完备的组织框架来实现向社会成员的资源再分配。以国家权力主导的一系列制度安排把社会成员划分成不同身份的社会阶层。户籍制度将社会成员划分为农业户口（乡下人）和非农业户口（城里人）。人事制度将城市社会的工作人员划分为干部和工人，形成不同的晋级制度和相应的社会福利（商品粮、工资及其福利和退休金等）；农村社会成员总体上被排斥在国家的福利体制之外。国家运作的重要机制是把城镇社区划分为地位、资源和声望相异的"单位"，形成了比较严格的单位社会。接班、顶替等制度的广泛存在，使单位社会带来的阶层差异和阶层壁垒能够或者部分使某些个体的社会阶层地位更多地受个体先赋性因素（家庭出身、父母职业、居住区域等）而不是自致性因素的影响。随着我国计划经济向市场经济的转型，社会资源配置和财富分配从"聚富于国"向"藏富于民"的方向转变，市场逐渐取代政治权力成为影响地位的主导因素[①]。职业对个体及其家庭的社会分层具有的重要作用开始凸显，职业对人的生存发展质量也起着越来越重要的作用。教育尤其是职业教育和高等教育对职业选择具有越来越明显的作用。

一、高等教育涵养现代农民的职业旨趣

我国自 1978 年实施改革开放以来，整个社会结构发生了深刻变化。中国社会结构的变迁包括两个重大的社会转变过程：一是从农业的、乡村的、封闭半封闭的传统型社会向工业的、城镇的、开放的现代社会转

---

① 彭拥军. 精英的合法性危机［M］. 桂林：广西师范大学出版社，2011：142.

变；二是从权力高度集中的计划经济体制向权力相对分散的市场经济体制转轨。社会转型和体制转轨并行，形成相互推动的趋势[①]。因此，现代化转型和经济体制转轨构成了考察我国社会分层结构变化的宏观背景和理论分析的重要视角。在这一背景下，我国农村的社会分层也逐渐由原来的"政治—身份型"向"经济—地位型"转变。在进入建设市场经济的时代之后，越来越多的资源由市场支配，于是社会分层出现了有资本阶层和无资本阶层；但按权力分配资源的规则并没有停止起作用。于是，再分配和市场两种分配方式争夺地盘，并且纯粹的市场经济中仍有相当大一部分资源由权力分配，这部分市场资源主要集中在政府开支上。事实上，政府在市场经济和城乡发展中仍然占据重要作用，政府和市场在现代农民塑造上都具有一定的作用。

（一）现代农民是重要的新型职业群体

尽管政府仍然在很大程度上垄断着生存发展的许多重要资源，但人们自主性选择的机会大大增加已是不争的事实。尽管人们对机会的把握能力还不够强大，甚至在面对各种社会机会时还充满选择性焦虑，但市场确实充当了社会成长的催化剂并使社会显示出越来越勃发的力量。在社会不断发育的过程中，社会已经日益从虚空走向实体，这意味着精英由垄断性的国家精英或政治精英等相对单一的精英类型在向多元社会精英方向转向。在职业和社会地位获得上，外在于个体的制度性限制因素逐步被废除，自致性因素的作用逐渐上升。人事制度、分配制度开始向"能力本位"和"成就本位"转向，接受过高层次教育的人员因知识、能力的比较优势更容易获得高收入、高职位和高声望，具有人力资本积累优势的个体和群体在社会竞争中的优势更加明显。在职业岗位竞争中，用人单位要了解、甄别应聘者的知识、能力和素质等有关个人特征的信息，学历无疑仍然会成为重要的、比较可靠的标识。高等教育学历充当着社会声望较高、经济收入更为可观的职业场所入场券的作用；与此同时，职业正在取代身份成为社会地位的重要指示器。在这种重要转

[①] 郑杭生. 关于21世纪中国社会学发展的几点展望[J]. 社会学研究，1997（2）：3-10.

变中,现代农民不再是数量庞大而地位低下的职业群体,他们将演化成一个有文化、懂技术、会经营的新型职业群体。

(二)现代农民是特征明显的复杂群体

如果说传统农业是一个经济学概念的话,传统农民则是一个身份性概念。现在,农民已经演变成一个职业性意味很浓的概念,它实际上同时包含了经济和身份两个层面的含义。毫无疑问,现代农民是一个分化的职业群体,它包括生产型农民、经营型农民、服务型农民以及综合型农民等亚群体。

生产型农民既包括直接为市场和社会提供农产品的农民,也包括为农业生产提供动植物活体或潜在活体的生产者。为农业生产提供植物活体或潜在活体的生产者包括植物种子、种苗的生产者,提供动物活体或潜在活体的生产者包括家禽的种蛋、雏鸟的提供者和牲畜类的幼崽、种畜等的提供者。直接为市场和社会提供农产品的农民包括为市场提供蔬菜、水果、花草树木以及肉蛋奶等农产品的生产者。概而言之,现代农业生产者包括生产和再生产动植物及其相应产品的生产者。

经营型农民主要包括对动植物产品进行不同程度或不同方式的加工制造,使之成为更方便销售商品的生产者。具体而言,经营型农民的工作包括对动植物农产品进行各种不同程度的加工制造,以达成产品在加工工艺、品质和品牌等方面的要求,以便为社会提供更加方便适用、更具有商品辨识度的农产品和相应服务。经营型农民也为生产型农民提供各种农业生产所必需的产品,比如提供各种各样商品化的植物种子、种苗、种禽幼禽、种畜幼畜,以及农药、化肥和农业机械等等。

服务型农民实际上就是技术研发服务、技术应用服务以及科技产品服务和智力服务等方面智力和技术的提供者。它既提供有形的服务,比如化肥农药的生产、农业机械的设计制造,也提供无形的服务,如农业科技的推广、普及,农业新产品的研发和农业技术的研发,涉农信息的提供,农民职业技能的研究与培训推广,等等。

(三)现代农民是能自我成长的职业群体

传统农业实际上是一种生产方式长期没有发生变动或很少变动,更缺乏根本性变动的农业经济形态，它本质上是基本维持简单再生产的、长期停滞的小农经济。在传统农业经济形态下，农民群体主要是世代之间简单重复，缺乏自我成长和代际成长的保守群体。现代农民是具有自我成长性和行业跨越性的群体。为了便于方便地理解上述说法，这里先引用罗吉斯描述的美国现代农民一天的生活来做一个直观的交代①。

印第安纳的法姆·沃伦·诺斯5:30起床，开始了一天的工作。他家有12间房，全部用石头砌成，配上白色的框架。吃过早餐后，他离家去场院。在早晨的雾霭中，低矮白色的谷仓就像是航行在大海上的军舰一样。谷仓的周围，紧紧环绕着5个黑蓝色的地窖。刚一走近，就听到400头白脸的赫勒福德牛饥饿的叫声，500头汉普郡猪的哼哼声。这种声音夹杂在一起，就像拍岸的涛声。它们一排排地在槽边等待喂食。在谷仓里，诺斯登上一个复杂的控制台，按动一些电钮，打开一些开关，整个谷仓立时震动起来。磨好的谷物，青贮饲料和没有脱壳的谷物从不同的地方流泻下来。

法姆·诺斯再打开另外一些开关，便加进了适量的维生素、矿物质以及营养激素。在地窖前的槽中，有个滚筒开始起动。随着滚筒的滚动，便把饲料推上一个斜面，然后送入一个架在槽上的330英尺长的管道。管道上的小门自动地把饲料均匀地分给每个牲畜。

如果用桶和草叉来干的话，这些活需要5个人干半天，而法姆·诺斯仅用10分钟就干完了。他有自己的业余爱好。他回到家中，斟上一杯咖啡，开始阅读《华尔街月刊》上一篇关于农场问题的小说。等咖啡凉了，他便端着咖啡和雪茄，走进起居室。他的起居室有40英尺长，墙上挂满了壁毯。房间的一面摆着一架双层管风琴、两台电子琴和一架大钢琴。法姆·诺斯坐在琴前，顺手弹了几个和弦和琶音，接着便弹奏起约翰·塞巴斯蒂定·巴赫的赞美诗《耶稣，人们祈求欢乐》。

---

① 罗吉斯,伯德格. 乡村社会变迁 [M]. 王晓毅,王地宁,译. 杭州：浙江人民出版社，1988：3-4.

上述文字描述的法姆·W. 诺斯是一个美国 1920 年代以养殖为业的生产型现代农民。他的养殖场已经摆脱了单纯的手工劳作，全部采用了机械化和电气化作业；尽管他是农民，但他的生活已经脱离了对土地的严重依赖；他的生活方式尽管还保存着一点泥土气息，但职业的开放性已经十分明显；其个人生活虽然比较简单，但已经很有几分小资情调了。我国现代农民的生活方式应该不会与我们祖祖辈辈的传统农民有太多的相同点，而更有可能与 1920 年代法姆的生活样态有更多的相似处。

二、高等教育培养现代农民的职业技能

现代农业必须走出靠天吃饭的困局，摆脱对土地的强依赖。正如舒尔茨所言，"一个像其祖辈那样耕作的人，无论土地多么肥沃或他如何辛勤劳动，也无法生产出大量食物。一个得到并精通运用有关土壤、植物、动物和机械的科学知识的农民，即使在贫瘠的土地上，也能生产出丰富的食物"[①]。因此，实现教育和技术对农业和农民的全面渗透，有效提高农民现代性水平和职业技能水平，是培养现代农民的关键。

(一) 高等教育培育现代农民尚存的问题

首先，高等教育在现代农民培育体系中的定位和地位不够清晰。目前，我国实施职业农民培育工程的牵头组织是各级农业农村部门，但该工程的顺利实施实际上涉及教育、科技、文旅、人社等相关职能部门。当前职业农民培育工作主要是农业农村部门组织实施职业培训（职后培训），教育部门尚未全面施行以学历教育为主要形式的职前培养工作，也没有着手职前职后的教育衔接，更遑论有效衔接了，这是问题之一。问题之二是牵头部门与相关职能部门之间尚未形成整体合力，难以开创现代农民精准培育的新局面。具体而言，一是管理力量比较单薄。从管理部门参与情况看，中央层面目前基本上是农业农村部在唱独角戏，地方层面的大部分具体事务由农业农村科教管理部门负责，这些单位一般仅配备 1~2 名工作人员。这种管理或服务机构的力量配置与现代农民

---

① 舒尔茨. 改造传统农业 [M]. 梁小民, 译. 北京: 商务印书馆, 1987: 4.

培育的重大使命相比，严重不成比例。二是培育实施机构缺乏多元参与。职业农民的培训工作主要由农广校和民办培训机构承担，其拥有的教育培训资源十分有限，教育培训能力也十分有限[1]，而教育资源丰富、师资力量较强的全日制高等、中等学校中的涉农大学或涉农专业的参与度偏低，远未达到占主导地位的程度。三是对培育效果缺乏有指导性的有效评价。目前，大部分实施培训的县都未能引入第三方机构对管理机构和实施机构进行职业农民培训的质量评价，只是由管理机构对实施机构进行项目验收。由于培养工作尚未全面启动，评价更是无从说起。现代农民培育的力度与向度，与正在如火如荼推进的乡村振兴工作全面实施的发展要求相比，差距很大。

其次，高等教育介入现代农民培育的路径不清晰。由于对现代农民的职前培养最多还只能算是停留在理论探讨上，并且这种探讨还很不深入，把理论成果用于指导实践当然还存在不少困难；而真正开始实践的主要是培训工作。然而，在培训过程中，在培训方式的选择上，仍然主要采取"教师讲、学员听"的传统授课方式。这种黑板上面开机器的培训方式不利于学员快速有效接受知识，也难以调动学员带着农业生产中发现的问题来听课的积极性和主动性，当然也不利于把所学知识更好更快地运用到农业生产实践当中。在时间安排上，主要以上级部门任务安排为导向而不是根据农业生产中农忙与闲暇交替的客观实际为准则来选择最优的学习时间，容易人为造成业务学习与农业生产之间的矛盾与冲突。由于农业农村部每年下达职业农民培训任务的时间基本上都在下半年，要求完成培训任务的时间则是当年年底，留给县级职业农民培育机构实施培训的时间只有短暂的三个月左右，这一时间段包括了秋冬收割季节。在这种背景下，县级职业农民培训实施机构往往只能草草完成培训任务，很难收到理想的培训效果。在内容选择上，大多数职业农民培训实施机构由于没有充足的时间和精力来准备并打磨培训内容，某些机

---

[1] 雷鸣强，吴易雄. 关于加强和改进职业农民培育工作的思考[J]. 教育与职业，2019(14)：44-46.

构还缺乏浓厚兴趣去了解农民的现实需要，其培训工作很难真正做到有的放矢，自然会严重影响培训效果。由于没有高等教育涉农专业的充分渗透和参与，农民培训对农业发展前景的把握不够准确，对农民发展的多元多向性缺乏足够的关注和思考，农民培训往往只能笼统地向所有培训对象传授同样的学习内容。培训内容无法做到有的放矢，造成相当一部分参加培训的农民学员由于对培训内容不感兴趣，对培训后能否实现实际工作能力的提升没有信心，因而在课堂显得"心不在焉"的人就不在少数，这种窘境更加影响了培训的实际效果。

再次，高等教育服务现代农民培育的政策不配套。尽管国家出台了职业农民培育基地认定办法，但尚无后续的管理评价措施，导致培育基地申报的积极性很高但申报成功后真正能够扎实深入开展教育培训的积极性很低。涉农高校和涉农专业师资力量虽然相对较强，但也并非十分充裕。没有有效和有力的政策杠杆推动，有关涉农专业要主动积极地介入新型农民培育工作中十分不易。近年来，我国针对职业农民培育出台了系列政策，但这些政策的针对性和可操作性仍然不强，地方要执行到位自然非常难，特别是很多地方还将农民培育专项资金与扶贫资金整合使用，这种做法大大打击了开展农民培育工作的积极性。受调查的农民还反映，目前培训基地对他们的跟踪服务都浮于表面，很多农业生产中的实际问题得不到及时解决[①]。由于国家尚未将跟踪服务、绩效评价、培育立法等内容纳入现代农民培育制度建设中来，难以从制度上全面保证现代农民的高质量发展。

（二）高等教育有效介入现代农民培育工作的对策

首先，要拓展现代农民培育主体并健全相关平台。整合全社会培育资源，积极构建由牵头部门、相关职能部门、高等和中等涉农院校、农业科研院所、农民专业合作社、专业技术协会、龙头企业广泛参与和支持的现代农民培育体系。具体而言，要做好以下几方面的工作：一要积

---

① 雷鸣强，吴易雄．关于加强和改进职业农民培育工作的思考［J］．教育与职业，2019（14）：44-46．

极启动和实施农业院校农民学历教育工程。由教育部门牵头，支持高等和中等农职院校、涉农本科院校和其他院校涉农专业成立农民教育学院（系），重点推进农民学历教育工程。教育、农业、财政等相关职能部门在充分调研的基础上，制订和细化农业院校实施农民学历教育方案。农民学历教育探索实施自主招生和免试入学的政策，近年内每村选派3～5人接受分层次、分类型的免费学历教育，所需学费由各级财政解决，生活费由接受学历教育的农民自己解决。二是构建农民培训联合体。农业农村部门要联合教育、人社等相关职能部门全面整合培育资源，形成"村社＋农（园）场＋企业＋培训机构"的协同培训模式。应该侧重根据不同岗位进行分级分类培训：对生产经营型农民实施全产业链技能培训和生产管理与市场营销培训；对专业技能和社会服务型农民实施侧重于实际操作技能和岗位服务技能方面的培训。三是启动送培下乡服务工程。由农业农村部门牵头，大力实施农业科技入户工程项目、基层农技推广补助项目等农业科技进村项目，实现专业与产业对接，教学过程与生产过程对接，教学内容安排与农时季节紧密匹配，农民培育与现代农业产业可持续发展协同。四是搭建职业农民知识分享和远程教育平台，逐步完善农民培育的终身教育体系。运用"互联网＋培训"模式，围绕农民急需的农业种植、养殖、加工及贸易技术和农村电商技术等方面的内容，实现在线学习与在线技术咨询相结合，共享教学资源信息与开发网络学习资源相结合，不断满足职业农民多样化和个性化的学习需求，把现代农民培育纳入终身职业教育体系。

其次，要进一步完善现代职业农民的认定办法和扶持政策。具体而言，要从以下四个方面帮助职业农民成长。一是出台现代农民评定办法。由人社部门牵头统一考核，实行资格授予、星级评定和荣誉扶持。比如可以设定5个星级，分别为5星、4星、3星、2星和1星5个等级，考核在前10％者定为5星级，前10％～20％者为4星级，前20％～30％者为3星级。对5星、4星和3星级的现代职业农民进行表彰和重奖，并在项目扶持上倾斜支持。考核成绩在前30％～40％者为2星级，前40％～50％者评为1星级。考核成绩在前60％者为合格达标，让现代农民拥有如同体制内干部一样的"工作证",以便进一步稳定职业农民队伍。对合格达标者及时增补认定,对不达标者及时进行淘汰。对现代农民实施分级分等,使农民学有榜样、赶有目标、干有帮扶。通过奖优汰劣、实行滚动发展来不断充实和完善农民队伍。同时,由各级党委政府、群团机构组织开展优秀现代职业农民评选活动,重点推荐现代农民入选人大代表、政协委员、村支两委干部、劳动模范等,让农民从农业的希望、农民的体面和农村的伟大中进一步体认现代农民的价值。二是制定农民专家评聘办法。由人社部牵头,鼓励获得现代职业农民资格的农民参加职业农民职称评审,并将其纳入农业系列职称评审范畴,形成现代农民的职业资格、职业等级和职业水平认定体系,以期实现对职业农民在农业生产和服务活动中的从业情况、技能水平、创业能力和辐射带动能力等进行科学评定和认定。与此同时,达到一定农业职业水平的现代农民可评定为农民技术专家,统一遴选进入农民专家库。三是制定现代农民培育跟踪服务管理办法。成立现代职业农民跟踪服务领导小组,借助不断完善的跟踪服务工作平台,重点推进"精准式服务"与"多极化服务"相结合的现代农民成长服务体系,对现代农民的成长实施"扶上马,送一程"①的助推政策,促使职业农民真正成长起来。"精准式服务"旨在从基层农技推广队伍中遴选一批技术人员与职业农民充分对接,从比较宏观的产业发展、规划制定和生产布局到相对微观的生产技术指导、产品贮藏与加工、市场信息、产品营销等各环节对职业农民进行精准服务。"多极化服务"旨在利用农技推广服务云平台、农信通、农业科技网络书屋等信息化服务手段进行"点对多"的服务。四是出台现代职业农民社会保障办法。由人社部门牵头成立农民发展基金,赋予现代农民与城镇职工同等的社会保险、社会救助、社会福利、优抚安置、社会互助等社会保障待遇;建立财政资助的农业专项贷款体系,给现代职业农民提供简化手续和降低门槛的农业贷款服务;努

---

① 最初用来描述邓小平同志为了解决领导干部新老交替的政治智慧的一个说法,详见"八老治国:扶上马,送一程"。

力实行农业保险全覆盖,降低职业农民从业风险,促进职业农民职业成长和职业成功。

三、高等教育开阔现代农民的职业进境

现代社会是学习型社会。学习型社会中,每个人都需要学习,都需要不断学习,现代农民也不能例外。不断激发农民的学习需要并满足其职业发展的学习需要,是高等教育介入现代农民成长的重要课题。从目前农民职业成长的实际需要和现实可能的综合情况看,可以考虑搭建空中课堂、固定课堂、巡回课堂和田间课堂等"四大课堂",满足农民职业多样化发展的教育需求。

(一)积极推进现代农民培养工作

这里主要就生产型职业农民、经营型职业农民和服务性职业农民三种现代农民的培养来谈谈如何使之具有现代农民的职业能力与职业境界。

1. 生产型职业农民的培养

首先要对培养对象进行合理选择。从现实情况看,主要从两个方面选取合适的培养对象:一是从现有农民中选取合适的对象重点培养。比如以科技种粮大户、科技养殖大户为重点,从中选取合适的对象,培养技能型职业农民,并以点带面,促进产业集群的出现。二是涉农高等教育、中等教育机构和科研院所从专业化角度培养全新的生产型职业农民,让他们回到农村,创造全新的生产模式,给农村种植业和养殖业增添新鲜血液,并促进农业新品种、新品牌的出现。我国的农产品,现在存在数量不够充足、质量不够优良、品牌不够多样等问题,尤其是品牌的影响力和号召力不强,对市场选择的引导力较弱,这对农产品参与市场竞争不利。目前,这种不利状况已经出现了得到扭转的积极苗头。

据《成都商报》报道,四川农业大学毕业生龙波、王旭不顾家人反对,大学毕业后回乡养猪,两年后身价300万,并创造了中国的第一个品牌猪"普兰克"。用他们的话来说,他们的成功在于将知识和土壤结合起来,这样不光解决了自己的就业问题,为自身带

来了财富,同时也带动整个村的人养猪致富。

要从根本上解决我们农产品市场竞争力不够强的问题,就需要在源头上提升生产型职业农民的数量,全面提升农产品的品牌创造性和品质溢出率,使农业生产的品质得到全面提升,从而改变生产型农民的职业形象和社会地位。与此同时,如何创新土地流转承租方式,实行土地集中连片租赁,有序流转给种粮大户,针对其粮食生产中的技术问题,将先进的种粮技术、管理技术重点传授给种粮大户,帮助其规模化生产、产业化经营,提升粮食综合生产效能,取得粮食生产规模效益。对于养殖大户,则需要政策扶持和积极推进农业保险等举措,帮助现代农民提升风险抵御能力。农业生产需要有较好的社会机制来帮助避免天灾、流行疾病和病虫害等给生产型现代农民的生产活动带来重大风险。

2. 经营型职业农民的培养

经营型职业农民是农业发展的中间人或居间人。高等教育要以农业经理人为重点,培养经营型职业农民。根据农业职业经理人的培养要求,着重创新农业生产经营方式,在人才培养、管理和发展上取得重大突破,切实解决农业生产经营上的薄弱环节。对于人才的选取,也要采取两条腿走路的办法:一是从现在从事农业经营的农民中选取合适的对象重点培养;二是依托农业院校或其他高校涉农专业或者与经营管理相关的专业培养知识型经营农民。除此之外,要因地制宜,实现领头人的遴选,使不同地区都有农民身边的示范者,这样能够让农民从身边的学习样本中获得学习机会,产生学习积极性。

3. 服务型职业农民的培养

服务型职业农民的培养,目前宜以专业合作社为重点。充分发挥农民专业合作社的传帮带作用,加强农业服务体系建设,培养为现代农业发展提供综合服务的大批职业农民队伍。在宏观布局上,逐步形成农业产业带,形成服务精准化与多元化相结合的农业服务体系。在微观渗透上,因地制宜地形成一乡一品的特色产业,丰富农业产品种类并凝练地方特色,全面提升服务质量,引导农业走上品质与品牌引领的高产、优质、特色兼容的发展道路,更好地满足国内市场农业产品不断丰富的需要，也可以帮助提升农业的国际竞争力和影响力，使我国的现代农民成为世界农业发展的新标杆。

（二）切实做好现代农民培训工作

目前的农业还存在简单重复和盲目移植他人经验的问题，从而造成有产品但缺销路，或者因为供过于求导致增产不增收甚至亏损，价贱伤农事件时有发生。如果农业只是对现有品种进行简单的扩大再生产，缺乏对农业技术、农业管理和农业产品的颠覆性创新，农业竞争力必然不足。系统开展农业创业培训，培养农业创业型职业农民，是农业尽可能摆脱对土地的直接依赖，并形成新的人地关系、人与自然的关系，实现可持续发展的必由之路。在目前的条件下，应努力依托农业职业院校，采取"农民点菜、专家下厨"的方式，以整村推进农业新品种、新技术和新模式培训为重点，结合农村高效农业规模化发展需求，主要面向有强烈创业欲望和意识，有较强农业产业基础和较高文化素养的返乡农民工、农业科技示范户、种养殖大户等中青年职业农民开展创业培训。再造性创业则是目前从传统农业走向现代农业，从传统农民成长为现代农民的最小阻力路径。如何使农民自身就像工业和工厂那样研发出原创性品种、种养殖技术，应该是现代农业专业化与个性化相结合的重要发展方向。

全面开展农业社会化服务培训，培养农村社会化服务型职业农民。现代化程度与服务水平高低有密切关系。而农村的服务整体上还比较落后，因此农村要全面发展，必须补好服务的短板。以农村从事社会化服务的职业农民为重点培养对象，采取分类培训方式，全面开展职业技能培训，进一步提升其理论水平和实践能力。目前农业社会化服务包括根据农业分工体系提供的服务和针对市场体系提供的服务。前者包括产前的生产资料供应（种子、种苗、幼禽、幼畜、种蛋、种禽、种畜等良种服务，化肥、农药、薄膜等农资服务），产中的耕种技术、栽培技术、病虫害防治技术等技术服务以及产后的销售、运输、加工等服务；后者涉及提供基础设施建设的服务体系，包括技术推广的服务体系，提供资金投入的服务体系，以及流通服务、休闲服务、保险服务、信息服务、政策和法律服务等等。随着农业生产力的发展和农业商品化程度的不断提高，传统上由农民直接承担的农业生产环节越来越多地从农业生产过程中分化出来，发展成为独立的新兴涉农经济部门。这些部门同农业生产部门通过商品交换相联系，其中有不少通过合同或其他组织形式，在市场机制作用下，同农业生产结成了稳定的相互依赖关系，形成一个有机整体。农业社会化服务，是农业生产商品化发展到一定阶段的产物。农业社会化服务最后形成一个完备的体系，则表明商品农业进入了高度发达的阶段。这是我们研究农业社会化服务体系最基本的出发点。分类培训服务型农民，考试考核合格的农民学员颁发相应的农业职业技能证书，作为从业的基本资格证书。

重点开展农业经营管理培训，培养现代农业产业化经营型职业农民。农业经营管理者要掌握从事农业生产所必需的经营与管理的基本知识和基本技能，因此我们要培养农业工作者按经济规律从事农业生产经营管理活动的能力和综合管理能力。农业经营就是农业产业化经营，其实质就是用管理现代工业的办法来组织现代农业的生产和经营。它以国内外市场为导向，以提高经济效益为中心，以科技进步为支撑，围绕支柱产业和主导产品，优化组合各种生产要素，对农业和农村经济实行区域化布局、专业化生产、一体化经营、社会化服务、企业化管理，形成以市场牵龙头，龙头带基地，基地连农户，集种养加、产供销、内外贸、农科教为一体的经济管理体制和运行机制。重点培养农民专业合作社领办人、农业龙头企业负责人、大学生村官、农产品经纪人等新型农业经营管理人员。在深入调研这些人员的培训需求的基础上，科学制订培训计划。一方面，结合实际需要开设基础课程；另一方面，着重开设经营管理实务专业课程，进一步提高他们的组织带动能力和经营管理水平。

结语

早在 20 世纪 60 年代，因目睹了法国工业文明与城市化浪潮对传统农村造成的巨大冲击与改变，孟德拉斯曾大胆地预言了传统农民的终结与现代农民的崛起①。孟德拉斯着眼于空间视角,希望通过对城市、城镇和农村等外部环境的建设来吸纳农民并实现农民的现代化。这种现代化是农民的外向现代化,不是农民作为一种职业的现代化,但这种思路能够帮助人们从多重维度来思考和帮助农业、农村和农民实现现代化。

毫无疑问,传统农民处在一个"不流动的社会"中,村落共同体几乎构成了农民全部的生存空间,小农经济的自给性与地理空间上的分散性加深了传统农民的保守性与封闭性。他们的活动范围仅仅局限于封闭的乡村里,很少与外界交流,他们认为只有基于血缘和地缘关系的社会网络才是最可靠的,他们倾向于维系这种已经形成的社会关系网络而不是将其打破。传统农民的流动性较低,这不仅表现在横向层面的地域间流动和迁徙很少发生,还表现在纵向层面社会阶层中身份和地位较为固化②。

现代农业以机械技术和生物化学技术取代了过去的靠天吃饭和精耕细作,现代农民积极引进和尝试新技术、新方法和新品种,扩大生产规模,提高农业生产率。农业生产对劳动力的生产技能和个人素质的要求越来越高,现代农民已由体力型、经验型农民转变为依靠现代科技的知识技术型农民。现代农民的工作也不再局限于单纯的农业领域和当地村落,而出现了跨行业和跨区域的流动,农民的兼业化、分类专业化趋势日益明显。另外,传统农业生产以服务家庭需要为目标,而在市场经济条件下,市场才是农民从事农业生产的风向标。如何面向市场来满足市场需要,如何开拓市场以制造新的社会需求,最终实现收益稳定化和最大化是每一位现代农民最关心的问题。

---

① 孟德拉斯. 农民的终结 [M]. 李培林, 译. 北京: 社会科学文献出版社, 2010: 245-271.

② 石智雷, 施念. 城市化改造传统农民: 基于劳动力城乡双向流动的视角 [J]. 武汉科技大学学报 (社会科学版), 2016 (3): 318-327.

第三章 确保乡村振兴的品质：现代高等教育对农村发展的渗透

现代化或者说农村现代化是否成功，让人能够显而易见地观察到或感受到的结果之一应该就是，农村人口成为见多识广、乐意接受新经验以及新观念、具有很强的个人效能感、能积极参与社区各项事业，在思想上是开放的、在认识上是灵活的、在处理个人事务时有高度独立性和自立性的现代农民①。在乡村振兴背景下，要提升农村发展的品质，确保乡村振兴的可持续性，其题中之义就是塑造大量的村庄精英。现代村庄精英应该是有知识、有见识和有专业技能的农业专门人才。高等教育实现对农村的全面、深入渗透的首要路径是培育数量足够、质量优良的村庄精英；另外则是要确保农村发展的已有成果，积极遏制农村出现脱贫户返贫等逆向发展现象，确保农村精英对乡村振兴的积极引领作用得到全面、充分的发挥。

第一节 现代高等教育对农村的智力渗透

随着传统农业逐步转型为以知识农业、科技农业、产业化农业等为特征的现代农业，智力资源越来越成为推动农业发展的重要生产要素。显然，如果农村智力资源基本上呈现输出状态，仅仅依靠流动能力相对

---

① 英克尔斯，史密斯. 从传统人到现代人：六个发展中国家中的个人变化 [M]. 顾昕，译. 北京：中国人民大学出版社，1992：424.

不足的老人、妇女和孩子组成的所谓"993861部队"来从事农业生产和维系农村稳定繁荣，绝对是力所不逮的。然而目前相当多的农村实际上已经陷入了这种窘况，这种现象也已经引起了越来越多的有识之士的担忧①。高等教育如何实现农村智力回流，如何让回流智力在推动农村社会的进步与经济发展等方面起到应有的作用，这是我国全面实现现代化和长久有效地确保乡村振兴必须积极思考的重大问题。我们要对农村智力回流的价值有一个正确的认识，明确农村智力回流的智力渗透价值。

一、明晰智力渗透的内容

农村人力资源合理有序地流出农村和从农村产业析出，有利于解决农村人口数量过多的问题，使有限的农业资源更好地集中在数量精干的部分人手中，实现农村生产的集约化和多样化。农村人力资源如何合理地向第二、三产业转移，则是合理利用好农村丰富的劳动力资源的重点问题，也是难点问题。与此同时，农业如何摆脱对土地的过度依赖，如何实现不断增加的智力加成，则是我们必须正视的问题。这种智力加成既需要农村自身不断进行智力开发，也需要合理的农村智力回流。推动农村智力回流的目的之一就是促进农村的快速发展，充分发挥农村由单一农业向多元农业转变，实现农业自身的劳动力转移功能。显而易见，智力回流和智力渗透与农村发展有着比较密切的关系。

首先，农村人口转移能力与智力渗透有着密切的联系。许多调查都表明，知识、技术是促进农村人口持续向城市转移的关键所在，初高中毕业的农村青年要远比受教育较少、没有受过教育的农村青年容易流出，技术型农民在城市的就业机会也远比没有技术的农民多②。智力回流，尤其是高层次的智力回流，可以使回流智力成为承担农村人力资源

---

① 朱丽亚. 生态农业未来掌握在谁手里 [N]. 中国青年报，2012-04-06 (5).
② 彭拥军. 走出边缘：农村社会流动的教育张力 [M]. 武汉：华中科技大学出版社，2011：85-86.

开发任务的主力。农村智力开发不仅成功推动了一部分农村人口转移到城市（走出农村的大中专毕业生就是最明显的受益者），而且能够进一步激励农村人口通过学习来提高文化素质。教育既承载着转移更多农村人口的希望，又能够提升农村人口转移到非农产业和进入农村自身日益丰富的农业和非农岗位的能力，从而逐步达成农村发展与农村人口转移、农村人口素质提高相协同的理想状态。

其次，农村社会流动格局变化与农村发展具有密切的关系。由于农村是熟人社会，私人信用在日常交往中的作用总体上仍然大于公共网络的信用和效用，普通农村劳动力转移的一种重要甚至主要方式是亲戚朋友的介绍、带动。据调查，2004 年，33％的农民工是通过自发方式外出就业的，65％的农民工是通过亲友介绍外出就业的[①]。事实上，无论是通过教育途径考出去的农村人，还是通过自主社会流动到外面工作而见过世面的农村人，如果能够有一部分人回到家乡创业，那么会带动更多离开了农村的劳动力回流农村。有知识、技术和见识并且有产业支撑的农村智力回流，即使是钟摆式的智力回流，也会激活农村人力资源市场，这是农村社会流动由单纯的流出向流出与流入平衡转向的必然过程。农村发展与农村智力回流一旦形成良性互动状态，农村智力回流和人力回流也会由个别现象演变成社会洪流。

笔者 2007 年的调查发现所调查乡镇全镇流动情况如下[②]：在本省的社会流动者为 2897 人，在外省的社会流动者有 2147 人，本省的人数多于外省的人数，前者是后者的 1.35 倍，这一情况已经与 1980 年代农村社会流动刚刚开始时有了很大不同。数据揭示的这种变化与当地的社会发展状况和我们在调查展开过程中观察和感觉到的变化比较吻合，也与他人研究所指出的"民工荒"现象比较吻合。笔者认为，形成这种社会流动新格局的原因如下：第一，在社会流动刚刚发生时，该镇的流动

---

① 国务院研究室课题组. 中国农民工调研报告 [M]. 北京：中国言实出版社，2006：72.
② 彭拥军. 走出边缘：农村社会流动的教育张力 [M]. 武汉：华中科技大学出版社，2011：79-80.

者主要到广东打工,到外省的社会流动者人数占据了大多数,因为当时到广东打工具有经济上的比较优势。第二,本土力量对社会流动具有比较直接的影响。湖南人在语言和生活习惯方面都有比较明显的地域个性化特征,在经济比较利益日益不明显的情况下,本土化的社会流动必将成为流动者首先考虑的方案。第三,流动者流入地的地域格局变化反映了经济社会格局的变化。本省和外省的流动者发生了颠覆性变化与社会经济发展状况有关。随着湖南省经济上总体有所发展,省城长沙的辐射作用明显加强,该镇本土的吸纳能力以及县城和长株潭城市群的吸纳能力也显著增强。受多方面比较利益的驱动,省域内向中心城市集中的社会流动呈现出优先性。第四,比较利益的考虑仍然是农村社会流动的重要解释力量。无论是外省社会流动者数量占优还是省域内社会流动者比例占优,这两个看似不同的社会现象实际上共同反映了社会流动背后的一种基本规律,就是比较利益的最大化是影响社会流动的重要解释力量。调查过程中同大量不再愿意外出打工者交谈所获取的材料进一步证实了上述观点。

二、确认智力渗透的方式

乡村振兴需要借助各种智力形式的支持,实现农村发展的智力渗透是一个事关全局的重要课题。智力渗透从外显形态看,一种是人才回到农村直接为农村服务,这是一种比较容易看见的形式;另一种是人才借助一定中介手段来实现对农村发展的影响,这种智力渗透比较内隐。除此之外,还有显隐结合的智力渗透,比如智力的各种柔性回流。概而言之,智力回流农村是智力渗透农村发展最容易被观察到的现象。

(一)知识型智力回流为农村社会的进步提供重要智力支撑

中国14亿人口中仍然有大约9亿户籍意义上的农民[①],这9亿农民

---

① 户籍意义上的农民和常住人口意义上的农村人口是两个不同概念。户籍意义上的农民是从身份意义上来计量农民数量,常住人口意义上的农民则是身份和职业乃至住所的叠加。常住意义上是城里人但身份是农民,则意味着农民的一种可能的转型样态。

构成的农村智力状况是：隐性智力资源在数量上供大于求。农村丰富的劳动力大军仍然是城市和工业发展乃至社会发展的庞大劳动力蓄水池。但在显性智力质量上（农村人大多没有受过良好的教育和训练，智力开发和提升严重不足；留守在农村的农民大多数是流动意愿和流动能力较弱的农民）却又使智力资源的供给难以满足农村当下和长远的发展需要。留守在家的农民，其综合素质往往难以满足农村社会的基层民主化建设、农村各种组织制度的创新乃至文化水平、法制意识的提升等方面的需要。农村智力回流，除了及时补充教师、县乡干部等原有智力资源外，还需要新的知识型智力回流，让这些新的智力充当农村进步与发展方面的指导者、管理者和建设者，并发挥起提高农民素质的现实引领者作用。

（二）见识型智力回流是塑造现代农民的主流群体

新一代的现代农民应该是符合现代农业发展要求的高素质农民。要培养现代农民，既需要提高其学历，比如努力在农村全面普及9年义务教育并逐步提升其质量，逐步把新生代农民的起点学历提高到高中水平，力争有一部分年轻农民具有高等教育经历。与此同时，需要有效增加农民的见识，开阔他们的视野，提高他们认识问题、分析问题和解决问题的能力。事实上，成年农民中有过社会流动经验者，往往会有意无意地接受现代城市文明的洗礼和熏陶。他们逐步具有了城市文明素养，敢于冲破传统，向现代人转化。据国家统计局《2011年我国农民工调查监测报告》的数据，2011年全国农民工总量达到25278万人，比上年增加1055万人，增长4.4%。其中，外出农民工15863万人，增加528万人，增长3.4%。住户中外出农民工12584万人，比上年增加320万人，增长2.6%；举家外出农民工3279万人，增加208万人，增长6.8%。本地农民工9415万人，增加527万人，增长5.9%。在农民工中，文盲占1.5%，小学文化程度者占14.4%，初中文化程度者占61.1%，高中文化程度者占13.2%，中专及以上文化程度者占9.8%。外出农民工和年轻农民工中初中及以上文化程度者分别占88.4%和93.8%。外出农民工的受教育水平明显高于本地农民工，青年农民工的受教育水平最高[①]。近 5 年农民工变化情况如图 3-1 所示。

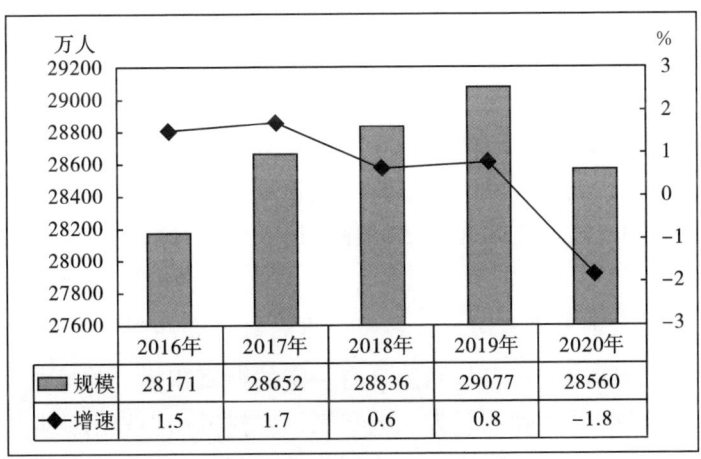

图 3-1 农民工规模及增速

图片来源：《2020 年农民工监测调查报告》

2020 年全国农民工总量 28560 万人，比上年减少 517 万人，下降 1.8%，规模为上年的 98.2%。其中，外出农民工 16959 万人，比上年减少 466 万人，下降 2.7%；本地农民工 11601 万人，比上年减少 51 万人，下降 0.4%。在外出农民工中，年末在城镇居住的进城农民工 13101 万人，比上年减少 399 万人，下降 3.0%。在外出农民工中，跨省流动农民工 7052 万人，比上年减少 456 万人，下降 6.1%；在省内就业的外出农民工 9907 万人，比上年减少 10 万人，与上年基本持平。省内就业农民工占外出农民工的比重为 58.4%，比上年提高 1.5 个百分点。分区域看，东部、中部、西部和东北地区省内就业农民工占外出农民工的比重分别比上年提高 1.6、1.3、1.8 和 1.0 个百分点。在全部农民工中，未上过学的占 1%，小学文化程度的占 14.7%，初中文化程度的占 55.4%，高中文化程度的占 16.7%，大专及以上文化程度的占

---

① 国家统计局. 2011 年我国农民工调查监测报告［DB/OL］.（2012-04-27）［2021-12-26］. http://www.stats.gov.cn/ztjc/ztfx/fxbg/201204/t20120427_16154.html.

12.2%。大专及以上文化程度农民工所占比重比上年提高 1.1 个百分点。在外出农民工中，大专及以上文化程度的占 16.5%，比上年提高 1.7 个百分点；在本地农民工中，大专及以上文化程度的占 8.1%，提高 0.5 个百分点①。

对比 2011 年到 2020 年农民工的相关教育数据，可以发现农民工学历层次有比较明显的提高。可以肯定，这部分劳动力回流所伴随的智力回流，对推动农村的现代化、法制化、民主化、社会化进程具有非常重要的意义。

（三）回乡创业型智力回流对繁荣农村经济会起到十分重要的作用

这种智力回流的特点是回流者有一定的财富积累，并且在外闯荡过程中彰显出较强的胆魄和能力。近年来，农村劳动力外出就业规模持续扩大，2002 年为 9400 万人，2003 年为 1.1 亿人，2004 年为 1.2 亿人，2011 年已经超过了 2.5 亿人，到 2019 年达到峰值，其数据为 2.9 亿人。事实上，在农村劳动力大量流出的同时，也出现了大量回乡创业者。据国家统计局 2011 年的相关数据，在外出农民工中，在省内务工的农民工占外出农民工总量的 52.9%，比上年上升 3.2 个百分点；在省外务工的农民工占外出农民工总量的 47.1%，比上年下降 3.2%②。2020 年的相关数据则是：在外出农民工中，跨省流动农民工 7052 万人，比上年减少 456 万人，下降 6.1%；在省内就业的外出农民工 9907 万人，比上年减少 10 万人，与上年基本持平③。该项数据说明，农村社会流动已经发生了改变，跨省外出农民工人数高于省内务工人数的格局已经基本扭转。农民工回省、回乡工作和创业的人数在增加，回乡创业型智力回流已经有了从涓涓细流发展成社会洪流的可能。我国在 2020 年提出

---

① 国家统计局. 2020 年农民工监测调查报告 [DB/OL]. (2021-04-30) [2021-12-26]. http://www.stats.gov.cn/tjsj/zxfb/202104/t20210430_1816933.html.

② 国家统计局. 2011 年我国农民工调查监测报告 [DB/OL]. (2012-04-27) [2021-12-26]. http://www.stats.gov.cn/ztjc/ztfx/fxbg/201204/t20120427_16154.html.

③ 国家统计局. 2020 年农民工监测调查报告 [DB/OL]. (2021-04-30) [2021-12-26]. http://www.stats.gov.cn/tjsj/zxfb/202104/t20210430_1816933.html.

全面实现乡村振兴以后，政策话语逐步转变为社会行动，农村发展产生的吸引力和吸附力逐步增强。如何发挥政策杠杆、经济杠杆和教育杠杆的综合作用，使愿意回乡创业的农村智力顺利回流农村，能够顺利成长为农业种植、养殖领域的生产型现代农民，沟通工农和城乡的经营服务型现代农民，或涉农科技的经营型农民，以及提供各种科技、信息服务的服务型农民，这是现代农民成长和乡村振兴所期待的变化。

三、推拉智力渗透的力量

农村智力渗透要产生真正作用需要一定的内外条件，需要借助一定的推拉力量。中国农村智力回流的推拉力主要来自两方面：一方面是来自农村本身的拉力，这种拉力根源于农村、农业和农民发展的需要。家乡发展的需要和农村环境积极变化预期带来的心理归属感、认同感会产生智力回流的积极拉动力，家乡发展中的制度创新也会产生特殊吸引力，这些都是农村回流的拉动力，有利于推动智力对农村发展的渗透。另一方面是城市力量产生的推力。城市的生存挤压和政府政策行为对农村流动者的偏见或保护不力都会产生某些可预见或不可预测的影响，会对农村智力流出客观上产生抑制甚至驱赶作用，从而成为农村智力回流的推动力量。

（一）农村智力回流的推拉力量

农村智力回流从自发到自觉，不但需要克服某些阻碍性或障碍性因素，而且需要有一定社会契机，需要某些有力的内外推动或拉动力量来促进和维持。

1. 现代农业和现代农村发展的需要拉动农村智力回流

农村、农业的发展不仅需要数量足够、素质优良、结构合理、地域分布广泛的现代农民，而且需要众多教育人才、科技人才、管理人才从不同角度向农村和农业发展注入智力。根据供需原理，只要有市场需求，就会拉动市场出现相应的产品，智力这一可以商品化的生产力要素也不例外。目前，尽管中国农村人力资源总量严重过剩，但智力资源特别是农业技术人才的缺口则呈现放大趋势。据农业部门统计，农村各类专业技术人才仅占农业劳动力的0.71%，而其他各行业专业技术人员占劳动力的17.26%，比农业部门高出23倍。现在中国每7000亩土地只有1名农业技术人员，每7000头牲畜只有1名兽医人员，每万亩森林仅有0.53名林业专业技术人员。中国农业科技人员在人口中的比例为万分之一，而发达国家是万分之三十到万分之四十。另外，中国农村广阔的市场、巨大的商机、丰富的自然资源和劳动力资源等因素也吸引一些智力回流。随着农村市场经济逐步走向成熟，与之相伴的智力回流也将持续增加。

2. 家乡的心理归属感、认同感拉动农村智力回流

乡土情结是深厚历史文化得以赓续的力量。有故乡的人盼望回到故乡，这种叶落归根的故乡情结在中国人心中一直挥之不去。农民工春节期间不辞辛苦返回家乡而形成庞大的返乡"民工潮"，其实就是这种心理归属渴望的有力证明。我国传统节日逐步纳入法定节假日[①]，其实也是顺应民俗心理与行为的政策性行动。中国是一个有着悠久农耕文化和农耕文明的国度，要真正了解中国，就要深入了解中国农村；要真正了解中国农村，就要从乡村文化着手。而乡土文化中的乡恋、乡愁等情结就是这种文化的重要诠释或者重要的诠释之一。事实上，只要农村仍然存在着劳动力扎根的土壤，家乡的呼唤就会使回流的"民工潮"持续下去。同样地，农村智力回流其实也带有这方面的情结。可以肯定，农村智力流动中智力输出与智力回流的合理平衡与农村自身的状况及其发展趋势有关，但农村独特的自然生活环境是吸引智力回流的一个重要文化心理因素。

3. 城市挤压对农村智力回流产生的推动作用

城市尽管在物质生活、文化生活等方面都比农村占有优势，但对具体的个人而言，城市优势能够有效地转化成个人收益和幸福感或者收益与幸福的积极预期才有真实的意义。如果城市优势长时间不能在个体身上实质性地体现出来，甚至成本收益发生逆转性变化，这必然造成出身

---

① 除了以前的春节外，清明、端午、中秋都被列为法定节假日。

于农村的个体产生强烈的回流倾向。就中国人力资源总体形势来说，大中专毕业生所占的比例仍然偏低。2000 年，在中国 25～64 岁的人口中，每 100 个人中受过大专及以上教育水平的人数不足 5 人，平均受教育年限为 7.97 年，仅相当于美国 100 年前国民整体教育水平；尽管高等教育大众化后，大学生毛入学率到 2012 年达到了接近 30% 的水平[①]，但农村大学生的毛入学率还只有大约 10%。据 2021 年 5 月 11 日公布的最新人口数据，全国人口中，拥有大学（指大专及以上）文化程度的人口为 218360767 人；拥有高中（含中专）文化程度的人口为 213005258 人；拥有初中文化程度的人口为 487163489 人；拥有小学文化程度的人口为 349658828 人。以上各种受教育程度的人包括各类学校的毕业生、肄业生和在校生。与 2010 年第六次全国人口普查相比，每 10 万人中拥有大学文化程度的由 8930 人上升为 15467 人；拥有高中文化程度的由 14032 人上升为 15088 人；拥有初中文化程度的由 38788 人下降为 34507 人；拥有小学文化程度的由 26779 人下降为 24767 人[②]。2019 年，我国高等教育毛入学率已经达到 51.6%，超过 50% 就意味着已经成功迈过高等教育普及化门槛，2020 年高等教育的毛入学率达到了 54.4%[③]。尽管我国高等教育已经迈进普及化新时代，但农民中受过高等教育的人数仍然提升较慢。一个令人尴尬的事实是，尽管农村的智力资源还非常缺乏，但是由于受高等教育专业设置的限制、国家用工制度的制约、大学生就业观念的影响，来自农村的智力资源事实上仍然难以有效回流农村。然而，在城市化快速推进过程中，日益飙升的房价，不断高涨的教育费用，行业兴衰产生的下岗职工带来的社会挤压，城市资源丰盈与稀缺并存的生存格局，加上城市仍然存在的有意无意的政策性忽视甚至歧视，不仅会使农民工卷入强烈的社会竞争甚至社会挤压

---

① 中华人民共和国教育部. 2011 年全国教育事业发展统计公报 [R]. (2012-08-30)[2021-12-30]. http://www.moe.gov.cn/srcsite/A03/s180/moe_633/201208/t20120830_141305.html.

② 国家统计局. 第七次全国人口普查公报（第六号）[DB/OL]. (2021-05-11)[2021-12-30]. http://www.stats.gov.cn/ztjc/zdtjgz/zgrkpc/dqcrkpc/ggl/202105/t20210519_1817699.html.

③ 详细数据见全国教育事业发展统计公报。

中，也同样会驱动城市中相对过剩的部分农村智力资源产生回流农村的愿望并部分转化为行动。

4. 政策行为漂移对农村智力回流产生双重推拉力

在改革开放早期，政府倾向于把农村丰富的劳动力资源和智力资源吸引到城市和工业，逐步松动了原有的各种城市制度性壁垒。当农村逐步呈现"空壳化"趋势后，政策层面上对乡村振兴的重视程度与日俱增。近几年来，政府部门陆续采取了"三下乡""科技扶贫""农村志愿者服务""大学生村官"等多种方法推动高层次智力下乡。政府在政策、制度层面的积极变化是农村智力回流的一种拉力。除此之外，政府还积极推动农村人力资源开发的市场化进程。当前，大学生毕业人数逐年增多，城市就业形势严峻，2003年高校毕业生初次就业率从2002年的65%降为50%，212万毕业生中有100万左右处于待业状态，再加上农业科技人员日益走向市场，交通、通讯日益便捷，许多地方正在积极进行户籍等制度的改革。2019年，我国迈入了高等教育普及化门槛，这必然会给农村吸引智力回流或智力渗透农村提供新机遇。党的十九届五中全会审议通过的《中共中央关于制定国民经济和社会发展第十四个五年规划和二〇三五年远景目标的建议》，对新发展阶段优先发展农业农村、全面推进乡村振兴作出总体部署，为做好当前和今后一个时期"三农"工作指明了方向①。在乡村振兴战略的推进过程中，政府越来越认识到农村包含知识、技术等在内的智力因素劣势给中国农村发展带来的不利影响，开始采取各种行动来逐步解决农村发展已经面临和将来可能面对的问题。2020年，党和政府把全面实施乡村振兴战略列为重中之重的任务，这为农村智力回流提供了难得的政策机遇。

（二）智力回流需要正视的问题

农村智力回流已经有了越来越多的机遇，但这并不意味着高等教育对农村的智力渗透畅通无阻。由于我国较长一段时间不得不采取非均衡

---

① 中共中央 国务院关于全面推进乡村振兴加快农业农村现代化的意见[EB/OL].（2021-02-21）[2021-12-30]. http://www.moa.gov.cn/xw/zwdt/202102/t20210221_6361863.htm.

发展战略，不但出现了城乡收入差距总体上较大的现象，而且城市之间、农村之间的经济社会发展也不平衡，再加上文化、环境和心理等因素的影响，农村智力向城市及经济发达地区的流动总体上符合社会发展和经济发展规律，也符合"人往高处走"的个人愿望。换个角度看，这些因素也容易成为农村智力回流的现实阻力。具体而言，阻碍农村智力回流的因素主要有以下几个方面。

1. 中国形成了事实上的城市优势圈和农村劣势圈

在社会结构变动过程中，经济因素逐渐成为影响智力流动的重要因素。换句话说，智力流动倾向于从经济社会不够发达的地方向经济社会发展情况较好的地方流动。中国在现代化建设过程中，一度出现了农村同城市的经济差别逐步拉大的现象，城市对农村的智力吸引越来越明显，而大部分农村地区对智力主体的有效吸引力一度呈现下降趋势。1998—2000年，中国城镇居民人均收入分别是农村居民的2.52倍、2.66倍和2.79倍，如果按货币收入比较，再考虑城镇居民事实上存在的隐性收入因素，则城乡收入比至少在5∶1[①]。再加上文化差别、社会保障和医疗福利方面的差异、劳动条件的差异、城乡户籍制度的人为分割等因素的影响，跳出"农门"的大中专学生大都不愿回乡。调查数据表明，学历与外出就业率成正比，即高学历者更趋向于到城镇就业[②]。要形成智力在城乡之间的合理分布，就有必要改变城乡过大的经济社会差异，增强农村对人才的吸引力和吸附力。

2. 许多农村地区尚缺乏引进智力的必要拉力

从理论上讲或者从发展需要来看，比城市相对落后的农村地区应该更急需吸引人才来实现当地经济社会发展，智力性因素在农村发展中应该有着更为广阔的用武之地。然而在实际中，在许多经济欠发达的农村地区，吸纳人才的岗位仍然十分有限，而且这些有限的岗位常常已经人

[①] 朱巧玲. 我国农村剩余劳动力转移的思路与对策 [J]. 农业经济问题，2003（1）：46-50.

[②] 张照新，宋洪远. 中国农村劳动力流动国际研讨会主要观点综述 [J]. 中国农村观察，2002（1）：75-79.

满为患，地方财政已经成为不堪重负的吃饭财政。这种窘迫局面使得这些农村地区在理论上和长远发展需求上存在智力回流的绝对需求，但在现实中又陷入聘用新进智力相对无力甚至无能的尴尬境地。在这种情况下，地方政府无法真正呈现出吸引智力回流的积极性。另外，由于中国农村人多地少，各种资本要素市场发育不够，加上农村产业仍然是以劳动力密集型产业为主，这种产业格局直接导致农村吸纳新技术、实施技术创新的能力和动力都较低，市场吸引和产业吸引都需要在体制和机制上进一步探索。这种状况在一定程度上弱化了农村智力回流的现实吸引力和吸纳力。

3. 农村智力成长的适宜环境尚在生成中

现代人力资源开发管理理论认为，培养人才、吸引人才、用好人才三个环节缺一不可，而有效管理、合理使用是用好人才、实现对人才的积极开发利用的重要环节。遗憾的是，我国高等教育在专门为农村培养人才方面尚未呈现出足够的积极性，也没有积累足够的经验，尚无显著的成绩；与此同时，中国大部分农村地区在人才的开发、使用、管理方面都尚未能够满足社会发展的现实需要和未来发展预期的要求。目前出现的农村智力回流大多数还是自主性回流，政府部门无论在主动提供就业岗位和创造就业岗位方面，还是对智力回流者实施继续教育等方面，其工作上都还存在很大提升空间。换句话说，农村还缺乏竞争公平、流动有序的人才市场环境，也没有建立起有效的人才市场。在市场经济日益成熟的今天，农村在人力资源利用、人才资源开发与管理上都普遍落伍。这种人才环境总体上会对农村智力回流产生一定的消极影响。

4. 城市的挤压力量还不足以转化成农村智力回流的强大推力

城乡比较利益的差异是智力流动的一种比较明显的引致力量。城市的挤压是推动农村智力回流的一个重要外力，但被城市挤压回流的智力大都处于较低层次。高素质人员社会生存能力总体上较强，在城市生活和职业竞争中都具有较强竞争力，城市的挤压对他们所起的作用一般不会太强。这部分智力向农村回流主要依靠政府的积极作为，但政府行为常常存在着临时性、主观性、非连续性等特征，要靠城市的生存性挤压和政策性拉动来实现持续有效的高层次智力回流还有一定困难。要使城市的挤压成为导引高层次人才以各种形式回流农村的四两拨千斤的力量，肯定需要乡村振兴中的各种积极措施产生较强的吸引力，使高层次人才回农村就业和创业具有较好的现实想象力和成就预见力。

可以肯定，农村智力回流的实现是一个长期过程。智力输出与智力回流之间的转换尽管有一定规律可循，但对于农村的地方干部来说，是否吸引智力回流对其个人的成长和成功没有太大影响，甚至还有负面影响（比如给自己的地位和地位升迁带来强劲的竞争对手）。因此，农村基层干部在吸引智力回流时，就不可避免地存在短期行为，在落实政策或执行政策时容易出现"雷声大、雨点小"的形式主义做派。

第二节　现代高等教育在遏制乡村返贫中的作用

贫困是一个不断发展的概念。学术界最初主要从经济学视角关注食物未能得到满足为表征的物质贫困，后来发展到关注贫困人口物质贫困背后的通过现有合法手段支配食物的能力缺失①；随着对贫困的理解进一步深化，贫困还包括了脆弱性、无话语权和无权无势等内容②。当今，人们普遍认为贫困涉及收入低下、能力缺失、社会排斥、健康欠佳、机会与权利缺少等多个层面的内容。对于贫困带来的社会后果，我们不妨借用詹姆斯·斯科特（James Scott）的比喻来描述贫困人口的窘境：有些地区农村人口的境况，就像一个人长久地站立在齐脖深的河水中，只要涌来一阵细浪，就会陷入灭顶之灾③。因此，反贫困的程度和水平逐步成为检验文明进步程度的重要尺度。农业落后、农村不美和农民不富等表征是我国农村尚未全面走出贫困的可观可感的外在表现，解

---

① 森. 贫困与饥荒 [M]. 王宇, 王文玉, 译. 北京：商务印书馆, 2001: 45.
② CHAMBERS. Poverty and livelihood: whose reality counts? [J]. Environment and urbanization, 1995 (1): 173-204.
③ 斯科特. 农民的道义经济学：东南亚的反叛与生存 [M]. 2版. 程立显, 刘建, 等译. 南京：译林出版社, 2013: 1.

决这一问题的目标就是有效消除农村贫困并使农村具备可持续发展的综合实力。而农村综合实力的保持和提升越来越需要把农村丰富的人力资源转化成能够为农村发展服务的智力资源，真正实现农村软硬实力的提升。这是农村走出贫困、走向富裕的重要抓手。

一、农村反贫困的软实力

农村贫困问题背后实际上隐藏着多方面或多层面的复合性问题：（1）农民综合素质不高，农业技术创新及其推广应用不足；（2）农产品产量偏低，品质控制乏力，品牌建设不足或品牌号召力弱；（3）农村社会综合治理水平较低等。农村贫困（这里是指农村一般意义上的贫困，不含个体或个别意义上的贫困）也是农村硬实力[①]和软实力[②]羸弱导致农村综合性发展实力较弱的总体性表现。学界认为，导致贫困的原因主要有以下几个方面：（1）人力资本缺乏[③]；（2）权力缺失（卡尔·马克思政治经济学的一个重要观点）；（3）社会资本欠缺[④]；（4）能力缺乏[⑤]（阿马蒂亚·森的主要观点）。如果说农村综合实力弱是贫困的外部症候，那么农村的软实力不足则是农村贫困的内部性因由。具体而言，影响农村走出贫困的软实力主要有以下两大方面。

（一）制度性软实力：农村反贫困的治理基础

"软实力"（soft power）这个具有较强解释力的概念由美国学者约

[①] 硬实力是指支配性实力，对国家而言，是指一国的经济力量、军事力量和科技力量，是一种包括基本资源（如土地面积、人口、自然资源等）在内的看得见、摸得着的物质力量；对个体而言，则是指各种看得见或可以客观呈现或衡量的实力，比如以财富为核心的经济实力，以文凭等为表征的文化实力，以权力为核心的政治实力。

[②] 软实力，对国家而言，是指一个国家依靠政治制度的吸引力、文化价值的感召力和国民形象的亲和力等释放出来的无形影响力；对个体而言，既可以通过思维能力、沟通能力、表达能力、文化修养、学习能力、团队协作能力等来呈现，也可以借助社会感召力或社会动员能力等来体现。

[③] 舒尔茨. 人力资本的投资：教育和研究的作用 [M]. 蒋斌，张蘅，译. 北京：商务印书馆，1990：25-26.

[④] 布尔迪厄. 文化资本与社会炼金术 [M]. 包亚明，译. 上海：上海人民出版社，1997：196-197.

[⑤] 森. 贫困与饥荒 [M]. 王宇，王文玉，译. 北京：商务印书馆，2001：40.

瑟夫·奈（Joseph S. Nye, Jr.）最先提出[①]。农村贫困常常与农村拥有的制度性软实力羸弱有关。中国农村制度性软实力供给不充分与单位制设计或单位社会格局密切相关。一般来说，单位制会衍生出比较明显的政治、经济与社会功能。在单位制社会中，城市的每个单位（不论事业单位还是企业单位）都具有一定的行政级别，每个单位都由干部和工人（职工）这两个政治身份不同的人群组成，单位的政治动员和社会动员都通过建制性党政群组织来主导和推动。因此，借助单位制，党和政府可以运用自上而下的行政手段，大规模地组织群众投入各种政治运动，以实现党和政府的各项方针和政策，发挥单位制的政治功能。在经济上，借助计划经济体制，国家几乎垄断了人们生存发展所需要的全部资源，国家对资源的调控和配置则通过各类单位组织来进行。借助单位制，党和政府既可以通过上级单位对下级单位下达工作任务，又可以调拨和分配人力、物力、财力等各方面的资源。单位制不仅能够汇集一般资源，而且能够有效控制国家的稀缺或紧缺资源并把这些资源投入到现代化建设的关键性领域，凸显集中力量办大事的优势，从而有效地保证国家战略意图的顺利实施和实现。在社会上，单位不但是重要的社会细胞，而且在社会事务中发挥着十分重要的作用。在单位社会中，国家通过单位控制了个体生存发展的政治、经济、文化和组织资源，从某种意义上说，不同个体都只能是单位制中大小不一的螺丝钉。

在农村社会也有类似的单位。建制性的乡村组（曾被称为公社、大队和生产队）形成了农村单位社会的基本构架。乡村组的组织架构尽管在历史发展过程中，其名称等都发生过变化，但担负的主要政治职能、经济职能和社会功能相对稳定。农村实施由乡村组三级组织构成的权力架构。乡（乡或镇）是政府权力（乡政府）或政府职能的地方或基层代表者或掌控者，在政治上实现了权力最大限度的下沉，终结了中国皇权不下乡的历史。村尽管在职能意义上具有行政建制意味，但缺乏非农身

[①] 奈. 美国定能领导世界吗 [M]. 何小东，盖玉云，等译. 北京：军事译文出版社，1992：28.

份的职业岗位代表者，其实只算是官方认可的带有村民自治意味的机构，目前正在尝试的大学生村官则是一个亦工亦农或非工非农的过渡性或实验性的特殊群体①，其与村民自治或官方权力对农村的深度介入尚无强烈的直接关联。在经济上，乡村代表国家直接掌控以土地为核心的公有财产，并通过村民小组具体落实生产组织工作；村民小组曾经是农业生产的直接组织者，但现行以户为单位的生产承包责任制使之基本丧失了直接组织日常生产的职能，家庭承包责任制以及其他系列市场化机制侵蚀和弱化了基层政权组织生产活动的时间和空间。在文化上，"乡学乡办、村学村办"的教育政策曾经使农村基层政权一度成为农村基础教育的实际举办者和直接管理者，农村基层政权也是各种文化下乡活动（从 1980 年代前后出现的电影放映队下村活跃晚间文化到现在日益普及到农村社区的广场舞）的主要组织者或实际推广者。有必要说明的是，乡村的文化输入比较明显，乡村文化的挖掘、整理、保存、创新和传播等方面的工作尚存广阔的研究和发掘空间。一言以蔽之，在市场经济缺乏充分发育之前，农村基层政权在政治经济文化等方面发挥了重要的组织和控制作用；随着市场经济的不断发育和对农村的全面侵蚀和渗透，农村基层政权的作用在某些方面和层面存在弱化和虚化现象。因此，如何在制度设计上平衡和协调农村自我服务作用和国家对农村的服务和调控作用二者的关系，这是实现农村从管理到治理转变必须积极面对的问题，也是提升农村制度性软实力的着力点。

毋庸讳言，即使到今天，农民群体尚未彻底走出"政治上缺乏权力，经济上缺乏财富，文化上缺乏教育尤其是高层次教育"的尴尬境地。在中国，单位社会特征似乎正在走向弱化的演进过程中，我国农村社会在村民自治、乡村治理和农村政治参与等方面都在积极探索，期待这种探索的成功能够提升农村社会的治理水平，进而使农村自身的制度性软实力明显增强。事实上，我国在农村村民自治和乡村治理方面积累

---

① 彭拥军. 高等教育对农村的智力渗透：大学生村官现象的另类思考[J]. 西南交通大学学报（社会科学版），2020，21（1）：11-16.

了较多积极成果①，对农村村民自治的路径（通过推进基层民主，让广大民众在民主实践中解决自己的问题）、形式（从选举到协商，从决策到监督，实现民主形式的多样化）、内容（从管理到治理，让民众有更多的获得感）、土壤（认真调查和分析民主生成的社会土壤，使乡村治理具有多样性和个性）等方面问题已经有了比较深入的探讨。"三农"问题更是成为党和政府关注的重大议题，连续多年列入了中央一号文件。尤其值得肯定的是，乡村振兴问题的代表性政策文件《乡村振兴战略规划（2018—2022年）》以及2021年中央一号文件把乡村振兴提到了前所未有的新高度，从众多学科（含教育）的综合视角提出了一揽子行动计划，给农村制度性软实力提升带来全新机遇。

（二）教育性软实力：农村反贫困的智力抓手

从教育视角看，农村教育存在两个亟待扭转的问题：一是教育质量普遍落后于城市，优质教育资源抽离农村且不断向城镇、中心城市和大城市集中导致不同阶层之间和城乡之间教育不公问题，容易提前削弱农村人口将来平等参与社会竞争的能力；二是农村学校撤并后的布局与农村当下和未来发展需要不匹配，不利于农村人口智力开发和农村长远发展。换句话说，农村发展需要的教育硬实力和软实力都存在某些亟待解决的问题。

为了避免无谓的论争，有必要先澄清教育软实力与教育硬实力及其关系。教育硬实力是一种可以观察到甚至可能计量的教育实力。一般而言，全面评估一个国家教育整体的硬实力既需要从总体上对该国的学校教育、家庭教育及社会教育的综合性硬实力进行合理加权计算，也需要对学校教育内部各层次和各类型的教育所具备的硬实力作一个加权计算。只有这样，其结果才科学客观，其结论才能让人信服。然而，这种思路要真正可操作化是十分困难的。即使只对学校教育硬实力进行计算和评价，也必须对不同阶段的学校教育——小学教育、初中教育、高中教育、大学教育——赋予恰当而无争议或争议较少的权重，而做好这项

---

① 徐勇. 中国农村村民自治 [M]. 北京：生活·读书·新知三联书店，2018.

工作十分困难。实际上，哪怕只对其中某一特定阶段的教育——比如小学教育的硬实力进行科学计算和准确评价，仍然需要直面对有关指标——入学率、在校生人数、巩固率、生师比、生均教育经费、生均教室面积、生均仪器设备、生均运动场所面积等——赋予合适权重的操作性难题。有鉴于此，人们通常只能从教育的质量、规模、结构和效益等方面的总体状况来初步认识或判断教育硬实力。教育质量的核心问题实际上就是教育"好不好"，当前语境下关注的核心话题应该是教育品质是否能够有效满足人们日益增长的对优质教育的需求；教育规模关涉的关键问题是教育容量"够不够"，它侧重的是教育供给是否能够有效满足人们对教育数量的需求；教育结构涉及的主要议题是教育品类"多不多"，它关注的是教育提供的人才培养层次和类型是否能够有效满足人们日益多元多向的需求；教育效益涉及的主要问题是教育回报"合不合算"，它关注的是教育资源是否得到充分利用或教育投入与产出之比是否合适。对一个国家而言，教育投入多，教育规模大，教育比例与结构合理，办学效率和效益高，就意味着教育硬实力强。对家庭而言，获得优质教育的机会多，教育层次和类型的选择丰富，教育负担不超过承受力，教育回报可观，教育就是好的。对农村而言，教育如果能够让农村人口素质更高，培养的人才对农村更有感情，对农村发展更有信心，在促进农村发展中的意愿和能力表现越充分，那么农村教育的真实实力就越强大。

教育软实力通常建基于教育硬实力之上，它关涉的是教育究竟能培养出什么样的人这样的要害性问题。具体而言，教育软实力的强弱或优劣通常需要从教育过程的品质和教育培养出来的人的品格等角度来考察。教育过程的品质涉及人的教育权利是否能够有效享用，教育过程是否自由，教育对待是否公正，教育目的是否包括对人主体性的激活，教育目标是否包含制造精英与普惠大众的平衡等等。如果人们享有的教育权利能得到有效的尊重和保护，人们接受教育的过程自由而平等，每个人都能够得到适切性发展，教育培养的人才具有良好的品格、饱满的生活热情、积极的工作态度和广泛的创造性,教育的内在品质必然很高①,教育软实力必然很强。值得指出的是,如果一个国家教育规模大,相关比例与结构合理,教育投入高,但教育的内在品质很一般甚至低劣,那么其教育软实力仍然不强甚至很弱。有鉴于此,我们有必要探讨教育软硬实力与教育综合实力的关系。一般而言,在教育软实力相等或相当的情况下,如果教育软实力为正值,教育硬实力越强,教育综合实力也越强。考虑到教育软实力可能为负的情况,上述推断就会形成以下三个情况:(1)在教育软实力相等且为正值时,教育硬实力越强,教育综合实力越强;(2)在教育软实力正负有别时,软实力为正值时的教育综合实力强于软实力为负值的教育综合实力;(3)在教育软实力相等且均为负值时,教育硬实力越强,教育综合实力反而越弱②。

在农村教育硬实力相对甚至绝对不足的语境下,农村教育的综合实力自然比较尴尬。目前,农村教育在软硬实力方面都相对甚至绝对处于弱势地位。在硬实力方面,农村学校存在数量不多、规模较小、层次偏低和分布不合理等问题;在软实力方面,农村学校的教育质量不够理想,学校的影响力或号召力比较弱,在社区中的知名度和美誉度都不高,农村青少年对农村的热爱度和真诚度都显著偏低。事实上,重点学校(或示范性学校)基本为城镇所占有,农村学校或农村教育被变相贴上了低质标签。杨东平教授在《告别重点学校》③一文中指出,"重点学校制度早已没有任何科学性、合理性可言,相反,它的反教育性已经暴露无遗",它会加剧教育不平等和社会不平等。如何实现教育城乡一体化④,而不是简单的教育城镇化,必须因地制宜推进城乡教育一体化。在此基础上,教育在迈向有质量的公平⑤的过程中需要通过"从基

---

① 吴康宁. 教育的品质:教育强国的"软实力"[J]. 教育发展研究,2015(11):1-4,48.
② 吴康宁. 教育的品质:教育强国的"软实力"[J]. 教育发展研究,2015(11):1-4,48.
③ 杨东平. 告别重点学校[J]. 南风窗,2005(13):33-35.
④ 邬志辉. 农村教育不能一味城镇化:对农村义务教育学校布局调整的思考[J]. 辽宁教育,2013(2):7-8.
⑤ 郑石明,邬智. 迈向有质量的公平:中国教育公平政策变迁与转型逻辑[J]. 清华大学教育研究,2018,39(5):29-37.

本均衡到优质均衡，从县域均衡到市域均衡，再迈向省域均衡"的三步走举措来实现义务教育均衡发展的战略目标①，最终真正实现城乡教育公平，使农村教育具有为农村发展提供良好智力支持的实力。

二、农村反贫困的智力依托

农村贫困问题终究需要通过社会发展来解决，农村发展需要通过农村综合实力不断提高来推进。农村综合实力的提升既取决于农村硬实力和农村软实力的不断壮大，也取决于软硬实力之间良好匹配关系的形成。软硬实力的强大取决于智力资源的丰盈性，而农村智力资源的开发离不开教育，离不开"农村教育软硬实力"。教育软实力是一种指向教育功能是否能够充分发挥或呈现的实力②，与教育的机制、体制、理念和方法有着深层的联系。良好的教育软实力能让教育硬实力更加彰显。对农村而言，一旦农村教育软实力和教育硬实力都强大了，农村教育综合实力就容易真正强大起来。农村教育综合实力强大了，农村发展的智力支持就有了切实可靠的保障，农村走出贫困并实现农村发展与教育发展间的良性互动就有了良好的现实基础。

（一）教育实力的智力属性

教育软硬实力可以在教育过程中呈现，但其实际效用是通过教育培养的人所呈现的品质属性折射出来的。鲁洁教授就明确指出，教育品质的评价需要在"育人"这样一个教育的原点③上来评价。也就是说，评价教育具有怎样的品质，说到底是要看教育是不是在努力育人，是不是在努力把学生培育成为真正的"人"④。换句话说，农村教育软硬实力

---

① 陈南，程天君. 推进义务教育均衡发展"三步走"[N]. 中国社会科学报，2020-06-24（A08）.

② 方展画. 学生有受教育权但没有选择权[EB/OL].（2015-04-02）[2021-07-25]. http://learning.sohu.com/20150402.

③ 鲁洁. 教育的原点：育人[J]. 华东师范大学学报（教育科学版），2008，26（4）：15-22.

④ 吴康宁. 教育的品质：教育强国的"软实力"[J]. 教育发展研究，2015（11）：1-4，48.

的智力属性需要通过凸显以下育人品质来彰显。

第一,把学生培养成"真人"所凸显的智力属性。培养真人或判断是否为真人都无法绕开真人的智力属性。真人的智力属性主要体现在两个方面:一是真人在日常生活中呈现的存在属性,二是对真人不懈追求的发展属性。一方面,真人的真实存在体现在"为人真实,待人真心,相处真诚"等侧面或层面。为人真实,就是要表里如一,不口是心非;待人真心就是在处理人际关系时,能够付出真心,释放诚意;相处真诚就是在与人相处时,不信口开河,不虚假承诺。另一方面,真人要敢于求真,善于求真和乐于求真。真人在探究自然现象奥秘、追问社会问题真相和探求人类发展规律方面应该有明显和明确的愿望和兴趣,要有怀疑和质疑前人哪怕是名人名家提出的旧说和陈说的勇气,能够走出知识、经验、技能之间机械、教条和僵化的认知藩篱。除此之外,还应该具备克服求真过程中必然遭遇的困难所需要的乐观豁达的精神,具有积攒求真能力的愿望和行动,能够推陈出新,不断创新、不断超越,真正能够享受想象之乐、思考之乐。

第二,把学生培养成"善人"所凸显的智力属性。培养善人或者判断是否为善人要从以下视角检视其应具备或呈现的善良品质。善人是心地善良和心存善念之人,也是能够宽容他人之人。一个人是否心存善念和心地善良,很难甚至无法直接量度。人们通常只能借助他们在交往中呈现出来的爱人之心、敬人之意、容人之量和助人之德等进行判断。具体而言,真正的善人必定是爱人之人。善人不但要有悲天悯人的情怀,还要能够在日常生活中把爱人之心与助人之行结合起来。真正的善人一定是敬人之人。善人必然尊重他人,承认和维护他人的权利,尊重和倾听他人的意见,理解和体谅他人的选择,包容和接纳他人的风格。真正的善人还是容人之人。善人必须从心底里去除轻视他人、忽视他人、无视他人乃至鄙视他人的杂念。真正的善人具有助人之德。善人乐意帮助处在困境之中的他人,愿意扶植尚在成长中的他人,能够成全他人超越自己并走向成功。此外,真正的善人必定是正己之人。正己之人是正派之人、正直之人和正义之人。正派之人尊奉法律,敬畏道德,能够规规矩矩做人，老老实实做事；正直之人不畏惧强势，不欺凌弱小，能坚守正道；正义之人厌恶丑陋，痛恨邪恶，勇于挺身而出。一言以蔽之，善良之人不仅爱人，而且善爱和敢恨。

第三，把学生培养成"美人"所凸显的智力属性。把学生培养成"美人"，首先需要培养学生感知美和发现美的能力，需要引导学生感受艺术美、自然美和社会生活的美，形成愉悦身心的美感。其次，需要引导学生形成理解美的能力，能够把握美的形式和美的内容，真正懂得生活之美、艺术之美、科学之美和道德之美；与此同时，理解美要与正确分辨和远离假丑恶结合起来。再次，需要培养学生鉴赏美的能力。要更好地欣赏艺术的美、自然的美和生活的美就需要学习审美知识、陶冶审美情趣，并通过不断的审美实践来逐步形成审美意识和提升审美情趣，提高审美境界；与此同时，鉴赏美要与远离丑、感化丑和改变丑结合起来。最后，需要帮助学生积极创造美。要在环境中创造美和创造美的环境。这种美的创造涉及创造美的自我环境、学校环境和社会环境以及在这种美的环境中进一步创造美；要在生活中创造美，也要会超越生活来创造美，最终使创造生活的美、创造艺术的美和创造科学的美能够贯通。

第四，把学生培养成"个人"所凸显的智力属性。每个人都是独一无二、不可复制和替代的个体。把学生培养成个人，就是要把他们培养成独立之人和独特之人。独立之人是懂得自我尊重的人，是不依附权势之人；独立之人是特立独行之人；独立之人崇尚自有主张，拒绝人云亦云。独特之人关注自我适切性，拒绝削足适履；独特之人注重与众不同，反对千人一面。教育要培养具有独立特质的个人，需要从以下几方面努力：一是，帮助学生通过发现和发展自己来更好地认识和展现自己，在认识自己与他人的相同和相似之处后真正理解和展现自己的独特之处，在找到与他人发展相同的道路的同时也要积极探寻自己独特的成长路径；二是，帮助学生发展自己，让每一个学生的主体性不断得到成长，不断变得丰满。

(二) 教育实力在农村反贫困中的作用

正如吴康宁教授指出的那样：如果一个国家的教育缺乏软实力，即便其义务教育入学率从 40% 提高到 80% 乃至 100%，高等教育入学率从 10% 提高到 30% 乃至 50%，那又能怎样呢？除了表明这个国家的经济发展水平提高了，有了更多财力来支持教育发展之外，又能更多地说明什么呢？[①] 对农村教育而言，如果教育培养的人，都是对农村没有感情、对农业没有感觉、对农民没有感知的人，教育硬实力再强，如果缺乏相应的软实力，培养出来的农村新生代离开农村的意愿会更强烈。农村教育培养的年轻人，不愿意做农民的态度越坚决，离开农村的行动越坚定，乐意以农业为业和以农村为家的新生代就必然越缺乏，农村走向"空心化"和"空壳化"[②]的进程必然越快速。可以肯定，农村自身发展的软硬实力不够，对人才的吸引力和吸纳力不强，农村发展与农村教育之间的良性互动就很难形成。农村的学生和家长最明白这个道理。他们已经以用脚投票的方式敦促人们尤其是敦促政府教育管理部门以及学校的校长和老师们承认这个道理。

毋庸讳言，农村要走出贫困、步入良性发展轨道，确实需要有一大批愿意生活在农村、乐意投身农业生产和致力于农村发展的人，需要农村教育持续不断地培养"以农为家、以农为业"的新人。换句话说，农村脱贫和致富需要教育培养以农村为家、以农业为乐的"真人、善人、美人和个人"。所谓培养促进农村发展的"真人"，就是培养真心实意为农村发展贡献力量的人。这样的人真心热爱农村，真诚谋求农村发展，真实服务农村，愿意把自己的成长和成功融入农业的进步、农村的发展之中。培养推动农村进步的"善人"，就是在农村走出贫困和走向富裕的过程中，农村教育需要不断培养出"以农为善、以农为乐"的新人。他们理解农村发展、农村生活和农村文化等诸多方面的优点和优势，善于发现、发掘农村的善，乐于推广和推进农村的善。培养致力扮美农村的"美人"，就是在农村走出贫困和走向富裕的过程中，教育需要不断

[①] 吴康宁. 教育的品质：教育强国的"软实力"[J]. 教育发展研究，2015 (11)：1-4, 48.
[②] 贺雪峰. 乡村振兴与农村集体经济 [J]. 武汉大学学报（哲学社会科学版），2019, 72 (4)：185-192.

培养"以农为美、成农之美"的新人。他们愿意成为农村环境美的创造者与维护者，农村社区处境美的建设者和维护者，农村文化美的继承者和发展者。他们有志于成为农村美的建设者、维护者和代表者。培养致力于创造农村特色的"个人"，就是在农村走出贫困和走向富裕的过程中，教育需要不断培养"以农为基、以农为己"的开拓者。农村的蓬勃发展，不应该是千村一面的，而应该因地制宜，形成个性。没有共性不足以让农村成为农村，但缺乏个性，不足以彰显农村的丰富多样性，无法体现农村的独立性和独特性。农村教育要成为农村脱贫致富的智力支持力量，必须让农村居民不以成为农村人而自卑，应该以自己是农村人而自居自乐，以自己为农村人自荣自得。但这种自居自乐、自荣自得不是盲目乐观和自我陶醉，而应该根植于农村是实实在在的宜居之所、宜业之地和宜人之处。

三、农村硬实力的智力保障

这些年来，从幼儿园、小学、初中到高中阶段，农村新生代逃离农村的力度都呈现加大趋势，农村适龄儿童和青少年在城市接受学前教育、初等教育和中等教育的比例不断攀升。因此，千万不要只是拿农村基础教育条件不断改善，高等教育入学机会不断增加之类的教育事业发展统计数据来简单说事[①]。当然，我们确实不能否认这些数字能够证明教育硬实力的总体性改善和农村教育硬实力的纵向性提升，但如果农村教育的品质并未得到切实改善，农村教育服务农村的基本功能得不到有效保障，那么农村教育的综合实力很难说已经得到全面提升。缺乏教育软实力的真正提升，即使农村教育规模再大，教育机会再多，教育硬实力再强，也仍然难以为农村发展和农村硬实力的持续有效保持和提升奠定智力基础。

（一）农村教育软实力有助于提升教育硬实力的效果

教育硬实力的判断需要一个相对方便的可供操作的定义。人们往往

---

① 吴康宁. 教育的品质：教育强国的"软实力"[J]. 教育发展研究，2015（11）：1-4，48.

会根据教育输入和输出情况来进行判断。在教育输入端可以从以下几方面来判断教育硬实力之强：（1）教育经费的高投入。如果政府教育投入在 GDP 中的占比、生均教育经费在世界各国名列前茅，则该国教育硬实力就强大。对农村而言，则是国家教育总体投入高而农村教育的相关数据不低于甚至高于该国均值。（2）师资配备的高规格。一个国家的初中及初中以下学校教师的学历层次都在大学本科以上，高中教师的学历层次都在硕士以上，大学教师都有博士学位，师资配备就是高规格的，那么教育硬实力就强大。如果农村学校师资配备也依循此理，其硬实力也必然强大。在教育输出端则可从以下几方面来判断教育硬实力之强：（1）教育经费或教育资源使用效率高，义务教育入学率（100％）、巩固率（99％以上）高。（2）高等教育水平高。一个是高等教育普及化程度高（50％以上的人口有接受高等教育的机会），一个是精英高等教育水平高。对农村而言，则是农村人口占据的高等教育份额能够与农村人口或农村教育人口数量相匹配。以上指标（包括但不限于）可以把质量、规模、结构和效益等范畴所指称的教育硬实力相对简单而直观地表征出来，让人们更容易理解教育硬实力或者更加方便地比较不同国家、不同地区或不同人群实际接触到或享用到的教育硬实力服务状况。如优质教育的机会分配公正，人们都能最大限度地发挥自己的潜能，这种状况必然是教育硬实力与软实力产生了良好叠加效应或者说教育综合实力强大的表现。

可以肯定，教育综合实力离不开教育软硬实力的相互协调。教育硬实力对综合实力的贡献可从以下视角作进一步说明：第一，教育硬实力决定着一个国家为适龄儿童与青少年提供教育机会数量的多少和质量的高低。比如，一个高等教育毛入学率达到 60％以上的国家，其为适龄教育人口提供的高等教育机会自然多于毛入学率只有 20％或者 10％乃至 1％的国家；同样，一个国家拥有世界一流大学等高质量或高水平大学的数量越多，为本国青年提供优质高等教育的机会也必然越多。第二，教育硬实力影响甚至决定着一个国家为在校学生提供真实教育条件的优劣。一个中学阶段生均公用教育经费达到 800 美元的国家，给在校中学生提供的教育条件显然是一个中学生的生均公用教育经费只有80美元的国家无法比拟的。第三，教育硬实力决定着一个国家的教育对社会多元多向性人才需求的满足程度及水平。以高等教育为例，国家的顶尖大学占比一般都在3%左右，高水平大学、普通大学、职业大学各占一定比例；同样的，普通教育和职业教育也有一个合理的比例问题。国家的教育硬实力越强，在正常情况下，满足国家和社会发展所需要的人才规格也越丰富多样。农村教育的硬实力往往在一定程度上能够预测或反映农村教育对农村走出贫困并实现良性发展的可能贡献或现实贡献。农村教育如果缺乏必要的软实力尤其是其软实力主要指向农业和农村之外的话，其硬实力就可能成为推动农村人口快速逃离农村的最大推动力，如果这种力量超出了一定的限度，农村教育硬实力对农村发展的效果很可能在一定时期内是负面的或者负面效果明显超出正面效果。

（二）教育软硬实力为农村发展提供可靠智力支持

对农村而言，具备足够的硬实力才能够更好地实现"农业强、农村美和农民富"的目标。这一目标的实现意味着农村能够建设成为与城乡相媲美的宜业之地、宜居之所和宜人之处。宜居的生活条件和宜人的居住环境，既需要有合适的自然景观和必要的人文景观来支持，也需要有相匹配的高质量医疗和教育等社会支持条件。从教育视角看，中国一旦具有了世界强国的软硬实力，中国也必须成为世界教育强国中的一员，农村教育也必然是中国强盛教育中不可分割的重要组成部分。真正意义上的世界强国之"强"，不会是也不应该是单一的，而应该是全面的，至少是比较全面的。也就是说，一个真正意义上的世界强国不可能仅仅是一个单一的经济强国、政治强国、军事强国或科技强国，也必然是一个包含教育强国在内的综合性强国。换句话说，一个真正强大的国家不可能也不应该偏偏存在一个教育短板。真正意义上的世界强国，必定是教育强国。就农村而言，强美富的农村也一定包含与之相匹配的强大教育。

农村强大的教育不仅必须兼具软硬双重实力，而且需要软硬实力形成良好的匹配关系。农村教育的硬实力包括不亚于城市的人均投入、不低于城市的师资水平等等；农村教育的软实力包括农村教育是否能够真正成为自由平等的教育，能够成为真正增强人的主体性的教育，能呈现人的个性的教育。除此之外，农村教育是否真正强大、是否名副其实，还必须从其社会功用来看。如果农村教育是能够有效服务农村、发展农村和提升农村影响力的教育，这种农村教育越强大，农村发展获得的智力支持就越深入、越持久，农村发展就越有质量且越长久；如果农村教育是以剥夺农村智力为代价的，这种教育越有质量，农村的智力流失就会越明显，农村远离发展目标的速度就越显著，农村教育软硬实力相背离的不良效果自然也会呈现得越充分，农村因丧失智力支持而逐步远离现代化发展轨道的危险也越大，留下的发展遗憾就更加让人心酸。

可以肯定，如果农村人口能够在强大的教育体系中享受到应有的基本份额，那么农村人的教育就具备了良好基础；但如果农村人只能背井离乡到城里接受好的教育，农村教育是否强大则需要质疑。除此之外，农村人口接受的教育如果仅仅是为了脱离农村和奔向城市的，这种农村教育也是严重不足的。只有当发展农业和农村与奔向城市和工业并行不悖时，农村教育才值得期待。在中国这样一个户籍意义上的农业或农村人口依然占据多数的国家，农村教育对农村发展的智力支持必须同时兼顾减少农村人口数量和提升农村人口素质这两个重要方面[①]。没有农村人口素质的整体性提升，农村要走出贫困和走向富裕就困难重重；没有农村人口的合理转移，农村资源的有限承载能力无法容纳数量庞大的现有农业人口，农村脱贫致富就难免成为一句空话。

第三节　现代高等教育对村庄经济精英的引导

以工业化和城镇化为重要特征的现代化曾经给农村发展既带来一些机遇，也伴生着某些棘手问题。比如，城市越来越普遍的交通拥堵现

---

① 彭拥军. 农村社会流动进阶与农村教育功用变演［J］. 教育研究与实验，2014（3）：24-28.

象，城乡越来越广泛的空气质量下降威胁，城市生活垃圾和建筑垃圾围城等，农村则出现日益广泛的"空心化"现象，由流动意愿和流动能力偏弱的老人、妇女和儿童为主体的"三留守"问题等。这些问题都已经引发了政府和学术界越来越多的关注。乡村振兴如何有效破局，最需要解决的是"离开农村的不愿回乡从事农业工作，留在农村的不安心搞农业"的问题。这种境况如果不能有效解决，再过10年、20年，谁来种地？农业、农村后继乏人将变成一个十分严重的问题，这绝对不是杞人忧天。使农业经济发展起来，使农村富裕起来，关键在于现代高等教育要培养足够多的农村经济精英服务农业，扎根农村。

农村经济精英的成长历史是农村现代发展的一个重要组成部分，农村经济精英的成长历史埋嵌在农业、农村和农民的种种变化中。农村现代发展既是农村经济精英的行动目标之一，也是农村精英成长所需要的发展背景。研究者如何既看到经济精英成长过程与其成长背景相映衬的一方面，又能够把经济精英充当农村经济发展的引导力量与经济精英的成长背景相分离，这是本论域准确把握二者互动关系的重要研究视点。笔者试图把研究视角放置到农村资源配置方式及其变化上。在再分配和市场两种资源配置模式并存的格局下，农村正在从再分配体制中获取前所未有的越来越多的资源。在当今新农村建设和乡村振兴过程中，农村正在获取越来越多的来自财政的再分配资源：与农业直接相关的农业税免除[1]和各种形式的农业补贴[2]，与乡村基础建设相关的乡村道路建设、美丽乡村建设等以项目制形式形成的财政补贴或资助，以及直接用于支助农村弱势群体的经费，如从2020年开始对农村60岁以上老人发放养老金并且该政策的支持力度不断增大并日益科学；还有覆盖农村所有成员的新医保和农保等等。这些举措给农村人口带来了很多新希望并激发了农村受益者的普遍正面评价，但也可能使城乡比较利益差别被更广大

---

[1] 2005年12月，十届全国人大常委会第十九次会议通过决定，自2006年1月1日起废止《中华人民共和国农业税条例》。我国从2006年1月1日起全面免除农业税。

[2] 2003年10月28日，国务院召开的农业和粮食工作会议决定，从2004年起，逐步实施种粮补贴等各种惠农政策。

范围的人群觉察而引发新的不满。因此,如何引导农村在市场竞争中形成优势或产生新的比较优势,说到底,关键在人。没有人,没有数量足够、质量优良的劳动力,粮食安全谈不上,现代农业谈不上,新农村建设也谈不上,还会影响传统农耕文化的保护和传承。乡村振兴全面实现的重要路径是因地制宜地造就更多经济精英,全面促进农村现代发展。

一、生产型村庄精英的产生条件

狭义说,农业生产是以土、水、肥等为基本生产资料,以太阳能为基本能源,以植物、动物和微生物为生产对象来生产人类所需要的物质产品。广义说,农业生产可以简单划分为种植业、林业、动物养殖(放牧)业、水产养殖(捕捞)业和副业等。生产型村庄精英是在广义农业方面具有较高技能,能够生产出数量更多、品质更好的农产品的农业生产者。

(一)实现对土地科学合理的利用

土地是农业必备的生产要素,如何科学合理利用土地生产出数量更多、品质更好和种类更丰富的农产品,这是农业发展的重要目标。目前,我国农村在土地使用权和所有权上还有很多需要理顺的问题。生产型精英如何在土地使用上达成"适度规模",这是一个需要充分考虑农业现状后才能做出正确选择的问题。现代农业是一个长期持续的过程,不能搞"一刀切",更不能简单地"逼农民上楼"。"从我国资源禀赋和当前城乡居民收入差距看,一年两熟地区户均耕种 50 至 60 亩,一年一熟地区户均耕种 100 至 120 亩,就有规模效益。"① 但我国人均耕地面积才 1.5 亩,以一家三口计算的家庭户均耕地不到 5 亩。如何让耕地合理流转到种粮大户、放牧大户手中,产生合理的规模效益,又不损毁农村家庭的最后保障,这是一个需要因地制宜进行认真探索的问题。以家庭为单位是我国目前农业生产经营的基本形式,它的产生有必然性和历史

---

① 中国饭碗任何时候都要牢牢端在自己的手上 [EB/OL]. (2020-07-08)[2021-09-21]. https://3w.huanqiu.com/a/ec5ef1/3yyET7kTcAY?agt=%C3%AF%C2%BC%CB%9C.

进步性，但随着城镇化水平不断提升和现代农业的不断发展，其局限性也日益明显。超小规模经营难以产生理想的规模效益，也难以产生较大的收益，造成了很多家庭出现"离农、弱农、轻农"现象。

邓小平曾强调要实现农业的两个飞跃："中国社会主义农业的改革和发展，从长远的观点看，要有两个飞跃。第一个飞跃，是废除人民公社，实行家庭联产承包为主的责任制。……第二个飞跃，是适应科学种田和生产社会化的需要，发展适度规模经营，发展集体经济。"① 现代农业要求"引导农村土地承包经营权有序流转，鼓励和支持承包土地向专业大户、家庭农场、农民合作社流转，发展多种形式的适度规模经营"。只有增强农业的吸引力，尤其是对社会精英的吸引力，才有希望让农民真正成为人们羡慕的职业。

（二）形成训练有素的涉农产业工人队伍

农业工人是现代农业的重要组成部分。农业工人是指以工资收入为主要经济来源，在农业生产、经营和服务领域从业的产业工人。现代农业要求对包括土地、从业者等在内的生产要素进行优化配置，鼓励农户依法自愿有偿流转承包地，开展土地股份合作、联合或土地托管。农户承包土地流转出去后，一些人成为农业工人，他们仍然对土地有长期承包权，不仅可以通过承租方获得土地流转补偿，还能在承租方打工，领取工资收入。应当看到，我国目前的农业生产水平和它所能提供的报酬总体上对年轻人仍然缺乏吸引力，对有知识有文化的年轻人更缺乏吸引力。农业工人中相对年轻的是妇女，而男性职工一般都是60岁左右的老人。从业人员的这种性别和年龄结构不是很理想。但不可否认，农业工人的出现，对于延长农业产业链、强化专业分工和提高农业技术含量有十分重要的意义。

高等教育除了培养和培训以农业生产的领头人和领路人为标志的生产精英外，实际上也需要配套培养数量足够、结构合理和地域针对性强的农业工人。南方的水稻、水产，北方的小麦、玉米，东北的大豆、高

---

① 邓小平. 邓小平文选：第三卷［M］. 北京：人民出版社，1993：355.

梁,沿海的海洋养殖与捕捞,山东等地的蔬菜生产,这些具有区域典型性的农业产业区或产业带,不仅需要相应的农业科技支持,也需要合适的农业工人来实现从农业产品到农业商品的生产转变。如何训练农业工人,使之适应农业技术发展和进步的要求,甚至使之在农业技术应用过程中进行再创造,都是农业现代化、农民现代化和农村现代化的题中之义。

二、生产型村庄精英的塑造方式

生产型村庄精英在不同省市因自然环境不同而有不同的指向。湖南是农业大省,也是"精准扶贫"重要论述首倡地[①],湖南正在就生产型精英的塑造做各种探索。比如,2020年湖南省举办了"中国农民丰收节"湖南主题活动。该活动既是对湖南农业农村工作整体成果的一场全面回顾和检验,也是对推动湖南乡村振兴战略切实落地的一轮巩固提升。它见证了湖南全面建成小康社会和"十三五"规划圆满收官的伟大历程,又是落实党中央全面实施乡村振兴战略的新起点。2020年,湖南省委、省政府努力克服疫情对农业生产带来的不利影响,通过积极施策交出了一份满意的答卷,实现全省51个贫困县全部脱贫摘帽的目标。农业供给侧结构性改革也在不断推进,按照"一县一特、一特一片、一片一群、一群一策"的基本思路,实施三个"百千万"工程(即"百企千社万户"现代农业发展工程、"百片千园万名"科技兴农工程、"百城千镇万村"新农村建设工程),深入实施"六大强农"行动(即品牌强农、质量强农、特色强农、产业融合强农、科技强农、开放强农)[②]。可以预期,湖南正在由农业大省向农业强省转变,在这种转变过程中也出现了并还将出现一批正在成长的生产型村庄精英。

---

① 2013年11月3日,习近平总书记在湖南省湘西土家族苗族自治州花垣县双龙镇十八洞村同村民座谈,首次提出了"精准扶贫"重要论述,引领中国扶贫迈入新时代。

② 曾诗珈. 农业农村发展根基稳 线上线下联动收获丰 [EB/OL]. (2020-09-23)[2021-10-09]. http://travel.china.com.cn/txt/2020-09/23/content_76732959.html.

三、生产型村庄精英的典型案例——一个具有研发能力的生产型精英团队①

陈小龙是祁阳县羊角塘镇兴豪村人,毕业于厦门大学。他在本、硕、博三个阶段的学习都与水稻种植或生物研究有关。2018年,他响应家乡政府的号召,毅然放弃高薪,以特殊高层次急需紧缺人才身份回到湖南祁阳县,开启了回乡种田之路。他与毕业于中国科学院、中国农业科学院等单位的另外8位博士、硕士研究生组建湖南舜祁生物科技有限公司,主攻水稻品种培育、零农残大米生产技术及产业化、农作物脱毒苗繁育技术及产业化。他们将实验室搬到田间,一边培育新的水稻品种,一边做种植示范。陈小龙博士专攻作物遗传育种和生态农业开发。他回家不仅仅是种田,更重要的是研究种田。在农村这个广阔天地开展产学研工作,最能直接促进农业科研成果的转化。陈小龙坦陈自己辞职回乡的初衷:"我就是想通过创新农业科技为粮食安全奉献自己的一技之长。"陈小龙回乡种田的科技团队成员都出身于农村,对农村发展有一种独特的情怀,都希望能为国家现代农业发展贡献力量。他的重要伙伴黄议锋是广西壮族自治区梧州市人,从小就在家里跟随父母干农活,后来考取厦门大学硕士研究生,攻读植物学,研究生毕业后,在厦门一家生物科技公司工作。2019年,在师兄陈小龙的影响下,他毅然辞职来到祁阳县羊角塘镇江山村协助陈小龙开展水稻科研和种植工作。2020年,陈小龙的团队已培育出3个水稻品种。

(一)博士、硕士组团开启科学种田之路

2018年4月,陈小龙回到祁阳县后,经过实地走访调查,选择了在交通相对便利、水源充足的羊角塘镇流转了200亩土地作为试验田。试验田采取稻鸭、稻鳖、稻鳅生态种植模式,通过修复生态环境来改良农田土壤;同时,利用试验田培育新品种,为农民提供更优质的稻种。因为采用的是生态种植,所以试验田不施用农药和化肥。

---

① 本内容的形成依据有永州电视台、永州日报和红网的相关报道以及本人对当事人的访谈。

据陈小龙自己介绍，他专攻的研究领域实际上涵盖作物遗传育种、栽培生理、分子生物三个方面，现在从事的水稻培育、抗病和品质改良研究都属于他以前一直坚守的专业领域。如果说有什么变化的话，他以前主要是在实验室做研究，现在更加侧重把研究成果放到农村来直接转化。在他的实验田里，900多份水稻品种正在自然条件下接受抗虫、抗病、抗倒伏等相关试验。有点遗憾的是，因为地方没有实验室，采样送检往往影响实验推进的效率和成果转化的速度。尽管有些品种已连续跟踪检测三年，但目前只筛选出三个适合当地环境气候特征且性能稳定的优质水稻品种。

优质水稻品种需要经过反复实验和筛选，用陈小龙自己的话说："尚未成功筛选出来的品种就是其遗传特征还没有稳定下来，它还会变。我们还需要在生产研究过程中不断地去培育。每一个新品种都需要一个长期的培育过程，才能把它培育成好品种。"

（二）用科技改变农民对种田和创业的看法

客观地说，高学历的陈小龙、黄议锋回到农村种田，在农村人的眼里和心中都是件不可思议和难以接受的事情。他们回乡种田遇到的第一道坎，就是父母的不理解、不支持。陈小龙坦言："父母认为我是傻子。回乡种田是放着金饭碗不端，硬是要从米箩里跳进糠箩里。"黄议锋也有同样的遭遇。他父母认为，孩子读了研究生还要回到农村种田，给家里和亲戚丢了脸。黄议锋说："父母都不愿意跟亲朋好友说我在哪里工作，还三番五次劝我考公务员，进事业单位。"

面对家人、邻里和同事的不理解，他们总是笑着解释："现在农村到处充满机遇，农村可以为年轻人施展才华和实现理想抱负提供广阔的舞台。我们要趁着自己年轻好好地闯一闯，干出一番成绩来。"后来，父母见他们铁了心地要在农村扎根创业，也慢慢改变了态度，从不理解、不支持转而成了他们的坚强后盾。

为了保护农村自然环境，陈小龙团队坚持不施农药化肥，采取生态化种植模式。黄议锋介绍说："我们会进行生物有机肥调配，加一些无污染的、生态的、无公害的东西。"此外，生态种植还需要面对如何有效解决防虫和防草的问题。生态种植模式下,防草不能通过喷施除草剂解决,而要采用人工锄草,防虫则采取生物防治。陈小龙有自己的种田理念:"我们的目标就是继承传统农业中的优势因素,创新现代农业生物技术,以实现零农药残留目标的种植方式占领技术制高点,给农民种植农作物和生产绿色食品带来新理念、新技术,通过在农村种植示范更好地起到推广带动作用。"

该团队在羊角塘镇江山村流转 200 亩稻田,采取稻鸭、稻鳖、稻鳅等生态种植模式,示范种植自己研究出来的水稻新品种祁山胭脂米,同时帮助改良农田土壤,修复农村生态环境。

高学历的种田团队用村民认为过时守旧的方式种田,遭到不少当地村民的嘲讽,有人甚至骂他们"瞎闹"。面对村民的不理解,陈小龙、黄议锋除了反复耐心地解释他们的种田理念、科学依据外,就是用成果来证明自己,让村民心服口服。

两年多的创业终于结出了丰硕成果。在成果面前,村民们信服了,前来参观取经的人多起来了。2020 年 8 月,流转两万亩稻田的祁阳县种粮大户邓根智专程赶到江山村向陈小龙、黄议锋请教。参观完后,邓根智感叹:"真是大开了眼界!我准备请陈博士给我当顾问,也要在我的承包田里好好推广,把稻谷卖出好价钱,让老百姓吃上优质安全米。"

(三)在乡村振兴路上圆生态农业梦

由于流转过来的土地以前施用了过多的化肥,土壤板结比较严重。创业伊始,陈小龙团队不得不把重点放在稻田生态改良上。他们采用太阳能频振式捕虫灯诱虫、杀虫,借助科学仪器监测植物生长状态,以此促进水稻亩产不断增加。2019 年,生态化种植的水稻亩产 210 公斤;2020 年亩产达到了 330 公斤,超出他们的预期。经权威机构检测,他们生产的大米无任何农药残留,重金属含量也远低于国家限量标准和欧盟限量标准,米质指标均达到一级米标准。高品质的水稻能够大大提高其市场价格,他们的生态大米每公斤能够卖到 50 元。

"祁佳占"是陈小龙自己研发的水稻新品种,在种植过程中,他采用生态化种植模式,保证生态米的有机品质。虽然种植成本增加了不少，但稻子的品质却过得硬，在连续高温的侵袭下，稻子一点也没有弯脖，穗头还特别饱满。熬过国庆假期的连绵阴雨天，终于盼来了晴好天气。陈小龙和搭档黄议锋赶紧请来村民收割成熟的稻谷。

2020年的金秋十月，陈小龙和他的团队迎来了又一个丰收季。总产超过6万公斤，其中祁山胭脂米亩产315公斤。辛苦了半年多的团队终于收获了丰硕的果实。陈小龙欣喜之情溢于言表，望着金灿灿的稻谷，一直揪紧的心终于放松下来。他说："半年多的付出终于有了令人振奋的成果，虽然很累，但心里高兴。再苦再累，也觉得值！"

除了种植优质稻外，陈小龙团队还从事着一项十分重要的工作，就是选育水稻新品种，提升粮食生产核心竞争力。在羊角塘镇高井村，陈小龙团队流转了14.7亩稻田作为育种试验基地，让900多个水稻品种在自然条件下接受抗虫、抗病、抗倒伏等试验。截止到2020年10月13日，陈小龙团队已成功培育了3个水稻新品种并提交权威部门审定，申请新品种权保护，获得1项实用型专利授权。该团队计划今后不断培育和筛选出更适合在南方山区、丘陵区种植的优质稻种，进一步建立和完善生态优质稻无公害化生产技术体系；同时，积极筹建种植合作社，大力推广生态种养模式，助力乡村振兴。

（四）生态农业构筑希望的田野需要政策东风

湖南舜祁生物科技有限公司总经理陈小龙关于生态农业还有着宏大的理想。他想做的下一步工作就是将技术体系尽量完善，将目前初步形成的种养配套模式进一步完善；让一些农户加入进来一起合作，逐步扩大生态农业的体量，走集约发展的道路；将销售平台与外部已有的销售网络对接，在做出市场品牌的基础上做好市场营销。

2020年9月5日，湖南农业大学三位教授专程来羊角塘镇实地考察后，对陈小龙团队的做法给予了充分肯定。地方政府对陈小龙团队的做法也十分看好。羊角塘镇镇长李亮说："他们给我们带来了新技术、新理念。下一步，我们准备把陈博士的科研技术成果广泛推广到我们全镇的粮食生产当中去。"

真正要把生态农业做大和做强，使之具有市场号召力和风险抵抗力,其实还有很长的路要走。谈起创业的酸甜苦辣,陈小龙坦言:"我们现在最缺乏的就是资金、人才。目前,除了县里扶持的15万元之外,我自己投入了150多万元。家里房屋成了危房都暂时无钱维修。"

资金紧缺、人才匮乏、难以建立专业实验室……这些都是困扰陈小龙团队发展壮大的短板。"我们期望有更多年轻人加入到团队中来,希望政府部门在配套政策、经费、申报项目等方面给予大力支持,以便使我们的科技成果更好地转化。"陈小龙如是说。

尽管回乡创业的道路坎坷,但陈小龙团队从未忘记自己的初心,信念也从未动摇。"明年,我们有信心突破亩产400公斤的目标。镇里、村里也非常支持,准备协助村民把1600亩水田流转给我们作为示范种植基地。我们对未来充满信心!"说起今后的规划,陈小龙信心满满。

毫无疑问,现代农业要摆脱传统农业劳动密集、效益低下、知识技术含量低的刻板印象,必须依托现代科技改造传统农业,采用现代农业设施装备农业,依靠现代产业体系提升农业,借鉴现代发展理念引领农业,培养新型职业农民助推农业,农业、农村和农民问题才可能得到根本性解决,乡村振兴的深远意义和可持续发展才能得到切实的保证。

第四节 社会服务型村庄精英的高等教育引导

现代农业从理论上说,它具有安全、优质、高效、规模化、可持续等特征,但在现实中,我国现代农业的发展还存在某些不尽如人意的地方。这种状况固然与现阶段发展现代农业的下列制约因素有关,如土地流转障碍造成农地小规模、分散化、细碎化,农业科技创新和推广能力不足,产业化组织竞争力弱,农业基础设施建设收益率低,城镇化背景下农民老龄化和农业空洞化等,但现代农业产业的创新活力不足,特别是新型农业经营主体的培育滞后,亦是不可忽视的因素[①]。经验表明:农业现代化水平的高低与物质技术装备和从业人员素质的高低成正比。

---

① 危旭芳. 发展现代农业亟须培育新型职业农民 [N]. 南方日报, 2016-05-07 (F02).

目前，发达国家的农业正逐步从资本密集型向知识密集型转变，正在向智能化、产业化、生态化和可持续性等特征明显的现代农业转变。这种转变必然要求有与之相适应的高素质现代农业从业者。与现代产业部门之间的升级融合趋势相伴随，现代农业将由单一的生产功能向多元功能拓展与深化，与其他产业间的分工边界也日趋模糊，并正在催生出新的分工链条和新的业态。如农业与旅游业融合可以孵化出旅游农业、创意农业、文化农业；航空航天、生物技术对农业的渗透会导致太空育种农业、无土农业的出现；农业与信息技术等高新技术产业的协同发展会催生精准农业、信息农业、模拟农业的问世；农业与金融保险业互补形成新型土地价格保险、指数保险农业等新的业态。可以肯定，现代农业的内涵与功能是不断丰富和拓展的。可以肯定，农业现代化和新型城镇化将融合推进。而这些可能的变化都离不开高素质从业者和创业者的积极投入和深度参与。

发达国家乡村的崛起是我国乡村发展和乡村振兴的重要参照。如果说，我们现在的某些样态还只是对它们过去的某种重复，那么它们的现在很可能预示着我们农村未来发展的某些走向。美国当年的农村现代化，既是农村自身发展的产物，也是工业技术革命的结果之一。工业化进程带动了城市经济发展，造成城市劳动力稀缺，进一步吸引农村劳动力向城市流动，并产生齿轮效应，使城镇化步伐加快[①]。工业化推动了美国交通大发展，加快了农村劳动力转移速度，并促进了大城市崛起；与此同时，工业化也引起农业机械化的迅速普及和提高，农业发展不仅为城镇化提供了充足的粮食，也把大批农业人口从土地上解放出来。农业机械化进一步提高了农业技术构成，促进了农村人才需求升级，这一进程促进了美国农业从传统形态向现代形态转变。与我国也许不同的是，美国农场主作为现代农业的重要从业者，其社会经济地位和政治能量在农业发展和工农业平衡中发挥了很大作用。我国农村目前尚未孕育类似的力量，这决定了中国农村现代化的路径选择与美国会有明显差异。

---

① 周天勇. 托达罗模型的缺陷及其相反的政策含义 [J]. 经济研究，2001（3）：75-82.

在我国新农村建设的相关政策导引下，农村对智力的吸引力和吸附力在逐步增强。各种智力开始介入农村事务，除了官方致力于培育新型的基层政治精英（现在的主要举措就是实施大学生"村官"政策）外，在经济层面，受市场机制和政策调整的双重影响，农村经济能人正在大规模出现。笔者从自身调查和官方媒体报道中了解了来自不同地区、从事不同行业的经济精英。这些经济精英的成功之处尽管各有不同，但他们有些东西是相同的，除了他们都是命运中的幸运儿这一似乎难以把握的上天所赐的东西外，他们的成功其实都与其个人突出的能力与胆魄、对社会机遇的把握能力、个人不懈的拼搏精神以及能够创造性地利用当地资源优势等诸多因素相关联。

一、见证服务型村庄精英——合轩村的故事[①]

在社会学研究中，社会资本对组织治理和公共产品的作用一向为诸多研究所关注（边燕杰、丘海雄，2000；帕特南，2001；蔡晓莉、刘丽，2006），但不同的研究对社会资本的性质存在不同理解。部分学者把社会资本视为通用的公共资源，他们注重其对公共事务（比如社会发展）的作用；还有部分学者倾向于将其视为某种社会关系中的特享资源，注重其对个人的职业流动、商业活动的人际资源的作用。笔者在本章使用社会资本这一概念意指农村基层社会服务者利用公共资源或公共平台为资源或平台共享者提供的发展机会或社会服务。

双凫铺镇合轩村用三年时间，使该村由集体经济负债近100万元的财政问题村和贫困村一跃变成了年收入约108.5万元的先进村和富裕村。这个重要转变与新任村支书善于把企业经营的智慧和思想政治引领结合起来是分不开的，也与合轩村充分调动自身社会资本分不开。合轩村一个星期拆除28座空心房，创造了双凫铺镇闻名的"合轩速度"；为了全面实行垃圾分类，拆除了全村48个垃圾池，实现定时定点统一收集垃圾，使垃圾减量65%以上；为了顺利推进西艺公路提质改造工程，

[①] 资料来源：宁乡新闻报道，本人采访。

该村东塘组村民谭正武在家里并不宽裕的情况下,二话不说捐款 2000 元,说明该村利民事业得到了大家的普遍认可。合轩村从贫困村走向示范村的成功经验主要有以下四点。

(一)党建引领思想统一,凝心聚力促共识

2017 年,合轩村被定性为"软弱涣散"的垫底村。村领导班子离心离德,村民怨声载道。面对家乡困境,多年在外从事建筑业的任善秋在双凫铺镇党委政府的动员下回乡竞选村党总支书记。任善秋上任后,把自己的企业交给儿子经营,义无反顾地接下了当时的烂摊子。他上任伊始就明确了"坚持党建引领,凝聚合力;用企业思维盘活呆滞资源,通过引进实体项目来持续壮大村级集体经济"的基本发展思路。

重建干群信任。要做到凝心聚力,最要紧的是把村民、干部们丢失的信任找回来。上任不到半年,他走访全村百余位党员,又连开 32 场"屋场会",把党员干部和村民百姓聚在一起,开诚布公地找问题、谈问题,努力凝聚解决问题的共识。

积极解决遗留问题。为了真正做到让全村凝心聚力,夜幕下的"屋场会"发挥了重要作用。在屋场里,通过平等地自由交谈,谈妥了谢家组、罗家组征地款的分配,恢复了青龙寨的生产,解决了村里退伍老兵的待遇……就这样,把一个个纠缠已久的历史遗留问题摆到台面上,任善秋亮出了自己的态度和具体的解决方案。通过这些事情,其他干部和广大村民们都意识到:"现在已经不是以前的搞法了,这任书记是在真正解决问题,要支持。"

(二)班子合力掌大船,集体经济唱大戏

俗话说,打铁还需自身硬。村领导班子要得到老百姓的真心拥护,首先要把村级基层组织自身建设好。只要基层组织自身筋强骨健,充满活力,组织办事,真心为民,自然就容易赢得大家的支持。新班子成立伊始,摆在他们面前最大的实事就是把村里的经济发展起来。如何做活资源新文章,确保集体经济持续发展壮大,这是合轩村新任领导班子面临的最大考验,也是该村经济发展的当务之急。

为了走出村集体经济负债累累的窘境,让集体经济焕发生机活力,首要任务是充分盘活现有资源。新领导班子决定对村上原五龙学校、五龙村部公开招商引资。经过多方面的筛选和多轮洽谈,最终选择引进了发展潜力较好的晚星家居。为让资产真正变"活",村里没有采取简单的租赁办法,而是以闲置资产入股分红的形式与企业签订合作协议,将原来破旧不堪的闲置资源翻新为现代化厂房。这一举措,前三年给村级集体经济带来 9 万元收入,第四年开始以土地入股,企业每年将 20%的利润分红给村集体,该项目每年可为村级集体经济创收 10 万元。

合轩村晚星家居负责人刘雨兰如是说:"之前我的厂在湘潭,也准备回家乡发展。2017 年,合轩村'两委'诚心邀请我投资,实地考察之后,我就选择了这里。目前我厂的生产形势较好,产品销售到了邵阳、常德、益阳等地,预计明年产值可达 600 万元,利润 100 万元左右。"

积极招商引资,让好企业不断入驻,为集体经济的发展引入源头活水。积极对合轩村原有集体资产进行提质改造。比如,原来的村部大楼因年久失修,漏水严重,村"两委"多方筹措资金予以修缮翻新(见图3-2)。修缮后的村部大楼年租金由原来的 5.7 万元升至 9.8 万元,这一

图 3-2 主体部分出租为酒店的村部大楼
图片来源:笔者 2021 年 7 月 25 日摄于湖南宁乡合轩村

项就使村级集体收入每年增加 4.1 万元。此外，出租村里的闲置场地，把原西艺学校出租给光伏发电项目部作为材料场，该项改革每年可为村集体经济创收 3 万元。

(三) 脱贫致富两手抓，村民走上共富路

在较长一段时间里，合轩村精准扶贫工作难以走上正轨。任善秋带领党员结对帮扶困难户、信访户，建立起"一对一"联络机制，并且给每家贫困户量身定制脱贫方案。比如，西艺片区的李胜军自幼有视力障碍且无一技之长。村干部帮他申请到国家项目补助，为他学习盲人按摩技术提供资助。如今，李胜军月收入近 3000 元，对生活更是"信心百分百"。与此同时，合轩村先后引进了月亮湾辣椒、腾达食用菌、光伏发电等项目，安排贫困村民到陆戈鞋业"扶贫车间"就业。目前，合轩村共有建档立卡贫困户 32 户、78 人，已经实现产业扶贫网络全覆盖，贫困户人均增收 3000 元。

村级集体经济发展壮大和村民脱贫致富都需要项目来拉动。该村西艺片区地理位置偏僻，山多田少，村级集体项目数量少、质量低。为改变这种落后状况，村"两委"积极争取引进长沙昌都新能源科技有限公司光伏发电项目。该项目投资近 2 亿元，租地 700 余亩，既可以为村级集体经济创收近 80 万元，还可以就地解决村民就业问题，并完善道路等方面的基础设施建设，一举多得。与此同时，该村加强项目合作，以光伏发电项目为契机，以土地入股形式投资特色农家乐项目，预计能为村级集体经济增收 10 万元至 20 万元。同时，还利用光伏发电项目边角废弃土地，种植经济作物薄荷，由昌都科技出资，村上管理，既解决剩余劳动力，又为村级集体经济增收 30 多万元。

合轩村西艺片区村民易冬华说："村上引进这个光伏发电项目，将村民闲置的荒山荒地充分利用起来了，村上有收入，村民有租金，还能解决不少村民的就业问题。比如我年龄偏大，不方便外出务工，帮他们做饭，一年也有几万元收入。"

此外，该村还借土地结构调整契机，大力发展烟叶种植，种植烟叶 600 余亩，为村民创收近 300 万元；村级集体经济获得返税 17 万元。

村委会成立和泰土地专业合作社,统一流转土地800余亩,引进草皮种植基地等项目,实现土地资源高效利用,促进村级集体经济增长。任善秋介绍,村里还在筹备引进薄荷种植产业和乡村旅游开发,进一步盘活农村经济。

(四)改造村庄旧貌,积极建设美丽乡村

正如任善秋书记所言:"村里产业上去了,人居环境就有条件改善,基础设施不能落后。"近年来,该村修缮了集镇至白水学校近5公里长的南北通道,让"泥水路"变成了水泥路。西艺公路拓宽了2米,方便了1000余户村民出入集镇。牛屎塘里的臭水得到了治理,现在见到的是清澈的水面和游来游去的鱼虾。镇里的一个污水横流、臭气熏天的池塘被改造成美丽屋场。现在的美丽屋场,亭阁屹立,绿植环绕,健身休闲设施一应俱全,成为村民休闲的好去处。

图 3-3 合轩村美丽屋场

图片来源:笔者2021年7月25日摄于湖南宁乡合轩村

为了解决垃圾问题,该村建成了有特色的垃圾分拣中心,并配备了1882个垃圾桶到每家每户和需要设置的地点,对所辖的五龙、白水、西艺3个片区实施生活垃圾"三分三减",即村民初分,保洁员细分,剩余的不可回收垃圾统一送至镇垃圾中转站。全村配备 6 位保洁员、3 台清运车,及时清运生活垃圾。有了村里的积极推动,广大村民已经自觉成为农村环境整治、美丽乡村建设的践行者。在干部、村民的齐心协力下,该村每年出村垃圾从以前的 500 多吨减至不到 200 吨。没有了垃圾的困扰,村里的环境也越变越好。此外,村里还建成了全镇硬件最好的村级卫生室,为村民提供最基础的医疗卫生服务。

"环境好了,村庄美了,邻里和谐了!种植大户、产业大户,纷纷主动来村里谈合作了。我们改变思维,土地租赁由原来单一的农户租赁模式,改为村级经济产业的模式。原来的租金只有 100 元一亩,现在可以达到 500 元一亩。村民增收了,村集体经济收入也每年有 30 万元以上。"书记任善秋说。

2019 年合轩村集体经济收入是 110 万,2020 年达到了 150 万。未来几年,这个数字还将会有大幅度增长。值得欣慰的是,该村领导班子没有被已有成绩冲昏头脑。他们很清醒,虽然村级集体经济在这两年多里有很大的改善和提升,但仍需要不断探索新的路径,发展更高效的产业和项目,真正为村级集体经济和村民共同致富插上腾飞的翅膀。村"两委"将继续团结带领全体村民共同努力,力争明年村级集体经济在原有的基础上再翻一番。

对村里今后的发展,任善秋信心百倍。"今年我们将修建两条产业大道,投资近 100 万。目前整个路基已拉通,在晚稻收割以后,正式进行路面施工。"

二、剖析服务型村庄精英

从理论上说,通用社会资本具有正向作用,拥有较高水平社会资本的社会更容易获得发展[①]。目前,农村的通用社会资本还不够丰富,而内外有别的特享社会资本则相对丰富,这种内外有别的社会资本通用性

---

① 帕特南. 使民主运转起来:现代意大利的公民传统 [M]. 王列,赖海榕,译. 南昌:江西人民出版社,2001:216-221.

低而特享性高。特享社会资本在某些方面能够产生正向作用。有学者发现，存在宗族的地区可以更加有效地通过非正式关系提供信息，以及进行利益分享和产权保护，乡镇企业也因此往往更为蓬勃和活跃。从通用社会资本角度看，如果社会资本受制于局部关系边界，往往难以扩展到更大范围的公共领域①，除非先将公共关系转化为个人关系或者特殊关系，比如常见的认干亲、交朋友、送礼品等。这样建立的"公共"信任与合作仍是以区别使用对象为前提，只不过是要先构造不同的关系，激励"被特殊对待"的预期和承诺，性质上还不是通用的具有公共品性质的社会资本。在社会秩序方面存在同样的逻辑，如果部分组织通过寻租或借助权力组织建立特殊关联等方式以求获得特别对待，他们之间的高度信任与合作就势必会引起其他组织的不信任，从而导致更大范围的社会资本流失，甚至引发社会冲突。这种理论对农村服务精英尤其是政治型服务精英的兴起有一定解释力。

（一）第一代村庄服务精英的崛起

解答通用社会资本的内生问题需要进入特定的文化社会环境，在实践场景中观察它究竟有没有出现内生以及如何内生，而且需要在问题意识方面，倒置原先的因果设定提出问题：如果社会资本是嵌入社会网络中的信任与合作资源，那么这一资源怎样通过人的活动来创造？在不信任的人群之间促进信任与合作究竟有没有可能？在分裂乃至激烈冲突的群体之间，这种发生合作的条件和动力来自哪里？

笔者在 2007 年关注过合轩村合并成立前的五龙村②，该村当时的张书记带领群众使五龙村从全乡的落后村在很短时间内一跃成为先进村。合轩村成立后，张书记顺理成章地担任了合轩村书记并连续担任了两届。在他任书记期间，该村运转比较正常。后来由于张书记任期届满，重新任命了新的书记。这一届班子成员在新农村建设的相关资金使

---

① 张静. 企业社会资本权变管理研究 [J]. 现代管理科学，2011（6）：104-106.
② 彭拥军. 走出边缘：农村社会流动的教育张力 [M]. 武汉：华中科技大学出版社，2011：120-124.

用和乡村公路建设工程质量把关等方面，都未能严格执行政策或牢牢把握发展方向，合轩村从基础较好的先进村逐步变成了各方面工作都相对落后的问题村。该村党员和群众对当时的书记意见比较大，他也因此在换届中落选。现任书记任善秋就是在这样的背景下就职的。

笔者希望透过对本土案例的事件史分析，揭示制度规则与社会基础（社会资本、观念或组织结构）建设的关系，在中国基层自己的实践中发现并描述这一机制，同时展开理论阐释。如果这个解释可以成立，那么人们在政策落地和推动政策规则改进方面取得成功就有了更大的可能。

（二）新型服务型村庄精英崛起的理论分析

合轩村昔日的张书记和今日的任书记，都算是比较成功的书记。这两位书记有一个十分明显的共同特点，就是二人在担任村书记之前都是当地有名的白手起家的经济能人。张书记是混合型经济能人，任书记则是企业家式的经济能人。大量事实证明，在农村发展需要经济带动的时代，经济能人转身为政治能人，为全村经济社会发展服务，成功的可能性更大。

两位书记成功的背后，存在一些可以提取的共同经验：第一，他们都认准并很好地把握了村经济发展的基本方向和走向，使村集体经济和村民家庭收入都在短期内有十分明显的改观，很快得到了全村上下的一致好评和衷心拥护。第二，在组织建设方面，迅速解决了基层组织凝聚力不强、组织涣散的问题，真正体现了基层组织的战斗堡垒作用。第三，都具有很强的社会动员能力。在基层组织服务能力较弱的时候，两位书记在改革中都能够牺牲个人利益来促进集体工作和确保全村的利益，这种行为在互动性很强的农村熟人社会中能够很快获得群众信任并产生个人威望，并由此产生强大的社会动员作用。第四，都具有良好的社会运作能力。两人在招商引资、盘活村组闲置资产和利用个人社会资本服务经济发展等方面都有比较超常的能力。

（三）小结

合轩村的成功，首先在于很快确立了村民之间与以往不同的新型公共关系，具体内容包括行动方式变化（屋场会议）和组织改进（改善公共关系，取得党员群众信任）。这些改进并非自然生发，而是在内向型村庄与外部市场接入的条件下，出现新的焦点需求和积累了危机时发生的。当村庄和更大的经济网络连为一体时，村内原有的内部资源需要和外部的要素（资金、经营者和市场）建立竞争性的选择关系，村庄共有财产才能够顺利增值。因此，不是潜在的特享社会资本发挥了效能，恰恰是它回应新问题（经营公共资产的决策危机）的明显失败使人们开始寻找替代性办法。和我们经常在基层看到的情况不同，合轩村的新规则不是设计在纸上，而是付诸行动。人们从组织结构入手，通过改变决策权的分配，解决了持续多年的决定难产、难行的问题。合轩村新的基层组织重新获得了从前一度缺乏的公信力，在公信力的有效支撑下，社会资本得到建设性扩展。新班子的各项行动变得接地气，其重要原因是它和大家真正关心的事相联系。与村民利害攸关的事项不是简单地要求村民"配合"而走过场，而是真正从村民需要和利益出发。

如果对照奥斯特罗姆的"公共治理理论"（她利用外部经验总结出的三要素：制度供给、可信承诺、互相监督），我们从合轩村的案例，不难看出，在新规则形成之前，个人（比如新任村书记）的推动也许是重要的，议事规则尚未清晰建立，主要还是靠最高领导者的个人权威或个人魅力。我们从前面的张书记到现任的任书记任职期间的种种变化中都可以看到，合轩村从不缺乏特享的"社会资本"，但它们不一定能够对公共事务的处理起到"增强确定性"的作用。不同于特享的社会资本来自对人的信任，通用社会资本必须来自对规则的信任。

值得指出的是，合轩村两次由问题村转变为示范村，主要依赖的是核心领导的个人能力和个体魅力，而不是主要依赖有效的制度变革来支持其稳定发展。如何运用制制度规则的突破进行自我改造，如何有效打破群体冲突和控制权竞争的不良循环，提升基层社会治理的品质，仍然还是需要在实践中认真探索和积极总结的地方。

第四章　促进乡村政治文明：高等教育与村民自治

马克斯·韦伯在其著名的演讲《以政治为业》中开篇开宗明义地提出了一个名为"政治是什么意思"的问题，并给出了以下回答："政治"就是指争取分享权力或影响权力分配的努力，这或是发生在国家之间，或是发生在一国之内的团体之间。从韦伯关于政治的论述中，我们不难发现，政治的核心是权力。所谓权力就是"一个人即使遇到抵抗的情况下也能实现自己意愿的概率"[①]。新中国成立后，特别是改革开放以来，知识分子的社会政治经济地位和职业声誉在"尊重知识、尊重人才"的口号和政策引导下不断得到确认和提高。然而，大多数知识分子在实际工作场景中都远离市场，难以直接从市场机制中获得经济收益。在改革开放后日益明显的社会经济分层过程中，他们作为社会风向标的功能很快就被读书不多但在刚开放的市场上摸爬滚打而获得经济成功的富翁们侵蚀了。在政治权力方面，由于我国尚处在转型时期，行政权力兼具传统性和现代性双重特征，导致行政权力的社会职能与国家职能相交织，行政权力与经济权力相结合，行政权力与其他权力（如宗法等血缘权力）同时起作用。权力交织或结合最明显的社会后果就是，容易出现个人权力超越职位权力、人格权威大于职务权威的现象。与此同时，行政权力自身没有成为专门的职业领域，也没有聚焦或突出其社会管理服务

---

① 韦庆旺，俞国良. 权力的社会认知研究述评 [J]. 心理科学进展，2009，17（6）：1336-1343.

职能，行政权威的合法性短期内难以真正建立在人们广泛心理认同的基础上。这种情况有可能陷入马克思主义经典作家曾指出的，"全社会的公共事业和公共利益只能用旧的方法来处理和保护，即通过国家及其收入极多的官吏来处理和保护"①那样的尴尬境地。尤其是这种权力一旦缺乏及时有效的监督，就容易出现孟德斯鸠所指出的问题，"一切有权力的人都容易滥用权力，这是万古不变的一条经验"，"从事物的性质来说，要防止滥用权力，就必须以权力约束权力"②。

事实上，权力如何运作，权力服务谁和为谁服务，既是政治问题，也是对经济社会发展有着重要影响的问题。农村政治文明是全面实现现代化不可缺少的基本内容，也是乡村振兴不可或缺的重要内容。村民自治是国家一直努力推进的重要举措，教育村民正确对待自己的权利和权力是全面实现乡村振兴不可忽视的重要方面。高等教育要在帮助村民提升自治参与度和参与有效度等方面寻找合适的提升其参与能力的路径，这是笔者试图有所思考和贡献的地方。

第一节 村民自治环境变化的治理呼唤

村民自治制度③是一项具有中国特色的农村基层民主政治制度，即农村村民依照宪法和村民委员会组织法的规定，由村民直接选举村民委员会，设立村民自治组织，行使自治权，实现村民自我管理、自我教育、自我服务的制度。村民自治是为了在农村事务中体现村民意志，保障村民权益，激发农村活力④。村民自治要取得预期的政策效果，既需要有良好的自治环境，也需要村民具备良好的自治意识和自治能力。

---

① 马克思，恩格斯. 马克思恩格斯选集：第二卷 [M]. 中共中央马克思恩格斯列宁斯大林著作编译局，编. 北京：人民出版社，1972：336.

② 孟德斯鸠. 论法的精神 [M]. 北京：商务印书馆，1961：154.

③ "村民自治"的提法始见于1982年我国修订颁布的宪法第一百一十一条。村民自治，简而言之就是广大农民群众直接行使民主权利，依法办理自己的事情，创造自己的幸福生活，实行自我管理、自我教育、自我服务的一项基本社会政治制度。

④ 张洋. 让村民自治更有生命力 [N]. 人民日报，2017-12-27（18）.

一、村民自治环境变化期待农村治理环境优化

村民治理或村民自治在我国已经有了一段不算太短的历史。自我国1982年宪法①明确提出村民自治这一法定性概念以来，围绕其核心内容"四个民主"（即民主选举、民主决策、民主管理、民主监督），我国在农村全面推进村级民主选举、村级民主决策、村级民主管理和村级民主监督。具体而言，民主选举，就是按照宪法、村委会组织法、实施村委会组织法办法和村委会选举办法等法律法规，由村民直接选举或罢免村委会干部。民主决策，就是凡涉及村民利益的重要事项，如乡统筹的收缴方法，村提留的收缴和使用，享受误工补贴的人数及补贴标准，从村集体经济所得收入的使用，村办学校、村建道路等公益事业的经费筹集方案，村集体经济项目的立项、承包方案及村公益事业的建设承包方案，村集体土地的承包方案，宅基地的使用方案等，都应提请村民会议或村民代表会议讨论，按多数人的意见作出决定。民主管理，就是依据国家的法律法规和党的方针政策，结合本地的实际情况，全体村民讨论制订村民自治章程或村规民约，把村民的权利和义务，村级各类组织之间的关系、职责、工作程序以及经济管理、社会治安、村风民俗、计划生育等方面的要求，规定得明明白白，加强村民的自我管理、自我教育、自我服务。民主监督，就是通过村务公开、民主评议村干部和村委会定期报告工作等形式，由村民监督村中重大事务，监督村委会工作和村干部行为。民主监督的重要形式是村务公开，凡是村里的重大事项和村民普遍关心的问题，都应向村民公开。

在几十年的实践过程中，村民治理取得了一些成绩，也暴露了某些不足。与此同时，农村社会在发展过程中也出现了某些十分明显的变化。村民自治实践中出现的值得反思和优化之处，以及农村社会发展中需要积极应对之处，都给乡村振兴背景下的村民自治的研究与实践带来了新的契机。

---

① 1982年宪法第一百一十一条明确规定：村民委员会是基层群众性自治组织。

(一) 农村社会由全面稳定向普遍流动转变呼唤政治能人

在传统农村,农民以土为生,与土为伴,人们的生活习惯和劳动对象都相对稳定。"日出而作,日落而息"是基本的劳动作息方式,也是生活作息的基本准则,而心无旁骛地在村庄中生活则导致了农村人口基本上处在"生于斯死于斯"的保守封闭的生活状态中。

1978年改革开放以来,随着改革开放的逐步深入,到20世纪80年代末,越来越多的农民放弃对土地的依赖,以廉价劳动力的形式进入城市,试图在城市和工业领域寻求新的发展空间和生活空间,以此来改善自身经济状况与生活水平,昔日稳定的农村人口开始由稳定向流动转变。这种转变,既表现为社会空间或地域空间上的跨区域跨领域的流动,也表现为贫富差距拉大带来的地位空间上的阶层分化。农民四处奔波、走南闯北寻求新工作的社会流动过程,催生出农民工这样一种新的职业形态或生活样态,我国数以亿计的农民工大流动这样一种人类历史上绝无仅有的现象就在中华大地上出现了。尽管除了外出打工的数亿人外,其余的农村人口仍然生活在农村,但外出打工使得农民的收入来源复杂多样,所从事的职业五花八门,农民之间的贫富差距趋于扩大,内部的阶层分化和阶层流动也因此凸显。

农村社会流动改变了农民的职业状态和生活方式,给农村带来了前所未有的冲击。这些冲击有些是积极的,比如开阔了农村人的眼界,使农村人不再困守在贫困的农村中和土地上,使农民逐步走向富裕。但农村青壮年的大量流失,客观上使农村丧失了更多的精英,这种趋势在农村一度十分严峻,甚至直到现在也尚未彻底改变。更值得关注的是,农村新生代总体上缺乏种田的意愿和能力,有种田能力和意愿的现代农民又未能普遍诞生。此外,留在农村的成年人主要是缺乏流动能力和流动意愿的综合素质相对较低的人口,农村社会主体存在弱化的潜在威胁,这在一定时期内给农村治理和村民自治造成难题。

政治参与是现代民主政治的核心,能不能通过参与和表达以实现政府的行动和公民的意愿间的平衡①，这是全面实现乡村振兴过程中，村民自治是否能够顺畅推进的重要条件。然而，大多数村民，由于自身的条件和自治的环境等复合性原因，还只能算是政治的冷漠者和旁观者。值得指出的是，在乡村社会中，不断出现和成长的政治能人已经成为现有政治制度框架投射下的积极产物。因为党政两种政治机构的存在，乡村政治能人实际上基本上出现在党支部和村民委员会两个不同的正式组织中。这些人，人数虽然不多，但由于他们是现有政权格局的基层代言人，他们对一个村庄的政治生活和经济社会领域产生的影响不容忽视。尽管由于经济体制变化，村干部和小组长不可能采取传统的行政命令方式，他们的行政意图往往需要借助制度以外的资源，如亲情、友谊、一定的物质刺激，这是经济能人走向政治能人的经济社会条件。在我国，工人有工会，商人有商会，学生有学联，青年有青联，妇女有妇联，而人口最多的农民没有农会这样的自我组织，因而乡村政治能人往往承载着许多特殊社会内容，乡村政治能人的嬗变具有比较深刻的社会意蕴。

（二）农村社会由传统权威向多元权威转变期待新的整合机制

在传统村落中，尤其是那些能够长久绵延的村落，其精英分子（族长、士绅等）都能够以身作则，以自身行为和道德风范形成"感召权威"而呈现出很强的凝聚力、吸引力和号召力，进而引导整个村落的良性发展。毋庸讳言，要把全面实现乡村振兴的愿景成功地转变成农村发展的现实，农村的政治领导者、经济引导者和农业技术推广应用者存在数量上严重不足，质量上亟待提高等复合性问题。这种状况如果不能有效改变，就容易导致农业发展乏力，农村发展低效。

在我国现代化过程中，一度采用城乡非均衡发展模式，并且这种模式还曾经被制度化地固定下来。除了一度广泛实行的各种票证制度外，对农民产生比较直接影响或根基性影响的应该是户籍制度。有人说，1958 年颁布的《中华人民共和国户口登记条例》实质上严格限制了农

---

① 彭拥军. 挑战与应答：高等教育与农村发展互动[M]. 武汉：华中师范大学出版社，2018：111.

民向城镇自由迁徙和居住①,换句话说,农民丧失了自由流动的权利。一旦阻碍农民向城市和工业流动的壁垒松动或被卸除,农村精英就会如滚滚洪流一般流向城市和工业。这种流动一方面给农村发展带来了很多前所未有的好处,另一方面实际上对农业发展和乡村进步也造成了潜在的智力剥夺。通过教育制度性安排(通过各种教育筛选进入非农行业)和教育辅助性推动(增强农民的流动意识和提高农民的社会流动能力)而流入城市和工业的人,一旦成为城市或工业中的一分子,其退休后也鲜有回乡的。这种状况容易使传统的乡贤文化由盛转衰,趋于凋零。由于农村青壮年的大量流出,乡土社会在治理中应有的感召权威走向没落,取而代之的是各种阶段性"权威",但这种阶段性"权威"由于缺乏足够权威性而容易呈现波动性甚至碎片性特征。所谓波动性,就是权威的一致性或连贯性不够,甚至存在权威不在场或权威空白;所谓碎片性就是指权威的综合性特征不够,感召力偏弱,在特定社会时空中存在的能量不足。

在农村改革40多年后的今天,农村智力资源单向度地流入城市的时代已经基本终结,尤其是在全面实施乡村振兴的大背景下,乡村逐步成为人们旅游休闲、养生养老、投资创业、诗意栖居的理想之地。构建"自治、法治、德治"相结合的治理体系,为全面有效推进乡村振兴战略,使乡村成为宜业之地、宜居之所和宜人之处注入了制度性活力。如何引导和推动离退休的尤其是农村出身的离退休干部职工、新富阶层等力量回到农村、反哺农村,多方力量共同作用于农村发展和农民成长,最终全面实现乡村振兴,这是很值得思考的重大问题。

二、农村生活方式变化催生农村治理

农村从传统社会向现代社会的转型是一个全方位的总体性或综合性社会变迁过程,它必然与农村各个方面的种种前所未有的变化相伴随。在农村从传统向现代的转型过程中,农村从社会结构的分化与整合,到

---

① 张英洪. 农民权利论 [M]. 北京:中国经济出版社,2007:12.

价值观念的冲突与融合，再到生活方式中衣食住行的种种变化，既会发生很多可以观察到的现象，也会出现许多需要审慎研究来揭示、解释甚至解决的问题。

(一) 农村社会的生活方式由高度同质向日益异质转变

在传统农村，同一区域的农民，在农业生产方面具有相同或高度相似的产业特点和生产习惯，在用工方式上总体上会呈现以家庭经营为主，邻里合理换工为辅的特征；农民的生活方式也具有较高的同质性，传统村落的生活结构形态以家庭或家族为基本居住单元，这种居住结构形成了明显的家族村落结构，也与一家一户为生产和生活小单元的生存形态相匹配。一言以蔽之，传统农村或中国传统乡村，总体上具有很高的同质性。

改革开放以来，我国青壮年农民走出村庄，纷纷到异地打工。这种自发的农村社会流动由涓涓细流逐步演变成了社会洪流。青壮年倾巢而出式的农村社会流动打破了农村传统生产生活方式，也使乡土社会的日常生活逐步由同质性向异质性[①]转变。农村生产和生活方式的异质性来源于不同地区之间、城市与农村之间生产和生活方式交汇而产生交流、学习、渗透、融合和创生等复杂的互动过程。很多原本只在城里的生活元素已经在乡村生活中变得日益普及。仅仅以房子为例，改革开放初期，走向富裕的农民，纷纷把原来的土墙小瓦房改建和扩建成二层的红砖结构的小洋房（如图 4-1、图 4-2）。

到了现在，越来越多的农民开始对楼房进行升级改造和改建，改建后的新式洋房在楼上、楼下都设置盥洗室和洗衣房，成为两个自成一体的独立生活空间。改建过程都是把原有二层楼房推倒，重新建造别墅。设计风格更加洋气，内部结构更加符合富裕起来家庭新的生活要求，比如装修更加精致，每个卧室都配备了盥洗室、卫浴甚至衣帽间等新的功能分区，这些新的设计和装修已经超越了大多数城市房屋的水平（如图 4-2）。

---

① "异质性"最初是一个遗传学概念，指一种遗传性状可以由多个不同的遗传物质改变所引起。社会学的解释参见布劳的《不平等与异质性》。

图 4-1　宁乡有代表性的第一代洋房

图片来源：笔者 2021 年 12 月 4 日摄于宁乡

图 4-2　第一代乡村别墅

图片来源：笔者 2020 年 2 月 1 日摄于宁乡

第一代乡村别墅，与 20 世纪 90 年代前后农村广泛兴建的二层小楼有了十分明显的区别。农业生产的中心地位已经明显弱化，美观、时尚、宜居等元素在房屋设计和建造中的地位更加突出；第二代乡村别墅除了上述特点外，更加注重了方便和私密等新特征。

与此同时，在新的科技尤其是日益发达的交通和通信等技术的支撑下,村庄概念实际上已经冲破了地理意义上的村域范围。村里人在外面有多少打工的地方,村庄的虚拟空间就会延伸到多少地方。身处远方的村民随时可以通过手机以及互联网了解村庄的一切。生活中出现的越来越多的异质性和实体空间向虚拟空间的扩展,共同促使村庄治理变得更为复杂。

(二) 农村社会的交往关系由熟人关系向陌生人关系转变

传统乡土社会是世代聚族而居的熟人社会,它通过加强以人情、信用等为社会规则的人际关系和信任关系引导熟人之间形成相互之间的自愿合作并形成代际传承,以有效维系相对牢固的心理地理连续体关系。在熟人社会里,不讲人情,不顾面子,丧失信用,都可能导致生活困难甚至生存受阻。迪尔凯姆把这种社会整合方式称为"机械团结"。他认为,机械团结是一种相似性所致的团结[1],指社会构成要素之间按彼此相似或相同的性质形成的团结。在这种社会整合机制中,个体保持着强烈的认同感和归属感。机械团结总体上不主张甚至否认个性,往往以集体淹没个性,其典型代表类型是处于原始、隔绝生存状态下的社会群体样式。

然而,随着农民工社会流动的加剧和大量伴随性社会流动的形成,加上农村人外出旅游和城里人到乡村旅游的发展,不仅城乡关系在发生新变化,农村文化心理结构也在发生悄然而深刻的变化。一方面,大量农民工及其家人外出务工和求学有加速农村"空壳化"的可能;另一方面城乡之间向度相反的旅游活动给留在农村的人打开了一扇观察城市生活的窗口,也给城里人观察、了解和理解农村和农村生活打开了一扇门。基于本研究的视角,本章只讨论这些互动给农村带来的影响。城乡新的互动方式实际上对农村居住者带来多方面的冲击:一是近距离的观察使农村人对城里人有了更加清晰的了解;二是城里的某些生活方式实际上已静悄悄地在农村扎根;三是把农村特质向城里渗透更加具有现实

---

[1] 涂尔干(迪尔凯姆). 社会分工论 [M]. 渠东, 译. 北京: 生活·读书·新知三联书店, 2000: 33.

性,比如土特产推广和推销到城里逐步成为很多农村人开始认真思考并努力付诸实践的事情。这些内外部力量共同促使乡土社会的人际关系由机械团结向迪尔凯姆所指称的有机团结转变。所谓有机团结是一种由分工形成的团结①。有机团结是建立在社会分工和个人异质性基础上的一种社会整合方式。分工的出现和发展,导致个人之间的差异性不断扩大,同时也使社会成员之间的相互依赖性越来越强。迪尔凯姆认为,分工越细,个性越鲜明,每个人对社会和其他人的依赖性越深,因而社会整体的统一性也就越大。分工造成的个体差异性损害了社会的集体意识,这种集体意识作为社会秩序的基础反过来又变得不那么重要了,重要的是因为分工而产生的人们之间的相互依赖性。因此,分工越来越明显地承担了原先由共同的集体意识所承担的功能。

城乡之间的社会流动改变了乡村社会的人际关系,使之从过去的熟人社会向半陌生甚至陌生人关系转变。这种转变会逐渐打破熟人社会的既有秩序。熟人社会里人与人之间交往所依赖的人情、信用关系受到冲击,陌生人社会中人与人之间交往依赖的契约、规则和法律等交往规则逐步进入了农村社会的人际交往中。如何让传统的人情、信用与现代社会的法律、契约在乡土社会治理中共同发挥作用,这是全面实施乡村振兴,提高乡村自治水平需要深入探讨的重要课题。

三、农村社会空间变化呼唤新型治理

改革开放以来,我国农村社会空间发生了重要变化。农村社会空间的基本形态由传统的紧密性空间开始延展,出现了虚实结合的新形态;社会空间结构的要素出现了一定的变化,组成关系也出现了某些变化,由此导致社会空间结构的力量也发生了重要改变。这些变化必然使农村社会空间的呈现形态及其功能都发生某些重要变化,这些变化对农村治理的有效性和可持续性提出了某些新挑战,并孕育着一些新机遇。

---

① 涂尔干(迪尔凯姆). 社会分工论 [M]. 渠东,译. 北京:生活·读书·新知三联书店,2000:73.

（一）农村社会的基本结构由紧密性向松散性转变

传统的乡土社会是一个熟人社会。在熟人社会中，人情是社会结构的黏合剂。它不但影响人们的交往方式，而且影响社会结构及其维持力量；人情的亲疏远近既是影响人际关系亲疏远近的血缘力量，也是影响人际交往深度的结构力量，这就是费孝通所言的差序格局[①]。乡土社会中的人情是互惠的，也是互欠的。人情的互惠性和互欠性决定了人情既需要不断积累，也需要不断归还，但人情永远还不清也不能还清，否则就意味着断交或绝交。从这种意义上说，熟人社会是以人情为纽带而形成的社会。记住人情，记住还人家的人情，是熟人社会中一种重要的信用规则和交往准则。它与其他有借有还、言行一致等规则一起维护着乡土社会的信用关系，有效地捍卫着乡土社会的人际关系。

尽管从大的方面来说，传统农村常常是"鸡犬之声相闻，老死不相往来"，表现出一定的封闭性甚至保守性。但乡土社会中的家人、邻里分别构成的家族和村落使家族村落共同形成亲疏有别的家园。家园是家乡的物质载体，也是对家乡的心理依归的物理载体。对家园的心理向往是熟人社会长期积淀的文化心理产物，它产生很强的向心力、凝聚力和归属感，是"故土难离""叶落归根"的社会心理动因。

然而，由于农民工大规模和长时段的农村流失性社会流动，邻居之间的人情往来和日常交往大大减少，乡村社会中的人情关系越来越淡薄，以人情、信用、交往等维系的原有社会资本不但没有增加积累，而且出现逐渐销蚀的倾向，乡土社会的文化心理结构已经由昔日的紧密性向今日的松散性转变。在此情况下，重塑乡土社会的乡情乡谊，确保乡村自身的乡土气息，并使之成为农村人心理依归的力量，继承、发扬优秀传统文化，重塑"家园红利"应是当下中国全面实现乡村振兴的题中之义，是实现乡村自治所需要的文化建设内容，也是乡村治理不能忽视的重要方面。

---

① 费孝通. 乡土中国 生育制度 [M]. 北京：北京大学出版社，2003：23-30.

(二) 农村社会的生活空间由封闭地域性向公共开放性转变

传统农业和传统农村建基于村落。村落是血缘、地缘关系结成的一个相对独立的社会生活圈子,是一个由各种形式的社会活动组成的群体,也是一个人们公认的事实上的社会单位。村落社会并不是个人的简单集合体,而是身份的结构,身份结构与村落边界存在着一定的关联。根据不同的标准,传统村落存在不同的边界。一般而言,村落边界主要有:(1) 社会边界,它是以血缘、地缘关系为标志的社会关系圈子而形成的;(2) 行政边界,它以行政管辖范围为标志;(3) 自然边界,以土地归属权利为标志;(4) 心理文化边界,它以对共同价值观认同和社会认同为基础;(5) 经济边界,以人们从事经济活动和主张财产权利为特征[①]。概而言之,村落是一个封闭或相对封闭的便于熟人社会生产和生活的结构单元或社会空间。

传统农村主要从事农林牧渔等功能定位较为单一的种植、养殖、采摘、捕捞等产业。随着农业的业态多元化和功能多样化的逐步显现,农村除了原有的种植、养殖等基础性产业在发生现代转变外,复合型农业产业也在不断出现。智能化、产业化和生态化等特征明显的现代农业正在不断生成,比如农业与旅游业融合形成旅游农业、创意农业、文化农业;农业与航空航天、生物技术相渗透形成太空育种农业、无土农业;农业与信息技术等高新技术产业协同发展形成精准农业、信息农业、模拟农业;农业与金融保险业互补形成新型土地价格保险、农产品价格指数保险等。农业正在大步走出传统的第一产业范畴,与融合二、三产业协同发展,加上发达的交通、通信助力,乡土社会的生产和生活空间由封闭地域性向公共开放性转变。观光农业、休闲农业、都市农业、智慧农业等各种农业新业态方兴未艾,农业已远远不是"面朝黄土背朝天"的传统形态,农业生产的场地成了人们观光旅游休闲的好去处,农业生产的方式成了人们接近科普、体验生活的新追求,农业生产的环境成了

---

① 彭拥军. 走出边缘:农村社会流动的教育张力 [M]. 武汉:华中科技大学出版社,2011:35.

人们体悟人生、享受生活的理想处所。乡村旅游被认为是中国农民的第三次创业①。开放的乡土社会空间不仅为现代文明的注入打开了通道，拓宽了领域，而且为新型现代农业文明的创生开辟了道路，也为新型社会治理提供了新的实验和实践空间。

四、价值与行动方式相倚的治理期待

农村在从传统社会向现代社会转型过程中，在价值观念和行动方式上都发生了许多静悄悄的革命。中国现代化建设正处于社会转型时期，这种转型最初是指体制转型，即从计划经济体制向市场经济体制的转变，这与西方国家主流理解是一致的。我国开始频繁使用转型这一概念，大约在1992年前后。从总体上说，社会转型是传统农业社会向现代工业社会的转型，从封闭社会向开放社会转型，它既包括生产方式的转型（如所有制形式的变化）、资源配置方式的转型（如计划与市场），也包括社会结构的转型（城市与农村、社会阶层的变化）等。社会转型过程往往也是社会利益的重新分配和重新组合的过程②。利益格局的变化也必然带来价值观念等方面的变化。

（一）农村社会的价值观念由一元向多元转变

在我国现代化过程中，改革和发展的阵痛往往更多地由农民和农村来承担。这一方面确实在新中国成立初期降低了工业发展的成本，保障了工业的迅速发展，对加速我国现代化进程具有积极意义，但另一方面却又使城乡差异制度化。尽管改革开放的初期，处于边沿的农村由于缺少原来的制度性约束，其发展速度优于城市，城乡差距也在缩小，但城乡的制度性差异很快引起了城乡差距的反弹并使之呈现拉大的趋势。社会转型在模糊原有城乡二元社会边界的同时，又在制度化地形成新的城乡壁垒（如文化壁垒、新的资源配置壁垒和公共服务壁垒）。毋庸讳言，

---

① 第一次创业，发展乡镇企业，离土不离乡；第二次创业，进城打工，离土又离乡；第三次创业，开发乡村旅游，既不离土也不离乡。

② 彭拥军. 高等教育与农村社会流动 [M]. 北京：中国人民大学出版社，2007：19-20.

农村在为中国现代化迈进做出贡献和牺牲后，如果农村自身仍旧游离于现代化之外，这不仅仅是道德上的遗憾，更为严重的是它必将影响中国现代化进程和水平，甚至现代化的成败。如果社会转型没有顺利完成，农村可能会从现代化的进步力量转变成为现代化的阻碍力量或者游离于现代化之外而成为中国现代化的他者。

随着我国农村由传统乡土社会向现代社会转型，乡土社会原来的安土重迁、强调人情信用等相对单一的价值观遭到各种新的价值观念的冲击。一方面，原有的价值观念在不断调适，另一方面新的价值观念开始影响人们的观念和行动，价值多元化趋势愈来愈明显。价值多元性意味着社会的复杂性和丰富性，既可能带来全新的变革，也可能带来某些不适甚至混乱。

可以肯定，在经济社会全面转型阶段，价值多元化是无法逃避的客观现实。农村社会原本是相对单一的社会，面对这些多元价值观念的冲击，人们的反应往往会出现分化，有的容忍、默认这些多元价值观及其行为，有的麻木不仁，还有的则主动尝试改变。如果走向价值多元化过程中一时甚至较长时间缺乏主流或主导价值观引导，人们在多元价值观念作用下就会出现选择困难从而导致价值观紊乱。在紊乱的价值观念引导下容易出现种种社会乱象。在多元价值观影响下，本来很简单的事情，因为说法不一，是非观念不清，容易造成认知上的紊乱。比如各种交融的甚至互斥的金钱观和权力观，对农村乃至整个社会的影响都比较大。比如，谁钱多就有本事，就厉害，就应该被肯定和尊重，而不管钱的来源是否合法；同样的，谁的权力大，谁就值得仰视，而不管权力拥有者是否认真对待和正确使用了人民赋予或委托的权力。价值观念多元化有一定的合理性，但钱多、权大成为成功的重要甚至唯一标准，则存在诸多不合理之处。一般而言，价值观多元化与社会的丰富多样具有合理的匹配性，但如果缺乏社会主义核心价值观的引领，就很可能出现价值观偏差而导致价值观紊乱。必须保证社会主义核心价值观被普遍接受，一个价值观多元化的时代所具备的真正价值才会凸显。对农村社会而言，中国现代农村应有的价值观念体系完整建立之日，就是农村现代化在文化价值方面的发展成功和成熟之时,农村社会治理会更容易呈现全新的面貌。

(二)农村社会的行为方式由规范确定向变动不居转变

中国传统的乡土社会中,世世代代聚族而居。乡村行为习惯被家族村落文化包裹着,合乎礼治的行为规范是村落内部人们普遍认同并共同遵守的准则,乡规民约是有效的治理规程。我国在改革开放后,农村现代化进程在明显加速。比较容易观察到的就是农村社会流动日益普遍,由此改变了城乡关系,并对农村社会结构、生活方式和价值观念等带来了全方位、多侧面的影响。

随着农村人口大规模社会流动的出现,中国社会结构发生了极大变化,农村自身也出现了显著分化。追求物质欲望满足的价值观念冲击着乡土社会的方方面面。家族村落文化也受到了前所未有的冲击,乡土社会的行为方式由昔日的规范确定走向变动不居。乡村社会积存已久的行为不再被普遍遵守,甚至被唾弃。乡土社会中开始在较大范围内出现许多不正常的现象,包括敬畏感缺失、羞耻感淡薄、潜规则盛行等。越来越多的人把赚钱当作唯一的目标,在金钱面前已经把常规(不偷、守时、诚信)丢失或部分丢失,甚至把底线当上限。社会生态遭到了一定程度的影响,出现了指向社会危机的某些迹象。扫黑除恶,扶正祛邪,正本清源,以现代法理精神、现代治理方式重构乡规民约已成当务之急。

第二节 大学生村官成长的高等教育助推

在以集权为特征的官本位制度下,政府官员掌握着社会最重要最关键的资源——组织资源,它可以控制和支配一部分生产资源,实际上也分享部分经济资源,还可以直接或变相拥有很多的文化资源。这种制度设计的好处就是能够集中力量办大事,但是一旦权力不能受到有效监督,权力格局就容易直接决定社会利益的分配格局。高等教育没有成为走向权力的康庄大道,政治优先常常取代教育优先,因而高等教育对农村社会流动的作用必然会被限制在特定权力框架中而不可能充分发挥其智力筛选作用。高等教育对农村社会流动作用的发挥往往要依附于特定制度框架和已存权力结构中。例如,我国选拔干部"四化"标准的提出,引发了中华大地的文凭热。随着原有官员拥有了文凭,从政渠道明显变窄,文凭热明显冷却了[①]。近若干年来,国家对"三农"问题的重视和新农村建设的全面推动使农村正在走向新的发展阶段,农村地区对人力和人才的吸引力和吸附力在逐步增强。上述种种变化说明大学生村官作为高等教育实现对农村智力渗透的举措有了更加有利的现实条件。

一、农村现代化发展期待高等教育的智力渗透

农村现代化需要对传统农业进行颠覆性创新,不但会在物质要素方面提出新挑战,而且必然对智力要素和技术要素提出新要求。正如经济学家舒尔茨在《改造传统农业》中指出的,既要引进杂交种子、农业机械等物质要素,还要培养和引进能运用新生产要素的人[②]。新型政治精英、现代职业农民和农业科技人才就是推动传统农业向现代农业转型最重要的人的要素。

携带新理念的村庄政治精英是促进农村现代转型、实现高等教育对农村智力渗透的领导力量。我国现代化最初的推进是利用工业产品定价高于价值和农产品定价低于价值而形成的工农业产品价格剪刀差的方式来促进城市和工业的优先发展,这种城乡和工农业非均衡发展模式容易带来在城市的收益城市优于农村、从事非农产业的收益优于农业的后果。我国之所以采取这种非均衡发展战略,是因为这种发展模式在当时确实有利于加快城市和工业积累,有利于较快缓解社会发展的总体性矛盾。随着时间的推移,其弊端逐步呈现出来。改革开放后,阻碍农村人口向城市和工业流动的制度壁垒逐步松动直至最终卸除,农村青壮年向

---

① 彭拥军. 高等教育与农村社会流动 [M]. 北京:中国人民大学出版社,2007:268.
② 舒尔茨. 改造传统农业 [M]. 梁小民,译. 北京:商务印书馆,1987:vii,143.

城市和非农产业大规模流动就由涓涓细流演变为社会洪流。有必要指出的是，这些曾被人们不假思索地称为剩余或富余劳动力的农村流动者其实都是农业和农村发展需要的中坚力量，只是因为城乡之间和工农业之间比较利益差异太大（换句话说，就是农业不赚钱）而被吸引到城市从事工业生产并尝试城市的生活方式。这种青壮年倾巢而出式的外出打工活动容易造成农村缺失自身发展需要的政治、经济和文化精英。有感召力的乡村政治精英能够优化村级事务管理，帮助农村确立更加公正的社会秩序；乡村经济精英创办各种实业来实现农村劳动力就地转移，有利于农村经济实力的发展和壮大；乡村文化精英积极参与当地社会事务，对农村发展产生淳风化俗的积极作用。然而，农村青壮年大规模的空间流动裹挟着大量农村精英的流失，它必然造成农村潜在领导力量的流失[1]。高等教育如何帮助塑造或补充农村政治精英，从政治视角实现高等教育对农村的智力渗透，可以有两条路径：一是就地选择合适的苗子，送到高等学校深造。目前，国家在这一方面尚没有十分明显的举措。二是把高等教育培养的人才引入农村，担任乡村干部。可以肯定，村庄政治精英的严重不足给大学生村官在乡村发挥智力精英的引领作用提供了想象空间和现实空间。这是国家积极推动大学生村官政策的重要现实基础。值得指出的是，乡村社会仍然呈现明显的熟人社会特征，刚毕业的大学生村官没有经过必要的锻炼很难在短期内胜任村主任等实职，政策推动的大学生村官实际上并非真正的"村官"。事实上，这些缺乏社会阅历、刚刚从大学毕业的知识分子，普遍缺乏社会根基，难以形成必要的社会威望，短期内让当地老百姓信任和信服十分困难。但不可否认，携带新理念的村庄政治精英是实现传统乡村到现代农村转型的新型领导力量，大学生村官是成为新型政治精英的重要潜在力量。

富有生机活力的职业农民是实现农业技术物化、促进农村现代转型的重要力量。由于我国选择的是一种后发外生型现代化道路，这意味着

---

[1] 斯科特. 农民的道义经济学东南亚的反叛与生存[M]. 2版. 陈立显，刘建，等译. 南京：译林出版社，2001：273.

需要合理跨越现代化的某些发展阶段和创新某些发展流程。造就大量富有生机活力的优质劳动力或培养大量合格的现代职业农民是我国农村现代化的题中之义。令人遗憾的是，大多数农村青壮年流动人口已经接纳了城市生活方式，且深刻体会到了工业收益优于农业收益，在城市和工业的比较优势吸引下不愿意再回农村；而老人、妇女、孩子和那些流动意愿和流动能力相对较弱的人则是农村的主要常住人口。这些农村留守者既缺乏与外界接触的经历，又没有接受良好的教育，常常呈现出许多明显的非现代特征，比如观念趋于保守而缺乏进取精神，体力羸弱而缺乏生机与活力，知识技术水平明显偏低甚至匮乏而容易墨守成规。这种非现代特征明显的农村人口不但无法实现对农村现有的宝贵自然资源的合理开发和深度利用，而且容易使农村因为缺乏应有的生机与活力而走向"空壳化"。有鉴于此，如何有效平衡或协调好农村人力资源就地开发与合理流动的关系，如何平衡工业和城市发展与农业和农村发展之间的关系，避免出现20世纪60年代印度曾经出现过的粮食安全[①]等系列民生问题，已经成为难以回避的重要问题。当然，农村现代化也有值得借鉴的成功事例。在现代化过程中，美国努力促进农村人口向城市和工业流动，积极推进城市和乡村在人口和技术方面的合理竞争，在竞争中实现了农业人口素质的全面优化和农业技术快速进步，并逐步确立了农民的经济地位和社会地位，就这样，在城市和农村、工业和农业的协调发展中，一步一步全面确立了现代强国地位。我国要振兴乡村，实现城乡共创、全民共享的现代化，除了在政策层面上把"三农"问题放在重要位置加以认真考虑外，还有必要采取切实的行动：一方面是在地培养农民，使之能够充分掌握和应用农业科技，依靠农业发财致富，乐意成为新式的现代农民；另一方面就是引进涉农专业、愿意扎根农村的大学生，使其成为依靠农业实现职业成长的先行者并以此来改变农民的知识技能结构，实现高等教育对农村的智力渗透。

---

① 印度在医疗条件改善、死亡率下降和出生率提高等因素影响下，人口大增，由此导致印度政府每年不得不大量进口粮食，这给印度进一步发展埋下了巨大隐忧。

农业科技人才是促进农业现代转型、实现对农村智力渗透的技术支撑力量。农业技术的进步和农业技术在农村的推广和普及需要大量高素质农业技术人才。以美国为例，与农业现代化直接相关的种子技术的不断进步，化肥和农药等产品的不断研发和推广应用，以及农业机械化和自动化水平的不断提高，都与农业科技人员的努力分不开，也与农民素质的同步提高分不开。尽管美国现有农业人口比重很小，但这些农业人口中，高中以上（包括大学）文化程度的比例已经达到90%，其中50岁以下的农民中有50%具有大学或大专文化程度。国家统计局数据显示，我国农民工规模在不断扩大，2021年我国农民工总量有2.92亿人，比上年增加691万人，同比增长2.4%。其中40岁以下的农民工占比为48.2%，比上年下降1.2个百分点；50岁以上的农民工占比27.3%，比上年提高0.9个百分点，平均年龄在41.7岁[1]。我国的乡村人口从1978年的7.09亿减少到2020年的5.09亿，乡村第一产业就业人员由1978年的2.38亿人减少至1.77亿人[2]。尽管乡村呈现了明显的"空壳化"，但农业的基础地位依然没有变。为促进我国农业适应社会主义现代化发展，农民开始列为一种专门的职业，并且逐步实现从非专业化到专业化的转变。培育新型职业农民已经成为构建"十四五"规划，推进乡村振兴战略，全面建设社会主义现代化国家的重要举措。《2019年全国高素质农民发展报告》数据指出，在高素质农民队伍中受教育程度还是以初中为主，农村实用人才总量约为1700万人。值得注意的是，这一批队伍中研究生文化程度的约有1.5万人，本科文化程度的约有19.2万人，大专文化程度的约有83.5万人，高中（含中专）文化程度的约有424.6万人[3]。综合来看，高中及以上文化程度的人数占

---

[1] 国家统计局：2021年农民工监测调查报告[EB/OL].（2022-04-29）[2022-07-25]. http://www.stats.gov.cn/xxgk/sjfb/zxfb2020/202204/t20220429_1830139.html.

[2] 国家统计局农村社会经济调查司. 中国农村统计年鉴—2021[M]. 北京：中国统计出版社, 2021：31.

[3] 2019年全国高素质农民发展报告（摘编）[J]. 农民科技培训, 2019 (12)：15-18.

到了 31.1%①，比第三次全国农业普查农业生产经营人员的比例高出 22.8%。农民队伍素质得到了不断优化与提升。但不容忽视的事实是，自 2012 年起，我国农业科技人才数量在不断减少，减少幅度达 10.39%，农业科研机构新增总人数也在呈负增长，年均减少率达 1.96%。数据显示 2017 年我国农业科技从业人员仅 8.54 万人②，占比都不足农业生产经营人员总数的 0.1%。据舒尔茨的研究，日本在 1880 年到 1938 年间对"乡村教育和农业研究、发展、推广所进行的投资"每年所产生的收益率是 35%③。大量证据表明，农业技术的推广和普及程度、农民对知识技能的掌握程度与农业生产效率之间存在十分明显的正相关关系。美国只有极小比例的人口从事农业生产，但农业科学技术的广泛应用确保了美国农产品的产量和品质。美国不仅是工业大国和科技大国，也是真正的农业大国和强国。我国高等教育如何培养更多的涉农专业技术人员，如何让这些人员乐意到农村并满足农村当下和未来发展的需要，真正完成送技术下乡，实现农业技术的充分推广和应用，并且推动农村自身具有产品改进能力和品牌运营能力，使农业生产由一家一户的分散模式逐步走向中国特色的现代农业发展新模式，真正使高等教育借助农业科学技术的桥梁实现对农业的智力渗透。

可以肯定，农村现代化需要建立在现代农业技术的全面普及和现代农村的全面建成等基础之上。就我国而言，实现从传统农业到现代农业、从传统乡村到现代农村的全面转变，其重要路径就是高等教育对农村发展的深度渗透。以大学生村官为契机的高等教育对农村的智力渗透，如果能够依循从点到面、从政策推动到个人自觉的路径逐步推进，如果智力渗透行动变成了广泛而深入的社会事实，农村发展就一定会被注入新的活力。

---

① 高中及以上学历程度占比通过以上数据计算而得。
② 孟洪，李仕宝. 我国农业科技人才发展现状及对策建议 [J]. 江苏农业科学，2020 (11)：308-312.
③ 舒尔茨. 改造传统农业 [M]. 王晓毅，梁小民，译. 北京：商务印书馆，1987：143.

二、大学生村官智力渗透的相倚问题

客观说,大学生村官到农村去,其重要使命主要体现在三个方面:第一,为农村发展带来新观念;第二,提供更好的公共服务;第三,塑造真实可感的成功样板。大学生村官政策最初可能主要是为了应对国家发展过程中出现的两个重要变化:一是高等教育大众化和普及化过程中,大学生数量激增,大学生走向权力的路径变得越来越拥堵,大学生作为一个整体(大学生与政治精英之间连通的路没有被堵塞,只是能够从政的大学生人数或者比例大大降低,从整体视角看就是如此,但从个体视角看,则千差万别)与政治精英之间的距离呈现逐步拉大趋势,大学生政治精英的形象已经在舆论和心理层面上直接动摇了[①]。二是农村曾经遭遇的智力剥夺和青壮年劳动力流失二者叠加导致的"空壳化"现象在一定范围内得到明显纠正[②]。国家对"三农"问题的重视和新农村建设的全面推动使农村正在走向新的发展阶段,农村地区对人力和人才的吸引力和吸附力在逐步增强。上述种种变化说明大学生村官作为实现高等教育对农村智力渗透的举措有了更优的现实条件。然而,大学生村官遭遇的某些尴尬可能严重影响大学生村官政策的实际效果。

(一)大学生村官非公非农身份引发尴尬

经过审慎的观察和思考,我们不难发现大学生村官的身份很不清晰。顾名思义,大学生村官应该是管理村级事务甚至乡村事务的公职人员,但政策推动的大学生村官,实际上有必要在村官二字上加上引号而表述为"村官"。尽管从其扮演角色的使命看,他们是公共服务的提供者,也是公共财政供养人员,承担着拟制公务员的社会职能,换句话

[①] 大学生包当干部的政策已经在舆论和操作层面都被否定。但笔者认为,其实是用公务员招考制度替代了大学生直接进入干部队伍的制度,大学生与权力之间的连接并没有真正阻断,而是有了新的通道,大学生由人事部门进行身份管理的制度也没有根本性改变,实际上仍然具有干部的潜在身份。

[②] 彭拥军. 走出边缘:农村社会流动的教育张力 [M]. 武汉:华中科技大学出版社,2011:5.

说，尽管政府期待他们承担必要的公共职能，但他们没有权力履行村级或者乡村的管理事务，当然也无法承担相关责任，这个"村官"名不副实。与此同时，他们也不是地地道道的农民甚至根本就没有农村生活或谋生的经历。他们是受政府委派来到农村的，是政策动员结果或者相关政策后果的承担者，他们的身份实际上是非公非农的。大学生村官尽管名为村官但没有村官应有的真正权力（这里是权力，不是权利。权力是一种能够分配或动员资源尤其是公共资源的力量），他们的村官身份需要加引号；他们尽管由国家财政供养，但并不具备公务员身份，更没有纳入官员编制（严格意义上，官员都是有职数规定且在相关部门备案记载的）进行管理，这在制度层面上带来大学生村官社会位置的尴尬。事实上，在目前的政策与法律框架下，大学生村官在权力方面的尴尬是必然的：如果政府委派具有真正权力的大学生村官，这种政策必然与农村村民自治的相关法律法规相冲突[①]。聚集在大学生村官身上的各种身份尴尬必然导致其角色尴尬，容易引发出他们对前途出路的迷茫无助感。

（二）大学生村官存在角色尴尬

从语词构成看，大学生村官既是大学生又是村官，大学生与村官其实是两个不同社会角色。一般而言，两个不同社会角色之间常常因为角色定位与角色期待等方面的差异而产生角色紧张甚至冲突。从现实生活中的角色扮演看，大学生村官不是作为掌控实权的村级官员被派遣到农村去提供公共服务，他们目前在农村提供的公共服务类型与农村发展的当前需要甚至长远需要存在距离。一些地方乡镇机关欢迎大学生村官其实是有特殊因由的。事实上，大学生村官所从事的业务，仍然存在诸多过于偏重形式而缺乏实质性内容的事项，比如让大学生村官应付各种升级达标检查而整理相关材料，或者在村里搞一些展板、图片等宣传资料来推广政策或普及生活常识。一般而言，大学生村官干这类事情肯定比

---

① 《中华人民共和国村民委员会组织法》第十一条规定："村民委员会主任、副主任和委员，由村民直接选举产生。任何组织或者个人不得指定、委派或者撤换村民委员会成员。"

本土村官干得漂亮。但大学生村官的真正使命应该是把农业、农村和农民所需要的公共服务落实到位，这种大事很不容易做好，也不是大学生村官不付出特别努力就能够完成的。要健全农村基本公共服务职能，真正落实国家和地方政府的明确要求和具体政策措施，大学生村官的基本社会职能需要切实转变到"给村民提供有针对性的公共服务"上来，真正实现对乡村的智力渗透。河南省安阳市把大学生在农村创业发展的成功事例送到农民身边，让大学生村干部教给农民有用的东西[①]，这样的服务对农民就有实实在在的帮助，也能够帮助大学生走出角色尴尬。

（三）大学生村官的心理尴尬

大学生村官的心理落差主要受外部因素和自身认知因素的复合影响，比较公认的影响因素主要有以下三方面：第一，大学生村官的心理尴尬首先导源于其父母。大学生村官父母普遍认为，农村孩子上大学就是为了跳出农门，毕业后找一个"铁饭碗"，从此改变生活环境和身份地位。村官这种工作不符合大学生的身份与地位，是没有出路甚至丢人的工作，让大学四年白读了。父母对自己孩子理想的角色期望与对村官这一现实社会角色的看法存在明显差距，这种认知会给大学生村官传导巨大心理压力。第二，大学生村官的心理尴尬与自身职业预期有关。对大学生自身而言，作为曾经的"天之骄子"，他们一般主要倾向于在城市和发达地区就业，很少有人把就业目光主动自觉地投向农村。毋庸讳言，农村目前的生活环境以及村官的工资福利与大学生及其家长的预期仍然存在一定落差，大学生出现心理尴尬也与制度设计存在明显的内生性不足有关。第三，大学生村官的心理尴尬还受同期群（peer group）职业成长差异的影响。当听闻自己的同学在其他工作领域崭露头角，各个方面都显得比自己优越的时候，担任村官的大学生们很容易滋生心理上的不平衡感。过强的不平衡感如果得不到合理宣泄或者没有能够获得平衡的路径可以弥补，大学生村官的心理落差必然导致其对自己的岗

---

① 蔡永飞，贺雪峰. 对大学生村官计划的"冷思考"太冷了[EB/OL].（2008-11-18）[2021-10-09]. http://www.clgs.cn/Article_Show.asp? ArticleID=1587.

位、自己的服务对象等缺乏应有的感情，进而影响自己对已有职业岗位的身心投入和对自己职业生涯应有积极心态的培育。换句话说，大学生村官的任职过程其实只是其职业生涯的一种历练过程或方式，通过历练使自己具有更好的社会生存或适应能力，具有良好社会适应力和职业成长性的人才能成长为适应社会发展和推动社会不断走向美好未来的现代人。

三、大学生村官扎根乡村的帮扶探索

如果大学生村官不能顺利解决社会角色适应问题，就难以弥合原本在大学生村官政策预期与政策效果间存在的罅隙，从而引发大学生村官流失问题。无论是大学生村官的显性流失还是隐性流失，都是大学生村官政策期待与实际效果之间存在罅隙的直接反映①。所谓显性流失是指大学生村官彻底放弃村官角色而另谋职业；隐形流失则是指大学生表面上仍然在扮演村官这一特定社会角色，但抱着"做一天和尚撞一天钟"的消极心态，难以在村官位置上发挥实质作用或应有作用。因此，让大学生村官真正进入角色并充分实现这种角色对农村的智力渗透就变得十分重要。

（一）认同大学生村官的社会角色是实现智力渗透的前提条件

政策推动的大学生村官在外显形式上就是让拥有城市居民身份或潜在居民身份的大学生到农村服务并由此创生出一种新型职业。大学生村官政策的推进与国家新农村建设的全面实施分不开。换句话说，对"三农"问题的重视和新农村建设的推进使制度化的大学生村官向农村进行智力渗透有了现实的需要和可能。但我们仍然需要澄清以下问题：第一，如何实现大学生村官的政策动员过程与大学毕业生事业成长过程的统一？第二，如何实现大学生村官的政府计划性安排与大学生自主选择的统一？第三，如何明确大学生村官的职业成长与职业转移的关

---

① 彭拥军. 高等教育对农村的智力渗透：大学生村官现象的另类思考 [J]. 西南交通大学学报（社会科学版），2020（1）：11-16.

系？在理想状态下，大学生村官对农村的智力渗透，有利于为农村发展创造良好人才环境并不断提升农村和农业对人才的吸引力和吸附力，进而从根本上促进农业和农村的现代转变，促进传统农民向现代职业农民转化。

事实上，大学生村官作为一种政策性举措，在认识、效果与政策预期等方面仍然存在歧见。部分学者对大学生村官政策发表了否定性意见。贺雪峰教授认为，不需要给农村委派大学生村官，因为城镇化、农村工业化的发展使交通和通信更加便利，给减少管理层级提供了技术支持[①]；此外，农村人口因流动而在人口总量中的比重会大大降低，从而大大减少村干部总数，委派需要财政承担的官员是一种浪费；与此同时，大学生作为一种外来的"管理者"，不可能真正熟悉当地民情，难以深度参与管理，他们总体上并没有也不可能为农民做成什么事情或提供什么有效的帮助。

客观说，大学生村官从群体意义上说，目前尚存在对农村的地域归属感偏低，对大学生村官角色自我认同度较低等现实问题；与此同时，由于农村社会总体上还处于熟人社会阶段，大学生村官和村民社会仍然存在心理隔膜，外来大学生只是农村的他者。如何实现大学生村官身份的自我认同，如何最大限度缩小大学生村官与村民之间的心理距离，如何正确理解大学生村官的价值并实现之，这些都是大学生村官"角色社会化"绕不过去的重要问题。因此，让大学生村官真正嵌入特定村民社会中，在农村比较艰苦的环境中实现自我价值，这是需要每一个大学生村官通过自我调适才能完成的事项，也是我们在政策制定和实施过程中一定要认真注意的问题。毋庸讳言，社会主义新农村建设确实需要输入新型的高素质农村干部，从这种意义上说，大学生村官计划的实施对于新农村的干部队伍建设具有重要促进作用。但大学生村官要真正服水土，除了政府努力营造良好的体制环境外，如何选好合适的大学生村官

---

① 贺雪峰. 给大学生村官计划泼冷水 [EB/OL]. (2008-07-19)[2021-09-19]. http://www.snzg.cn/article/2008/0719/article_11122.html.

苗子,如何在大学生村官实践中进行合理引导和帮扶,如何让大学生村官真正实现角色的自我认同,都需要我们认真思考。令人欣慰的是,大学生村官除了原有的"留村任职工作、考录公务员、自主创业发展、另行择业、继续学习深造"这五条出路外,2018年的中共中央一号文件《中共中央 国务院关于实施乡村振兴战略的意见》开始着力解决村干部能下不能上的问题,这为大学生村官更好地扎根农村指明了方向。

(二)实现大学生村官的社会认同是实现智力渗透的现实基础

大学生村官政策要实现从美好的政策期许转化为成功的社会实践或社会事实,需要我们多角度、多方位来寻求合适解决方案以促进大学生村官的社会认同。

大学生村官的权利与义务需要有明确的法律法规来支持和规范,以帮助大学生村官走出角色定位的尴尬境地。现行的大学生村官常常充当着信息技术提供者、致富带头人、农民的服务者和(或)各种矛盾处理者等角色,但他们的这一社会角色实际上尚未被农村乃至整个社会充分理解与接纳。如何明确大学生村官的权利与义务,如何解决大学生村官在心理和行为上的种种不适,真正让大学生村官成为农村的主人而不是旁观者,真正让大学生村官的知识、才华和智慧能够为新农村建设注入新的内容与活力,是我们必须要关注和重视的问题。我们有必要创造条件,不断消除影响大学生村官服务基层的阻碍因素,真正实现农村社会对大学生村官的心理接纳。

要消除这些阻碍因素,除了认真完善遴选大学生村官的相关规则外,还需要做到以下几点:首先,大学生村官要真正更新就业观念,形成扎根农村、长期服务农村的意识;其次,要通过各种引导和帮助,夯实在农村建功立业的基础,使大学生村官具备适应农村基层工作的相关知识和技能,增强大学生村官在农村自我成长的能力;再次,要改善农村基层的工作和生活环境,不断提高农村对大学生村官的吸引力和吸附力;最后,要健全和完善各种保障制度和激励制度,用制度来约束和激励大学生村官的职业成长。一旦大学生村官从树苗长成了大树,成功的大学生村官从个例变成普遍现象，大学生村官角色的自我认同和社会认同问题就不再是问题，高等教育通向农村、全面实现对农村发展智力渗透的路径必然越来越多，也会越来越平坦宽阔。

第三节 村民自治能力的高等教育引领

自治原本是指在民事活动中，民事主体的意志是独立的、自由的，不受国家权力和其他当事人的非法干预。也就是说，民事主体在没有非法的外力强迫情况下，完全根据自己的主观判断来决定民事法律关系的设立、变更和终止。村庄自治是改革以后由国家推动而采用的一种治理方式，与传统的自治有明显的差异。传统自治不存在村委会这样的组织，即使村里有村长、里长，他们都没有组织起来，而是独立个体。改革开放以后实现的村庄自治就是通过村委会实现对乡村公共事务、社会秩序乃至经济活动的自我管理。这里的村委会实际上是从过去人民公社体制（即最基层由公社、大队、生产队三级结构组成）那里演变过来的，与国家行政有着紧密的关系，因此村庄自治与行政权力有着天然的纽带联系[1]。村民自治是指一个或几个自然村的村民，自己组织起来，在基层人民政府的指导下，依照国家的法律、法规，进行自我管理、自我教育和自我服务，即由村民群众依法办理群众自己的事情[2]。高等教育要帮助村民具有自治的能力，享受自治的过程，体验自治的乐趣，至少需要从以下三方面努力。

一、高等教育培养村民自治意识

有学者对村民自治持否定态度，认为"民主政治是传统乡村社会开始解体后产生的需要，但传统乡村社会只是整个传统社会的一部分，而

---

[1] 王春光. 中国乡村治理结构的未来发展方向[J]. 人民论坛·学术前沿, 2015 (3): 44-55.

[2] 王振耀, 白益华. 乡镇政权与村委会建设[M]. 北京: 中国社会出版社, 1996: 174-175.

在整个处于转变时期的社会中,乡村社会的转变最慢,所以,乡村社会以外的市民社会或工业社会应该更早地、更强烈地产生出民主政治需求,也就是说,乡村社会的民主政治应在工业社会之后发生"。"能否在全社会民主政治发育不足的背景下,率先发展乡村社会的民主政治? 迄今为止,尚无历史经验证明这种可能性。成功的政治制度变革走的是与此相反的道路。"[1]村民自治制度也被一些学者称为中国乡村的"草根民主",言下之意就是在中国农村这种独特的社会生态中能够很好地用接地气的方式获得成功。笔者认为,村民自治如果能够像中国经济改革率先从农村开始那样,先有农村自己的冒险性突破(小岗村),又能够得到官方的积极认可和跟进,成功的可能性和创造出中国特色的村民自治方式的可能性更大。当年小岗村的自我实验从一定意义上是因为吃不上饭而冒险为之,而村民自治是中国农村"静悄悄"的民主化"革命"。村民自治的兴起和发展如果能够使农村率先实现政治民主化,在全国起到"示范效应",就完全可能成为现阶段中国民主建设的突破口。事实上,通过积极尝试,我国农民的政治素质和民主意识正在民主实践中逐步提高。村民自治作为一种法制化的基层民主,如果能够不断走向成熟,肯定有利于解决农村的政治参与和政治稳定的关系,也能为在城乡推广和全面推进积累经验。在全面推进村民自治过程中,如何有效灌输并形成必要的自治意识,这是确保村民自治有效性和长效性不可或缺的内容。

(一)两种组织原则需要培养平衡意识

村民自治制度是在原有基础制度框架基本未变情况下的"单刀突进",村委会的组织变革名义上是指向"自治"的,但其运作过程实际上仍然深刻、全面地复制了政府的科层制特征。从这种意义上看,它实际上在性质上与自治组织的距离有愈来愈远的可能。特别是在新农村建设和全面推进乡村振兴的背景下,村庄经费来源更趋向于正式化和程序

---

[1] 党国英. 论乡村民主政治的发展:兼论中国乡村的民主政治改革[J]. 开放导报,2004(6):23-31.

化，政府对村庄的影响和干预非但没有削弱，实际上正在变得日益强大。在这种格局下，村组管理实际上出现了两种互相竞争的组织原则：一是"党和政府领导"的原则，一是"村民自治"的原则。在村民治理过程中，基层政府和村民实际上都面临如何对二者进行合理取舍的问题。培养良好的取舍意识和具备必要的取舍能力是全面有效实现村民自治的必由之路。

坚持党和政府的领导，这是中国政治不可违背的基本原则；村民自治是我国农村正在积极探索的一种实现基层治理的重要实践方式。在坚持党和政府领导的基础上，如何发挥村民在自我治理中的积极性、主动性和创造性，这在制度设计和制度实施中必须认真思考。一般而言，政府的功能是有限的，而不是无限的，故创立有限政府是现代政府的重要目标和功能追求。所谓"有限政府"是指政府自身在规模、职能、权力和行为方式上受到法律和社会的严格限制和有效制约。有限政府的实质，是建立在市场自主、社会自治的基础之上的。只有这样，政府才是与自身能力相契合的。从一定程度上讲，政府应有自知之明。意识到自身能力的有限，是理性确定政府职能边界的前提。现代政府应当将自己定位于"全能"与"无为"之间，做到有所为、有所不为，真正把政府的职能充分发挥出来。事实上，只有当政府秉持了有限型的价值基准，才能将自身能力范围内的事情做好，并使自身能力得到最大限度的发挥[①]。

基于以上的观察视角和政治立场，高等教育如何引导村民形成坚持党和政府领导与村民自治之间合理的平衡意识，这是高等教育在社会治理上实现智力渗透需要认真思考和积极应对的问题。就目前的实际情况看，农村居民，从整体上看，接受高等教育的人数和比例都明显偏低，高等教育对村民自治意识的陶冶和自治能力的培养在直接影响甚至潜在影响方面都明显偏弱。在新的治理环境下，要努力发挥高等教育的智力渗透作用，使农民更好地理解伟大的民众铸就伟大的国家这一基本的道

---

① 陈广胜. 走向善治 [M]. 杭州：浙江大学出版社，2007：143-144.

理。尽管我国很早就有孟子提出的"民为贵,社稷次之,君为轻"① 的民贵君轻思想,但中国漫长的封建社会制度使得尊君和以吏为师成为更为流行的社会准则。高等教育要实现对村民自治观念的全面引导,需要从不同层面和侧面做出努力。具体而言,至少有两个方面的努力是迫切需要的:一是要在未来的时间内,使农村人口接受高等教育的人数和比重得到持续的提升,使其更加具有现代政治的参与意识和能力;二是高等教育要主动向农村进行智力渗透,主动传播与现代农村发展相适应的村民治理的理念、方法,尤其是把成功的实践经验准确地传播到农村,并使之在农村生根和扎根。

1. 培养平衡意识

平衡原本是一个物理学概念。惯性参照系内,物体受到几个力的作用,仍保持静止状态,或匀速直线运动状态,或绕轴匀速转动的状态,叫做物体处于平衡状态,简称物体的"平衡"。因稳度的不同,物体的平衡分为稳定平衡、随遇平衡、不稳定平衡三种情况。平衡后来被引入经济学和生态学等学科,意指对立的两个方面、相关的几个方面在数量或质量上均等或大致均等,如收支平衡、产供销平衡、生态平衡等;后来再扩展到其他方面,比如心理平衡等。

本论域中的平衡意识是指农村社会治理中需要有意识地处理几种重要关系:一是指正确处理两种组织原则(党和政府领导的原则与村民自治原则)的关系。具体而言,坚持党和政府的领导是不可违背的基本原则;切实保证基础组织和村民的基本权利,有效探索村民自治的实施方式,这是基层民主政治落地生根的重要保障。二是指在实施村民自治过程中,要正确处理基层组织与村民权利之间的关系。具体而言,既要发挥基层组织的组织作用和引领作用,防止基层组织涣散,又要确保村民在农村社会治理中的主动性、积极性,使民间意志能够与国家发展尽可能达成一致,并保持必要的弹性。三是指农村实施村民自治过程中,要正确对待各种利益群体之间的利益及其关系。农民已经变成了分化的群

---

① 孟子. 孟子[M]. 弘丰,译注. 北京:中国文联出版社,2017:338.

体，种植与养殖的农民，生产与经营的农民，传统和现代的农民，尽管都是农民，他们的利益和需求实际上存在明显差异；亦工亦农的农民，离土离乡的"农民"，与主要依赖土地维生的农民，实际上在生存方式和利益追求等方面也存在显著差别。实施村民自治的过程中，必须兼顾不同农民群体的多元利益追求。

高等教育对农民，尤其是仍在分化的农民如何有效地进行政治参与和村民自治方面的政治意识熏陶，如何成功地进行治理能力的培养，这是一个全新的课题，也是需要渐进式探索才能稳步推进的现实问题。

2. 孕育特色意识

特色是一个事物或一种事物显著区别于其他事物的风格和形式，是由事物赖以产生和发展的特定的具体的环境因素所决定的，是其所属事物独有的。我国的特点是历史悠久，地域广大，文化丰富多样，地理环境复杂，自然景观多样。这种具有多样性的丰富特征，在微观上不利于一刀切的政策实施，但有利于形成多样化和特色化的发展样态。

在农村自治过程中，如何确保在村民自治与党和政府领导这一基本政治格局的前提下，因地制宜地形成丰富多彩且充满生机活力的村民自治形态，从而实现村民自治探索中的共性和个性的统一，这是一个很值得从理论和实践两个层面积极推进的重要课题。

我国有着悠久的农耕文明，但由于地域辽阔，经济社会发展现在总体上呈现出比较明显的东部、中部和西部差异；经济社会发展的南北差异尽管没有形成明确的分界，但农业生产的产品和农村生活的习惯则存在更为明显的南北差异。

可以肯定，农村的生产和生活及其变化，既受历史的影响，也因发展差异而产生相应变化。这种差异及其变化，也会反映或渗透到社会发展和日常生活的方方面面。就像山里人常吃或爱吃熏肉，海边的人吃咸鱼，广东人爱喝汤，湖南等中部省份爱吃辣。这样的饮食习惯，我们往往习以为常，乃至熟视无睹。但把饮食上升到文化和哲学高度，就带有研究的高深意味。葛剑雄先生在《人在时空之间》中提到：季羡林先生曾写过一篇短文，称德国的厨师为"工程师"，哪种材料放几克，哪种调料放几克，烤几分钟，全部按照食谱操作。而中国厨师却全凭感觉和手法，菜放在锅里抖几下，炒多少时间，放多少调料，口味多重，得按不同的原料、不同的搭配和要求灵活把握，名厨可达随心所欲的地步，所以称得上是"哲学家"①。正如西方国家在饮食方面出现得比较多的是营养师，而不是那么关注美食家。西方虽然也有美食家，但是不能与中国美食家同日而语。营养师在中国饮食中一般不会有用武之地，对有资格和机会天天体会中国饮食文化的人，最关心的是饮食是否安全，有没有被人下毒，有没有致癌致病物质，至于烹调过程中是否充分保留了营养或破坏了营养，或者营养搭配是否合理，对他们毫无意义。

中国农村的村民自治，应该也像丰富多样的中国饮食和饮食文化一样，要因地制宜，要形成丰富的地方特色。高等教育要实现对农村社会有效治理的积极引导，既要关注农村文化的普遍性或一般性，又不可忽视其多样性和特殊性。

（二）内卷化与现代化

现代化的进程往往存在不同的路径，一般而言有突变式的社会革命（social revolution），渐进式的社会改良或改革（social reform），或者社会自发向前而出现的社会演进或进化（social evolution）。社会发展或社会变迁的上述路径都是人们在理论上熟悉或接受的。"内卷化"则是当今出现的一个比较新的概念。

1. 内卷化

"内卷化"（involvement）是当今全球都在谈论并且逐步引起学术界和社会越来越广泛关注的概念。"内卷化"这一概念或词语一般认为源于美国人类学家吉尔茨（Clifford Geertz）的著作《农业内卷化——印度尼西亚的生态变化过程》（*Agricultural Involution：The Processes of Ecological Change in Indonesia*），也有人认为是美国人类学家

---

① 葛剑雄. 天人之际 [M]. 北京：九州出版社，2018：198.

戈登·威泽（Golden Weiser）最早提出的。吉尔茨的"内卷化"最初用来研究爪哇的水稻农业。在殖民地时代和后殖民地时代的爪哇，农业生产长期以来原地不动，未曾发展，只是不断地重复简单再生产，不能提高单位人均产值①。黄宗智在《长江三角洲小农家庭与乡村发展》中，把"内卷化"这一概念用于中国经济发展与社会变迁的研究。他把通过在有限的土地上投入大量的劳动力来获得总产量增长的方式，即边际效益递减的农业经济增长称为"没有发展的增长"也就是"内卷化"②。黄宗智认为：明清以来，在人口的压力下，中国的小农经济逐渐变成一种"糊口经济"；几个世纪以来中国农村经济的商品化并不是"资本主义的萌芽"，而是贫困的小农为了生存而不得已为之的选择，商品化并没有打破小农的经营体制，反而进一步强化了它。内卷化是指一种社会或文化模式在某一发展阶段达到一种确定的形式后，便停滞不前或无法转化为另一种高级模式的现象。农村政治上的内卷化会导致政治衰朽；经济内卷化会使生产方式停滞不前，生产活动的边际效应越来越低，对土地依赖增强，但仍然只能糊口，限于有增长而无发展的尴尬境地。

"内卷化"已经成为当今的网络热词和社会生活热词。当内卷化成为一种被人们普遍接受和认同的文化现象并内化的时候，文化内卷化就有可能出现并影响人们的行为。

2. 内卷化对现代化的影响

在农村要实现村民自治，使之成为促进农村现代化的内生制度性力量，就要避免农民陷入内卷化的怪圈，防止躺平、作秀、两面派和搭便车等现象的广泛存在和蔓延。"躺平"是一个热门的网络流行词，一般是指无论对方作出什么反应，与此相关者内心都毫无波澜，对此不会有任何反应或者反抗；在部分语境中则意为瘫倒在地，不再热血沸腾、渴求成功了。躺平裹挟着妥协、放弃，意味着选择最无所作为的方式来表

---

① GEERTZ. Agricultural involution: the processes of ecological change in Indonesia [M]. Berkeley, California: University of California Press, 1963: 82.
② 黄宗智. 长江三角洲的小农家庭与乡村发展 [M]. 北京：中华书局，1992：18.

达反叛。年轻人或社会底层选择躺平，就是选择走向边缘，以超脱于加班、升职、挣钱、买房等主流路径，用自己的方式消解外在环境对个体的规训。躺平的积极意义在于"向下突破天花板"，使用的是弱者的武器[①]。作秀在一般意义上是指利用媒体等途径宣传以提高自身知名度。作秀通常有三种不同的解释或理解：1）表演、演出；2）展览宣传活动；3）弄虚作假，装样子骗人。在日常生活语境中，我们通常选取第三种理解，指刻意弄虚作假，装样子骗人。两面派指表里不一，有目的有企图故意为之的人。它旨在暗示所搞的种种行动与公开的面目是不相容或者是相抵触；有时表示背叛行为；也指耍两面手法的人，对有矛盾的双方都敷衍应付的人。概而言之，两面派有三种通常的理解：1）指口是心非、善于伪装，玩弄两面手法的人。2）指对斗争的双方都敷衍的人。3）周旋于对立双方之间，既讨好一方，也不得罪他方的人。

现代化是指较不发达社会通过社会改革，获得较发达社会共有特征的一个社会变革过程。它是一个善于吸取众长以适应现代状况，并顺应未来趋势的过程，是一个过去与现代之长我采集、过去与现代之短我抛弃的过程。中国要实现的现代化是人口规模巨大的现代化，是全体人民共同富裕的现代化，是物质文明和精神文明相协调的现代化，是人与自然和谐共生的现代化。消极的躺平、积极的作秀、虚伪的两面派或不做自主努力的搭便车行为都是与现代化的要求相背离的。

村民自治作为中国特色政治制度在农村的一种积极探索方式，要充分发挥其制度优越性，既要农民积极参与，以使中国现代化在政治、经济、文化等方面全面而充分地实现，又要对内卷化等种种消极表现进行有效根治。找准这种行为背后的心理文化原因，则是更为基础性的工作。

（三）村民自治的内容或范围边界

目前，"村民自治"常常被视为"村自治"，这里的"村"的概念已

---

① 斯科特. 弱者的武器 [M]. 郑广怀，张敏，何江穗，译. 南京：译林出版社，2011：493.

经不仅仅是地理上的自然村概念，而是以自然村为基础集合起来的全体村民的抽象的总称。因此，村自治实质上就是全体村民的自治，这一概念主要是为了避免将村民自治仅仅理解成村民个人实行的个人自治。

1. 村民自治的内容

村民自治，简而言之就是广大农民群众直接行使民主权利，依法办理自己的事情，实行自我管理、自我教育、自我服务，创造自己的幸福生活的一项基本社会政治制度。村民自治的核心内容是"四个民主"，即民主选举、民主决策、民主管理、民主监督。因此，全面推进村民自治，也就是全面推进村级民主选举、村级民主决策、村级民主管理和村级民主监督。村民自治的具体内容主要体现在以下四个方面。

第一，全面推进村级民主选举，把干部的选任权交给村民。民主选举，就是按照宪法、村委会组织法、实施村委会组织法办法和村委会选举办法等法律法规，由村民直接选举或罢免村委会干部。村委会由主任、副主任和委员三至七人组成，每届任期五年，届满应及时进行换届选举。选举实行公平、公正、公开的原则，把"思想好、作风正、有文化、有本领、真心愿意为群众办事的人"选进村委会班子。也就是说，村民选举期待选出一个群众信赖、能够带领群众致富奔小康的村委会领导班子。

第二，全面推进村级民主决策，把重大村务的决定权交给村民。民主决策，就是凡涉及村民利益的重要事项，如乡统筹的收缴方法，村提留的收缴和使用，享受误工补贴的人数及补贴标准，村集体经济所得收入的使用，村办学校、村建道路等公益事业的经费筹集方案，村集体经济项目的立项、承包方案及村公益事业的建设承包方案，村集体土地的承包方案，宅基地的使用方案等，都应提请村民会议或村民代表会议讨论，按多数人的意见作出决定。

第三，全面推进村级民主管理，把日常村务的参与权交给村民。民主管理，就是依据国家的法律法规和党的方针政策，结合本地的实际情况，全体村民讨论制订村民自治章程或村规民约，把村民的权利和义务，村级各类组织之间的关系、职责、工作程序以及经济管理、社会治安、村风民俗、计划生育等方面的要求，规定得明明白白，加强村民的自我管理、自我教育、自我服务。村民自治章程是村民和村干部自我管理、自我教育、自我服务的综合性章程，也是村内最权威、最全面的规章，村民形象地称之为"小宪法"。村规民约一般是就某个突出问题，如治安、护林、防火等作出规定，作为村民的基本行为规范。

第四，全面推进村级民主监督，把对村干部的评议权和村务的知情权交给村民。民主监督，就是通过村务公开、民主评议村干部和村委会定期报告工作等形式，由村民监督村中重大事务，监督村委会工作和村干部行为。民主监督的重要形式是村务公开，凡是村里的重大事项和村民普遍关心的问题，都应向村民公开。

2. 村民自治的边界

村民自治在行动层面上，需要厘清两个方面：一是村民的自我管理、自我教育和自我服务如何体现，二是村民自治与村的制度设计越来越科层化如何理解。

对于第一个问题，村民的自我管理、自我教育和自我服务通常作以下理解：所谓自我管理就是由村民对自己的和村里的事务依法进行自主管理。自我教育是由村民通过村民自治活动，提高文化素质和科技素质，尤其是通过行使选举权和被选举权、参加村民会议等活动接受社会主义民主教育，树立良好的道德风尚。自我服务是根据本村的实际，由村民委员会把农民组织起来，处理和发展本村的公共事务和公益事业，并为农民的生产经营活动提供。现在，农村出现了很多村民自治做得不错的村，如湖南省宁乡大成桥镇鹊山村（见图4-3）。

在制度设计上，行政村不属于一级政府。它只是一种村落小范围的自治组织，自制内容仅限于自我管理。但随着村民自治组织的规范化和标准化建设的推进，以及村承担的社会公共职能的增加，村级已经正在演变成新型的具有明显科层意味的职能机构。这具体表现在村部不但具有较大规模的物理架构和明确的工作作息制度，而且承担着丰富的社会职能，并且很多职能是政府职能的延伸。这些新现象，值得我们进一步思考。

第四章 促进乡村政治文明：高等教育与村民自治 · 221 ·

图 4-3 鹊山村村民自治一瞥

图片来源：笔者 2021 年 7 月 18 日摄于鹊山村

二、高等教育发展村民自治能力

高等教育促进或牵引村民自治能力可以依循的路径主要有两条：一是通过榜样示范。互动性榜样的效果往往更好。常见的互动性榜样主要有村级领导或者村民身边和他们具有良好接近性的个体或群体。无论哪一种，都应该是互动性重要他人（significant others）[①]。通过对互动性重要他人的模仿或学习，逐步形成自治行为并沉淀出自治习惯。二是通过自身各种形式的学习，逐步形成自治观念、自治意识和自治愿望，并

[①] 互动性重要他人是人们在日常交往过程中认同的重要他人。参见吴康宁. 教育社会学[M]. 北京：人民教育出版社，2019：279-280.

在自治实践中逐步提升自治能力。为了避免无谓的争论，我们在进一步讨论之前，有必要澄清相关的基本概念。

（一）何谓自治能力

笔者认为，自治（autonomy）能力的呈现，实际上涉及两个相互关联的部分。一是观念或意识层面的东西，一个是行动层面的东西。

观念或意识层面的自治，就是对自治或自治能力的认识，包括自治观念、自治意识和自治思想等在认识层面的形成与发展。对大多数没有经过学习和实践的人来说，往往处在不自治而不自知的状态，也就是说，只是对"想要的""好的"或"正确的"有一个模糊认识，但没有和自己的真实需要和深层意愿很好地联结起来，也没有形成稳定的认知结构。如果具有独立的自治观念、自治意识就能够与真实的自我保持一致，真正拥有自我效能感和掌控感，也能够开放地反思。拥有自治思想，则对自治具有较为条理化甚至理论化的认识。值得指出的是，自治不是自己想干什么就干什么，认为能干就能干成什么；也不是不愿意和不需要参考其他人的意见和建议。

就目前的现实情况看，农民或农村常住人口主要是老人、妇女、儿童和其他流动意愿与流动能力偏弱的人，以及部分亦工亦农的两栖流动者。农村人口总体上仍然存在教育程度不高，独立思考和政治参与意识不强等问题。高等教育要进行有效的智力渗透，目前的现实条件还不是太理想，但高等教育通向农村的发展空间和紧迫感都十分明显。高等教育如何在村民自治上发挥越来越大的作用，既需要认真研究现有村民的需要和可能性，也需要致力于培养新型的现代农民。

行动层面的自治实际上就是自治行为。它通常从自治习惯和自治行动两个方面呈现出来。自治习惯是在自治实践中长时期养成的、不易改变的行为和倾向等，它常常因熟悉而适应，并可以促进相应的社会风尚的形成。自治行动就是自治活动或自治行为的实际参与。持久的自治行动有利于自治习惯的形成和保持，良好的自治习惯也能够帮助自治行动保持自然性和稳定性。自治习惯和自治行动倾向于稳定与持久，这种稳定性、持久性及其相应的水平就是自治能力。值得指出的是，自治能力有若干种，人们应对的微观境遇不同或人们遭遇的境遇变化，需要不同的自治能力与之匹配，甚至需要特殊的自治能力或能够帮助形成特殊的自治能力。尽管一般综合能力仍然可以并且在起作用，而且不可能把这些能力真正区分开来，但是在某种自治境遇下，人特别需要某种甚至某些特定能力配置。概而言之，人在良好的自治环境下，容易遭遇顺境，在顺境中有更好的自治表现常常依赖个体或群体的进取能力；在自治环境不够理想甚至很不理想的情况下，个体或群体在逆境中所展现出来的承受能力，往往影响自治过程及其结果；在顺境和逆境两种相对极端的情况之外即常境，人们在大多数情况下，都是处于普通的境遇中。在常境中，要想保持平常心，能够慎独，个体或群体在自治中的自我维持能力就显得十分重要。

（二）自治能力的发展路径

村民自治能力的提升是提高乡村治理水平、实现乡村振兴的前提和基础。高等教育如何通过智力渗透，实现村民自治能力的提升是一个前提性和前瞻性的问题。从事物发展的通常逻辑看，提升村民自治能力要从三个方面着手：一是要提升现有村民的文化素养和参与基础治理的积极性与能力水平，夯实乡村治理的基础；二是要在村民中发现和培养一批骨干，使之起到示范和引领作用；三是要吸引智力回流，进一步优化乡村的人员结构。除此之外，这三类人员也要分类发展，共同提高。就共同提高或普遍性提高这个论域而言，都需要在以下几个方面努力。

1. 自我的自觉

认识自己既是人发展的必要条件，也是发展的重要内容。在乡村治理和村民自治问题上，乡村自治的每一个参与者（这里主要指引领者和跟随者，不包括反对者和中立者）都要正确认识自己，认识自己在村民自治中的位置、作用和可能的发展水平并采取相应的行动。除此之外，争取和转化中立者，分化和争取反对者也是实现自我知觉后需要在社会角色扮演中不同程度参与或渗透的重要内容。概而言之，自我的自觉，是对自己的准确认识和合理定位，也是对自身与社会，自身与他人关系的正确把握。

2. 环境的陶冶

创造良好的乡村治理环境。乡村治理环境侧重从微观视角来认识，它主要包括物理环境、人文环境和政治环境。物理环境是承载农村发展的基本环境。正如管子所言，"仓廪实而知礼节，衣食足而知荣辱"[①]，物质需求的充分满足和不断提高有利于规范人们的行为。目前的美丽乡村建设确实正在使农村变得更加宜业、宜家和宜居，这对确保乡村的吸引力和陶冶性具有非常积极的作用。良好的人文环境，对帮助人们诗意地栖居具有潜移默化的涵养作用。现在开展的乡村文化建设正在丰富和优化乡村人文环境。值得注意的是，目前的广场舞等等，女性参与度较高，男性参与度偏低，如何建设能够吸引男性参加的乡村文化，这是值得积极关注和努力探索的重要方面。此外，乡村人文发展从城市文化向农村移植的色彩比较浓厚，收集、整理、发展和创造乡村自己的文化还有比较大的努力空间。乡村治理的政治环境，其重要载体或重要体现就是要形成一种发现、培养乡村政治能人的体制和机制，并且要使这些能人不但发挥个人的积极作用，还能够作为互动性重要他人来感染和影响身边人，促进良好政治生态的形成。

3. 他人的引领

乡村自治能力的形成，从根本上说主要依靠个体或群体自身的积极参与和实践。但我们不能指望所有参与者都能够先知先觉，先觉觉后觉是引领乡村走向科学自治的重要环节。具体而言，可以通过专业人员的制度性引领，乡村政治能人的示范性作用和先行者、先进者带后进等多种方式产生引导和引领作用。主要可以通过专业人员通俗易懂的讲解，在自治实践中一起参与实践，以及就自治中出现的不能及时理解或了解的问题进行有效答疑来凝聚共识，共同提高，一起达成目标。我党在革命战争年代，在农民运动中创造的走村串户的成功经验如何有效地运用于中国乡村政治建设中，是一个值得认真思考和实践的问题。乡村发展中涌现出的乡村政治能人是老百姓身边活生生的榜样，引导他们主动自

---

① 语出《史记·管晏列传》，原出《管子·牧民》。

觉发挥示范性影响，对乡村自治具有重要的促进作用。在乡村治理和村民自治中必然会出现适应性分化，通常会出现先进者、保守者或观望者，以及落伍者甚至反对者。如何真正做到先进带后进，在潜移默化的过程中形成对全体成员都产生影响的乡村治理和村民自治的文化心理环境，则是检验村民自治成效的试金石。

4. 制度的模塑

制度（institution），或称为建制，是社会科学领域的重要概念。制度泛指以规则或运作模式，规范个体行动的一种社会结构。《辞海》对"制度"一词有三种解释[①]：1）在一定历史条件下形成的政治、经济、文化等方面的体系；2）要求大家共同遵守的办事规程或行动准则；3）规格；格局。《辞源》和《现代汉语词典》对制度的解释也与上述说法大同小异[②]。制度是关于人们应该遵守的规范行为的规则、条文。它旨在保证良好的秩序，促进各项事业的成功。科学的积极的制度的建立，能降低"风险"，坚持"勤政"，促进"发展"。制度确立的规则蕴含着社会的价值准则，其运行表征着社会的秩序选择。乡村治理和村民自治是我国社会主义制度在基层民主政治实践的创新，制度设计如何转化成乡村治理的行动并产生良好的实践效果，这既是检验和修正制度设计的重要环节，又是制度优势转化为实践优势的重要过程。

高等教育要帮助发挥制度的模塑作用，应做到以下几点：一是要准确解释制度，有利于村民更好地理解制度；二是要及时发现制度阐释与制度行为之间可能存在的罅隙，及时作出反应，避免产生误解；三是要积极推动制度的可行性研究，使制度在村民自治实践中能够以老百姓喜闻乐见的方式广泛传播并准确有效地被接受。

（三）高等教育对自治能力的引导

高等教育对村民自治能力的引导，主要从认识层面和行动层面实

[①] 辞海 [Z]. 6 版. 上海：上海辞书出版社，2009：2949.

[②] 辞源：合订本 [Z]. 3 版. 北京：商务印书馆，2019：262；现代汉语词典：实用版 [Z]. 北京：商务印书馆国际有限公司，2018：1027.

施。认识层面主要解决观念问题，使村民形成自治观念。行动层面主要是帮助村民在自治实践中正确行使自己的合法权利，避免误用或滥用权利。

1. 观念引导

从一般认识的层面看，自治是自我呈现的重要方式，也是社会发展的重要力量，还是衡量社会发展水平的重要标志。高等教育对村民自治的引导，通常表现在自治观念、自治意识和自治思想的孕育与催生等方面。高等教育应该努力让村民明白，自治是自我发展或自我呈现的重要内容，是自己确认和自我肯定的重要方式。村民形成了上述自治意识并理解了其与自我成长的关系，更容易自觉参与到村民自治实践中来。个体或群体有了基本的自治意识，就会逐步形成个人自有的自治观念或自治观点。广大民众都有自己的自治观念或自治观点，虽然可能导致观念的冲突，但也为更为完备的自治思想或自治理论的孕育提供了思想基础，这种基础包括思想萌生和传播的社会心理基础和思想形成和发展所需要的可供提炼的理论资源。

2. 行动指引

高等教育为乡村治理和村民自治提供行动指引，除了通过高等教育培养的相关人才深入现场引导和指导，在目前的条件下，主要靠培养和选拔优秀的大学生村官来承担该任务，以及专家各种方式的指导，其影响的深度、广度和有效度都与乡村发展和乡村振兴在当下与未来的需要之间仍然存在一定距离。高等教育要在村民自治方面发挥有效的智力渗透作用，首先有必要对村民自治进行深入研究，给乡村治理和村民自治提供可供学习和借鉴的历史经验、现实素材，并对未来做科学预测，才能在智力渗透中尽可能减少盲目性和试误性，最大限度地发挥引领作用。

高等教育如何深入农村现场，帮助激活原有自治机制的动能，帮助推进新的自治机制在现实中创生，在发展中创生，在创生中形成多样化的特色，最终实现理论与实践的多次和多重转化，则是目前需要花大力气认真探讨和探索的重要议题。

结语

高等教育对村民自治或乡村自治的引领，可以依赖的路径很多。除了直接对村民自治进行引导外，其实也可以发挥教育的间接作用。其中，教育对社会阶层变动的双重作用，既呈现了教育的张力（即教育既可能引起上升性社会流动，也可能维护既有阶层格局甚至强化或固化原有阶层结构），又反映了教育与社会互动的种种关系及其变化。

概而言之，教育通过其社会选择功能，一方面产生社会地位或社会阶层提升机作用，另一方面也可能固化原有阶层。尽管"阶层固化"原本只是一种"老调"，但每次重弹都容易在网络上引发各个阶层尤其是中层群体的集体焦虑和研究界对底层社会的担忧。尽管有学者认为"阶层固化"并非是一个经过反复论证产生的严格的学术概念，而可能是一种被舆论放大的风险[①]，但有关我国社会阶层结构是流动的还是固化的，这类讨论在近些年来已经从学术争鸣的议题蔓延到街头巷尾的舆论，已经演化成为能够产生强烈社会反响的学术议题和公共话题。这种讨论折射出的社会问题实际上是阶层固化背后的集体焦虑，隐藏着人们对当前社会向上流动机制的普遍担忧和不满[②]。如何正确看待教育在社会升迁和社会发展中的作用已经成为一个不可忽视的研究话题。

值得指出的是，底层子弟依然可以通过教育获得高学业成就而实现阶层跨越式流动，并不意味着现在底层子弟向上流动只有读书考大学这一通道，也不意味着所有底层子弟向上流动的通道就完全畅通。实际上，在价值观越来越多元化的今天，人们对"成功"的定义越来越丰富多样。更值得我们关注的是，最近10多年来，社会的开放性程度在某些层面有所下降，代际流动机会有所减少，社会阶层结构趋于固化和封闭[③]。也就是说，还有很多农村子弟在阶层跨越的道路上被卡住了。研

---

① 朱光磊，李晨行. 现实还是风险："阶层固化"辨析[J]. 探索与争鸣，2017（5）：76.
② 林晓珊. 境遇与体验：一个阶层旅行者的自我民族志[J]. 中国青年研究，2019（7）：15-23.
③ 李路路，石磊，朱斌. 固化还是流动？当代中国阶层结构变迁四十年[J]. 社会学研究，2018（6）：1-34.

究者决不能对千千万万底层子弟依然在困境中挣扎的境况视而不见。近一二十年的社会环境已经发生了很大变化，90后和00后农村底层青年的人生境遇跟60后、70后和80后又有很大差异。由于社会变化和个体经历变化造成的各种代差，都提醒我们需要重新审视"阶层固化"的内涵和风险，特别是需要保障教育的公平性，为底层子弟创造更多向上流动的机会和渠道。在中国走向现代化的过程中，底层子弟的命运就是国家未来的命运。让底层子弟看得见上升的希望，才能克服农村社会底层的知识无力感，保证国家长治久安。

第五章　唤醒文化自觉：
高等教育与新乡贤成长

乡贤是一个具有多重社会含义的词语。它在语义上原本是指品德、才学为乡人推崇敬重的人。自东汉以来，乡贤作为一个专有名词，一度是专门用来褒奖那些对国家有作为的官员，或有崇高威望、为社会做出重大贡献的社会贤达。乡贤也是一个在乡村社会贤达去世后予以表彰的专用荣誉称号，是对享有这一称号者人生价值的肯定。到了明清，各州县普遍建有乡贤祠，专门用来供奉历代乡贤。"每个地方都有自己的乡贤，他们或以吏治清明，或以道德品行而闻名。"[①] 概而言之，乡贤原本是与封建农耕文化相关联的一种历史存在或者说是封建农耕文化的一种制度产物。随着时间的推移，其含义因社会变迁而变化，经过逐步泛化后慢慢又定型化了。乡贤一词逐步专指在民间基层的本土、本乡有德行、有才能、有声望而深为当地民众所尊重的人[②]。在社会职能意义上，乡贤作为封建中国的基石，俗称乡绅。乡绅曾承担了"皇权不下州县"时代农村社会基层组织的管理职能。比如魏晋时的"坞堡"，南北朝时的"义门"等，均为乡贤基层组织的外在形式。

乡贤的社会功能与我国村落家族文化有着密切的联系。然而，我国的种种社会变革一次次冲击着传统村落家族文化，这种冲击大潮大约可

---

① 乡贤是一把打开乡建思路的金钥匙 [EB/OL]. (2016-12-26)[2021-08-21]. http://www.xinhuanet.com//politics/2016-12/26/c_1120187143.htm.
② 刘祁. "三农"视角下乡贤文化的现代价值及其实现路径 [J]. 老区建设，2016（14）：11-14.

以分为以下四次：第一次是从 1920 年到 1952 年的历次土地改革，动摇了家族文化原来赖以存在的经济基础。第二次是从 1952 年到 1956 年的合作化运动，不但在经济上对农村社会进行了政治重建，而且在社会体制上向真正实现一体化的轨道发展。广大农村实行的政治重建，使行政权威开始取代世俗权威。第三次是人民公社阶段，在组织原则上采取"政社合一"，在社会体制上则实现了从城市向农村的深度延伸。国家意志在政治上和经济上都通过基层政权向下进行了最大范围的渗透。第四次是从 1978 年至今，以中国农村改革拉动了整个社会改革开放的帷幕，社会分层出现了制度性松动。由于受经济和政治（政策）改变的影响，社会流动加速，社会流动依据的合理性和社会流动秩序的维护等问题日益凸现出来，社会真正开始全面进入了一个大分化、大变革（这里主要指社会阶层而不是社会政权或社会基本秩序的动荡、分化和变革）和新组合的阶段，社会结构在社会分层和流动意义上出现了显著变化。乡村治理基础发生了重要变化，乡贤和村落家族文化都逐步没落，甚至一度出现成为历史记忆的可能趋势。如何重新认识旧乡贤，如何在新时代合理确认新乡贤并发挥其积极的社会功能，都成为值得认真思考的重要问题。

第一节 旧乡绅发挥社会功能的文化基石

"士"者，读书求功名者也；"仕"者，为官或准备为官者也。这是孔子所倡导的"学而优则仕，仕而优则学"思想的具体化[①]。中国古代社会乡贤的地位主要是通过取得功名或官职而获得的。中国传统社会具有赋予他们独特地位的制度性基础。中国封建社会的科举制度赋予乡土绅士的身份实际上是在"读书、应试和做官"这三位一体的追求过程中得到统一的[②]，这也为当时各个阶级所认同。当时主流社会的基本阶级谓之"士农工商四民者，国之石民也"，而士为"四民之首"的根本原

---

① 孔子. 论语 [M]. 肖卫, 译注. 北京：中国文联出版社，2017：318.
② 彭拥军. 论考试关怀与考试意志 [J]. 湖北招生考试，2004（4）：34-37.

因不仅在于国家权力的实际运作掌控在士的手中,也在于乡土社会中的绅士是整个封建官僚体系或国家机器的社会基础。科举制度通过"功名"这一外显的符号标识彰显个体或群体的社会身份或社会地位,从而成功地把原本只是一种社会力量的绅士群体同作为政治力量的官僚体系紧密结合起来。

事实上,追求治国理政方略的优化,并以此为人民创造美好生活,这是所有真正有政治抱负和社会理想的统治者或管理者共同追求的目标。在我国当前,为了推动国家治理体系和治理能力现代化,国家治理研究需要回归生活,关注现实。就乡村振兴和村民自治而言,在身份和文化方面,尽管传统儒学的影响已经日益衰退,但在乡土文化中其痕迹依然清晰可见。儒学社会身份的等级特征和身份的伦理性、先赋性特征,在正式交往场合仍然可能清晰地表达出来,传统的礼制①仍然是维护身份的手段之一,影响着社会交往的等级关系和交往秩序。当然,现代乡村由于行政权力已经渗透到了基层,传统的礼的规范性作用已经明显淡化,但在正式的乡土聚会中,仍然可以明显看出主导性仪式文化仍然没有走出传统"礼"的框架。由此可见,历史对个人而言,并不是点缀的饰物,而是实用的、不可或缺的生活基础。正如费孝通所指出的:人有能力闭了眼睛置身在"昔日"的情境中,人的当前包含着从"过去"拔萃出来的投影,时间的选择累积②。人不可能离开社会而过离群索居的生活,因而也就不能不学习文化。我们不但要在个人的今昔之间筑通桥梁,而且也要在社会的世代之间筑通桥梁,不然就没有了文化,也没有了我们现在所能享受的生活。

一、重新认识旧乡绅

旧乡绅是协调官、绅、民三种力量的居间力量,知识、财富和身份

---

① 所谓礼制就是礼的制度化,它包括规范人们的生活、行为、人际关系的各种具体措施。如在中国传统社会中,礼制为不同等级规定了不同的祭祀范围、服饰、建筑、车轿、丧葬礼仪、称谓等等,甚至对于生活中的跪拜、坐次方位等都作了详细的规定。

② 费孝通. 乡土中国 生育制度 [M]. 北京:北京大学出版社,2003:19.

是构成乡绅概念的三大核心要素[①]。换句话说，旧乡绅作为中国传统社会中一个居于乡村领袖地位并享有相对特权的社会集团，其合法性来自通过知识取得的功名，通过出色的经营能力取得的财富和通过家族积累和自身努力积累的声望，三者或独立或共同建构其身份的合法性，进而能够在维系正常社会秩序时起着当时难以替代的重要作用。基于以上认识，可以把旧乡绅主体划分为三种主要类型。

（一）旧乡绅的三种主要类型

旧乡绅有三种主流类型：一是受过良好教育的地方性文化精英。这类乡绅有知识、有见识，往往也拥有其他人不具备的智慧和胆识，故他们往往具有较为明显的社会动员能力。二是具有较为殷实家产的地方经济精英。经济精英的财富或承恩于祖辈的积累，或依仗特定个体卓越的经营能力和创造财富的特别机遇。三是出身于家世相对显赫家庭的感召精英。这种精英往往承继了祖宗积累下来的余荫，他们具有较好的社会基础，加上特定个体在乡村事务中凸显了重要作用而逐步在乡村社会中占据了重要位置。值得指出的是，对这三种精英的划分只是学理上或逻辑上的抽象，现实中的精英往往是上述三种力量不同比重的复合体，并且这三种力量可以通过一定方式转换或互动而产生比较复杂的社会效果。经济精英使"富民社会"成为乡土中国的一种现实存在样态，在以皇权为核心的政治权力没有能够渗透到乡村（即所谓皇权不下乡）时，经济精英在乡村经济和社会生活中会产生带动和影响作用；"富民社会"容易发展成为"乡绅社会"，从而进一步巩固经济精英的乡绅地位。文化精英偏向的乡绅常常与经济精英背景的乡绅之间产生互惠性和互换性关系。一方面是因为要获得作为乡绅显性标识的功名，常常需要有一个长期不参加生产劳动而刻苦读书的过程，这需要有较为坚固的经济基础来支撑；另一方面则是因为财富在中国这样一个东方专制主义国家，唯有与权力相结合才能保证其安全和增殖[②]，权力也可以实现财富的快速

---

① 徐祖澜. 历史变迁语境下的乡绅概念之界定 [J]. 湖北社会科学，2016（6）：107-112.
② 徐祖澜. 历史变迁语境下的乡绅概念之界定 [J]. 湖北社会科学，2016（6）：107-112.

积累。上述认识可以用刘邦的"未央宫夸富"这一著名历史事例来进一步说明。

  未央宫成,置酒前殿,太上皇辇上坐,帝奉玉卮上寿,曰:"始常以臣不如仲力,今臣功孰与仲多?"①

  上述"未央宫夸富"翻译成白话文,其大致意思是:未央宫建成后,皇帝刘邦在前殿举办酒宴,为父亲祝寿。太上皇(刘邦封其父为太上皇)坐在车上,皇上奉上玉制酒杯为父亲祝寿,并说:"以前都认为我的能力不如二哥,现在我和哥哥到底谁的能力强呢?"

  同样的,知识与权力结盟,容易使教育成为提升个人乃至家庭或家族地位和声誉的重要手段。与此同时,教育可以增加权力的合理性和合法性,使权力更被人们敬佩和景仰。

  毋庸讳言,在专制制度下,没有权力的庇佑,要想获得功名和拥有财富,都不容易。个别出身低微的人所获得的意外成功,其实只是例外,不是常态。但这样的例外,常常被用来夸耀社会的公平和皇恩的浩荡,并以此使人们普遍相信社会的公平与正义,相信成功的大门总是向聪明而勤勉的人开放的。到乡绅这一层次,在封建社会结构中,因为总是以家、家族和国家为单位来进行衡量或比较,个人财产权几乎不会被广泛承认(私房钱或私人物品则是这种产权制度的一种补充)的社会中,一个乡绅的成长和成熟通常需要家族几代人的财富供给才有可能。正如费正清指出的那样:对于中国绅士的理解,应当将之视为"一群家族,而不仅是个别有功名的人"②。也就是说,在中国古代宗族社会背景下,个人和家庭的政治经济关系往往存在互相依赖和互相促进的内容。一个人要想成为乡绅必须依靠家族投资才容易成为现实;反过来,一个人成为乡绅后,其背后的家族也就有了成为政治"大家族"的资本,进而出现所谓"一人得道鸡犬升天"的政治经济良性互动的新格局。从家庭与社会的关系层面来看,一个士绅如果仅仅只能满足其家庭

---

  ① 《史记·汉兴以来将相名臣年表》。
  ② 费正清. 美国与中国 [M]. 4 版. 张理京,译. 北京:世界知识出版社,1999:33.

或家族的需要，而不能在促进地方经济发展和政治清明以及对社会风气的淳化等有关地方发展的目标中有所作为，也必然引起官吏和百姓的不满和埋怨，甚至遭到其他士绅的责难[1]，从而丧失其声望和继续做乡绅的合法资格。乡绅的社会期望或角色期待关涉乡绅身份和行为合法性的核心内容，这些内容常常包括"特定的权利、义务、责任、忠诚对象、认同和行事规则，还包括该权利、责任和忠诚存在的合法化理由"[2]。

(二) 旧乡绅中介作用的社会基础

面对幅员广阔而又相互隔绝的中国乡村社会，只有借助乡绅阶层这一基层社会的权威力量，君王的统治才能延伸到乡土社会底层。从权力架构看，乡绅并不像官员那样拥有钦命的权力，却拥有基层社会赋予的"天然"权威。在封建社会的实际生活中，权力拥有者和行使者常常发生分离，皇权并不能直接深入到乡村社会。一个属于朝廷命官的知县，要顺利完成治下的各项公务，重要的依靠力量就是乡绅。与此同时，在中国传统社会里，乡土社会向外部延伸往往也需要通过乡绅阶层。严格说，真正的乡绅阶层在经济地位、政治地位和社会声誉上往往具有一致性。现在，农村已经日渐丧失了乡土社会的色彩，总体上也缺失了联结上层权力和沟通社会底层的所谓"上天达地"的社会中间层。而在传统社会里，我国的阶级结构（这里的阶级不是马克思所定义的政治意义上的阶级，而是社会学意义上的阶级或阶层）的基本骨架是由"士农工商"四大阶级依序组成的，其阶层边界总体上稳定且难以逾越，不同阶层的社会地位具有明显的等级性和先赋性，但也有科举制度这样的制度安排作为官僚制度的重要补充形式，在一定程度上减少或延缓了阶层冲突，使教育发挥了社会减压阀的作用。在社会结构的维护上，宏观社会结构通过家、扩展的家、家族、宗亲等形成"家国同构"的特殊结构，并向下渗透到微观社会组织。正如费正清所指出的，传统"中国社会的本质"是：中国家庭是自成一体的小天地，是个微型的邦国。社会单元

---

[1] 瞿同祖. 清代地方政府 [M]. 范忠信，晏锋，译. 北京：法律出版社，2003：314.
[2] 张静. 身份认同研究：观念、态度、理据 [M]. 上海：上海人民出版社，2006：4.

是家庭而不是个人，家庭才是当地政治生活中负责的成分①。家庭（扩展的家庭）连通了中国宏观和微观的社会，使中国古代的家族文化支配着或弥散于中国社会的各个领域，使传统中国的政治、经济、文化、宗教、伦理、道德、教育、家教、习俗等都或深或浅、或明或暗地带有家庭（家族）文化印痕。即使到现在，家族村落文化尽管总体上已经没落，但作为一种精神支持，仍然对具有血缘和地缘关系的人们在精神生活、生活预期甚至行为取向等方面还在产生难以消弭的影响。

（三）旧乡绅发挥社会作用的仪式纽带

人情是中国尤其是乡土社会的重要关系纽带。人情交换具有互惠性、互欠性和不等价性，以及不能够也不允许完全还清等特性，并且人情交换具有时间差。人情标志信用、人缘和面子。人情交换具有连续性，人情需要互相还，但不能够还清，不然就意味着断情、绝交和结仇。人情、面子实际上充任着乡土社会熟人基础上人际信任体系建立和维持的柔性机制的作用。

乡土社会的生活注重仪式和仪式感。从日常生活看，不同的仪式既帮助提升人们在社会生活中的存在感，也进一步明确人们在乡土社会中的位置关系或区分社会关系的亲疏远近。从国家层面看，叔孙通定朝仪，初步确立了一种制度性仪式文化。

叔孙通原为秦待诏博士，后降刘邦。公元前202年，刘邦建立了西汉王朝。随刘邦打天下的大臣，原来多是贩夫走卒，不知朝廷礼仪。他们饮酒争功，拔剑击柱，刘邦深以为患。叔孙通上奏刘邦，表示愿与儒生共同制定朝仪，得刘邦允许。遂采古礼及秦仪中较易实行者，征鲁儒生三十余人及其弟子百余人在野外先行演习月余，然后上奏高帝，刘邦命大臣仿照练习。公元前200年，长乐宫建成，大臣皆前往朝见皇帝，按尊卑次序向皇帝祝寿，行礼如仪，"自诸侯王以下，莫不震恐肃敬"。刘邦设酒宴请群臣，无人敢喧哗

---

① 费正清. 美国与中国 [M]. 4版. 张理京, 译. 北京：商务印书馆, 1987: 17-20.

失礼。刘邦很高兴，说："吾乃今日知为皇帝之贵也。"①

叔孙通确定了严格的朝廷礼仪后，宏大排场的皇家礼仪不仅显示了皇帝的显赫权威，也有效地确立了君臣之间一些日常的行为关系。

可以肯定，在传统社会里，一个人要提高自己的社会地位，一切言行都必须符合上流社会的准则和迎合上流人士的心理，而且要广泛交际，结交有地位的朋友。在乡村社会中，各种活动的座次安排、入席顺序的确定和主持者遴选等，都具有身份、地位和生活空间等方面的意义。这些看似简单的仪式中的种种细节，其影响具有一定的深刻性。它既是人情孕育的重要中介，也是表现乡绅地位和发挥乡绅作用的重要渠道。正是借助各种正式或非正式的活动或仪式，乡绅的地位和作用很自然地凸显出来。

乡土社会的仪式活动中渗透的地位和人情关系同样体现在亲友关系中。就以中国人生活中使用广泛的高频词"吃饭"为例。仅仅从吃饭的本意看，吃饭次数和吃饭圈子往往反映了亲友间不同的亲疏距离，能否一起吃饭实际上区分了社会交往中的"我们"和"他们"。因此，吃饭这一活动实际上隐含着解读中国社会关系的特殊线索。

人情、面子和权力再生产，隐含着乡土社会的交往法则，也是乡绅彰显其社会影响，维护自身地位的重要媒介和手段。

二、乡绅的社会功能

在皇权止于州县的体制下，旧乡绅作为连接正式权力和民间组织的一种中介力量，发挥着特殊的社会功能。从某种意义上说，它使依靠血缘亲情建构的家国同构社会有了制度意义和结构意义上的联结。旧乡绅在乡土社会中的上传下达、上下沟通作用尽管不能和不宜过度高估，但也不可简单低估。它对维护乡土社会的稳定发挥过重要的积极作用。

（一）扮演传统社会中地方公共事务重要协调者和推进者角色

旧乡绅是一个变迁的概念，它在同一时期和不同时期指代的并不是

---

① 参见《史记·刘敬叔孙通列传》。

完全相同的人。但乡绅作为一个总体性概念，其在乡土社会中的作用一般通过下列地方性活动中特殊角色扮演得以发挥：(1)地方学务的倡导和引领者。这类乡绅主要由传统的知识分子充当，他们常常遵循由"士"而"绅"的递进顺序[①]。"士"是第一层要素，正是在这一意义上，我们可以将这类乡绅理解为知识分子或乡村知识分子。乡绅大都是科举制度的受益者和热心支持者，他们大都热衷于在乡村社区兴办学务，是修建各种社学、义学、族学甚至私塾的积极倡导者和参与者，往往也充当着地方学务的掌控者角色。朱熹是这类乡绅的典型代表。(2)地方性非政府公共财产的掌控者。乡土社会往往都有地方性非政府的公共财产和经济事业，这些财产通常不宜由官府参与管理或直接管理。这类经济性或财政性事务的最终管理者大多由乡绅充任。此外，地方的社仓、义仓以及族产、学产等公共财产，一般也是委托乡绅们管理。乡绅在地方经济事务中发挥着重要的组织和领导作用。(3)地方公共事务的中介力量。受过教育、有学问的知识分子在乡村事务中享有不可替代的权威作用。费孝通先生在《乡土中国》中曾记载自己被邀请去调解纠纷的经历，被邀请的理由就是"在学校里教书的，读书知礼，是权威"，而同去的作为国家权力代理人的保长"从不发言，因为他在乡里并没有社会地位，他只是个干事"[②]。作为乡村社会事务的中坚力量，乡绅们也是地方各项公共事务的主持和掌控力量。乡村的地方性道路修筑、桥梁构建、学宫营造，甚至寺庙修缮都是乡绅们理所当然发挥作用的业务范围；那些跨县区的大型水利工程，虽然一般由官员出面组织协调，但很多细节的落实和关系的协调，真正发挥作用的往往还是乡绅。概而言之，乡绅是政府在地方社会事务上的重要代理人，地方官员想绕开绅士，办成与乡村有关的重要事项，往往比较困难，故有"地方公事，官不能离绅士而有为"[③]之说。

---

① 徐祖澜. 历史变迁语境下的乡绅概念之界定[J]. 湖北社会科学，2016(6)：107-112.
② 费孝通. 乡土中国[M]. 南京：江苏文艺出版社，2007：60.
③ 刘彦波. 清代基层社会控制中州县官与绅士关系之演变[J]. 武汉理工大学学报(社会科学版)，2006(4)：590-594.

（二）充当传统社会中实施文化教化的重要力量

在漫长的中国历史进程中，乡绅或乡贤在乡村社会建设、乡风乡俗教化和乡里公共事务协调处置等多项事务中都充当了积极的主导力量。这里主要探讨旧乡绅在乡规民约的拟制、宣传、解释等与地方风气直接相关的事务中是如何发挥重要作用的。

当地乡贤是最能体现中国传统村落家族文化的乡约、族规和家训等地方性和家族性规范制定的重要参与者，也是这些规范的带头遵守者。乡约、族规的主要内容都是规劝人们在处理人际关系时要做到仁爱友善。具体而言，它们通常涉及家庭中的孝悌修身、主次尊卑、婚姻祭祀等方面的内容，以此为基础逐步推及睦邻友好。以上这些都是正面规劝或引导。其实，地方规范也有对不友好行为甚至社会冲突的处置规范，比如规避诉讼官司、调解日常纠纷、严惩偷盗抢劫、保护居住环境等方面的内容①。下面以明代的《南赣乡约》为例，呈现传统社会是如何以乡约的形式对地方社会治理提出纲领性规范的。

南赣乡约
王守仁

咨尔民，昔人有言："蓬生麻中，不扶而直；白沙在泥，不染而黑。"民俗之善恶，岂不由于积习使然哉！往者新民盖常弃其宗族，畔其乡里，四出而为暴，岂独其性之异，其人之罪哉？亦由我有司治之无道，教之无方。尔父老子弟所以训诲戒饬于家庭者不早，薰陶渐染于里闬（hàn）者无素，诱掖奖劝之不行，连属叶和之无具，又或愤怨相激，狡伪相残，故遂使之靡然日流于恶，则我有司与尔父老子弟皆宜分受其责。

呜呼！往者不可及，来者犹可追。故今特为乡约，以协和尔民，自今凡尔同约之民，皆宜孝尔父母，敬尔兄长，教训尔子孙，和顺尔乡里，死丧相助，患难相恤，善相劝勉，恶相告戒，息讼罢

---

① 乡贤文化与核心价值［EB/OL］.（2015-05-21）［2021-08-25］. https://epaper.gmw.cn/gmrb/html/2015-05/21/nw.D110000gmrb_20150521_1-11.htm.

争，讲信修睦，务为良善之民，共成仁厚之俗。

呜呼！人虽至愚，责人则明；虽有聪明，责己则昏。尔等父老子弟毋念新民之旧恶，而不与其善，彼一念而善，即善人矣；毋自恃为良民而不修其身，尔一念而恶，即恶人矣。人之善恶，由于一念之间，尔等慎思吾言，毋忽！①

王守仁《南赣乡约》是受《蓝田吕氏乡约》的启发而颁布的。该乡约正文主要从四个方面进行论述和约定：第一，肯定了社会教育的重要性和必要性。该乡约认为，人后天呈现的善恶是教化造成的。不良习惯的形成或寇盗行为的滋生不能仅仅归咎于这些人的本性，还与地方的教育和治理无方、长辈的训诲不早和朋友的规劝失时相关。除此之外，社会处境不良也是重要的原因。人的不良行为不能仅仅归咎于行为人自身的过失，也与有关部门的官员和父老乡亲失职失责息息相关。第二，确定了社会教育的目标是培养善良的民众和养成仁厚的乡风民俗。"今凡尔同约之民，皆宜孝尔父母，敬尔兄长，教训尔子孙，和顺尔乡里"②则指出了同约之民应该遵循的内容，其内容主要包括家庭友好，邻里和睦。第三，规定了社会教育的内容。在家则遵孝悌之义，在乡里则相助相恤，劝善戒恶，讲信修睦，息讼罢争等。第四，指出了社会教育的路径与办法。依靠群众和他人的批评是个人保持善良本性的重要方法。人即使愚不可及，也还是能够发现他人的不足并且在这一过程中使人更能够明了事理；人虽然聪明过人，但是面对自己的缺点，头脑却常常很不清醒。因此，王阳明认为使民众互相监督和集体表扬或检讨是改造民众道德人格最行之有效的方法。

王阳明的破心中贼的教化方法，尽管很多内容已经不合时宜，但这种乡约在当时的确有利于社会安定；他所提出的革除陋习的教育方法，以及倡导民众互相监督使人改过迁善的办法，至今仍有积极的现实作用。

---

① 王阳明. 南赣乡约 [M]. 上海：上海古籍出版社，1991：599-600.
② 王阳明. 南赣乡约 [M]. 上海：上海古籍出版社，1991：600.

(三) 承担乡土社会秩序的重要维护者角色

《南赣乡约》的细则对如何使乡约制度化做了重要补充。这里仅仅以《南赣乡约》细则第一条加以说明。第一条(原文每一条都用一为序,下文用数字标序是为了方便表达)的原文如下[①]:

> (1) 同约中推年高有德为众所敬服者一人为约长,二人为约副,又推公直果断者四人为约正,通达明察者四人为约史,精健廉干者四人为知约,礼仪习熟者二人为约赞。

(这一条主要是对实施乡约所需要的结构或科层化管理进行了约定。对乡约实行效果负责的管理者主要为约长、约副、约正、约史、知约和约赞六种岗位的负责者,这些岗位负责人都是乡贤。他们因为担负的职能区别,在选拔时标准也不一样。约长强调他的社会影响和感召力,并且实施一长制,以确保权力和决断的相对集中;2人为约副,主要辅助约长进行相关工作;4人为约正,主要负责秉公处理社会事务;4人为约史,主要负责确保乡约被正确实施;4人为知约,主要确保乡约被正确理解并帮助纠错;2人为约赞,主要帮助是乡约制度化或仪式化。《南赣乡约》旨在促进乡土社会中人与人之间的和平相处,共同为乡间社会营造良好环境,彰显友善行为,其成功的最重要因素是有乡贤的领导。至于乡约如何从文字约定变成实际行动,在细则的其余条目中有详细规定。)

> (2) 同约之人每一会,人出银三分,送知约,具饮食,毋大奢,取免饥渴而已。

> (3) 会期以月之望,若有疾病事故不及赴者,许先期遣人告知约。无故不赴者,以过恶书,仍罚银一两公用。

> (4) 立约所于道里均平之处,择寺观宽大者为之。

> (5) 彰善者,其辞显而决;纠过者,其辞隐而婉;亦忠厚之道也。如有人不弟,毋直曰不弟,但云闻某于事兄敬长之礼,颇有未尽,某未敢以为信,姑案之以俟;凡纠过恶皆例此。若有难改之

---

① 王阳明. 南赣乡约 [M]. 上海:上海古籍出版社,1991:600.

恶，且勿纠，使无所容，或激而遂肆其恶矣。约长副等，须先期阴与之言，使当自首，众共诱掖奖劝之，以兴其善念，姑使书之，使其可改；若不能改，然后纠而书之；又不能改，然后白之官；又不能改，同约之人执送之官，明正其罪；势不能执，戮力协谋官府请兵灭之。

（6）通约之人，凡有危疑难处之事，皆须约长会同约之人与之裁处区画，必当于理济于事而后已；不得坐视推托，陷人于恶，罪坐约长约正诸人。

（7）寄庄人户，多于纳粮当差之时躲回原籍，往往负累同甲；今后约长等劝令及期完纳应承，如蹈前弊，告官惩治，削去寄庄。

（8）本地大户，异境客商，放债收息，合依常例，毋得磊算；或有贫难不能偿者，亦宜以理量宽；有等不仁之徒，辄便捉锁磊取，挟写田地，致令穷民无告，去而为之盗。今后有此告，诸约长等与之明白，偿不及数者，劝令宽舍，取已过数者，力与追还；如或恃强不听，率同约之人鸣之官司。

（9）亲族乡邻，往往有因小忿投贼复仇，残害良善，酿成大患；今后一应斗殴不平之事，鸣之约长等公论是非；或约长闻之，即与晓谕解释；敢有仍前妄为者，率诸同约呈官诛殄。

（10）军民人等若有阳为良善，阴通贼情，贩买牛马，走传消息，归利一己，殃及万民者，约长等率同约诸人指实劝戒，不悛，呈官究治。

（11）吏书、义民、总甲、里老、百长、弓兵、机快人等若揽差下乡，索求赍发者，约长率同呈官追究。

（12）各寨居民，昔被新民之害，诚不忍言；但今既许其自新，所占田产，已令退还，毋得再怀前仇，致扰地方，约长等常宜晓谕，令各守本分，有不听者，呈官治罪。

（13）投招新民，因尔一念之善，贷尔之罪；当痛自克责，改过自新，勤耕勤织，平买平卖，思同良民，无以前日名目，甘心下流，自取灭绝；约长等各宜时时提撕晓谕，如蹈前非者，呈官惩治。

（14）男女长成，各宜及时嫁娶。往往女家责聘礼不充，男家责嫁妆不丰，遂致愆期；约长等其各省谕诸人，自今其称家之有无，随时婚嫁。

（15）父母丧葬，衣衾棺椁，但尽诚孝，称家有无而行；此外或大作佛事，或盛设宴乐，倾家费财，俱于死者无益；约长等其各省谕约内之人，一遵礼制；有仍蹈前非者，即与纠恶簿内书以不孝①。

《南赣乡约》如何实现乡约的仪式化是乡约从文字落实到实践必须考虑的。仪式化过程是乡约宣传发动，让人在形式或场面中理解乡约并发挥其力量的过程。有文记载如下：

当会前一日，知约预于约所洒扫张具于堂，设告谕牌及香案南向。当会日，同约毕至，约赞鸣鼓三，众皆诣香案前序立，北面跪听约正读告谕毕；约长合众扬言曰："自今以后，凡我同约之人，祗奉戒谕，齐心合德，同归于善；若有二三其心，阳善阴恶者，神明诛殛。"众皆曰："若有二三其心，阳善阴恶者，神明诛殛。"皆再拜，兴，以次出会所，分东西立，约正读乡约毕，大声曰："凡我同盟，务遵乡约。"众皆曰："是。"乃东西交拜。兴，各以次就位，少者各酌酒于长者三行，知约起，设彰善位于堂上，南向置笔砚，陈彰善簿；约赞鸣鼓三，众皆起。约赞唱："请举善！"众曰："是在约史。"约史出就彰善位，扬言曰："某有某善，某能改某过，请书之，以为同约劝。"约正遍质于众曰："如何？"众曰："约史举甚当！"约正乃揖善者进彰善位，东西立。约史复谓众曰："某所举止是，请各举所知！"众有所知即举，无则曰："约史所举是矣！"约长副正皆出就彰善位，约史书簿毕，约长举杯扬言曰："某能为某善，某能改某过，是能修其身也。某能使某族人为某善，改某过，是能齐其家也。使人人若此，风俗焉有不厚？凡我同约，当取

---

① 王阳明. 南赣乡约 [M]. 上海：上海古籍出版社，1991：600-602.

以为法!"遂属于其善者。善者亦酌酒酬约长曰:"此岂足为善,乃劳长者过奖,某诚惶怍,敢不益加砥砺,期无负长者之教。"皆饮毕,再拜会约长,约长答拜,兴,各就位。知约撤彰善之席,酒复三行,知约起,设纠过位于阶下,北向置笔砚,陈纠过簿。约赞鸣鼓三,众皆起。约赞唱:"请纠过!"众曰:"是在约史。"约史就纠过位,扬言曰:"闻某有某过,未敢以为然,姑书之,以俟后图,如何?"约正遍质于众曰:"如何?"众皆曰:"约史必有见。"约正乃揖过者出就纠过位,北向立,约史复遍谓众曰:"某所闻止是,请各言所闻!"众有闻即言,无则曰:"约史所闻是矣!"于是约长副正皆出纠过位,东西立,约史书簿毕,约长谓过者曰:"虽然,姑无行罚,惟速改!"过者跪请曰:"某敢不服罪!"自起酌酒跪而饮曰:"敢不速改,重为长者忧!"约正、副、史皆曰:"某等不能早劝谕,使子陷于此,亦安得无罪!"皆酌自罚。过者复跪而请曰:"某既知罪,长者又自以为罚,某敢不即就戮,若许其得以自改,则请长者无饮,某之幸也!"趋后酌酒自罚。约正副咸曰:"子能勇于受责如此,是能迁于善也,某等亦可免于罪矣!"乃释爵。过者再拜,约长揖之,兴,各就位,知约撤纠过席。酒复二行,遂饭。饭毕,约赞起,鸣鼓三,唱:"申戒!"众起,约正中堂立,扬言曰:"呜呼!凡我同约之人,明听申戒:人孰无善,亦孰无恶;为善虽人不知,积之既久,自然善积而不可掩;为恶若不知改,积之既久,必至恶积而不可赦。今有善而为人所彰,固可喜;苟遂以为善而自恃,将日入于恶矣!有恶而为人所纠,固可愧;苟能悔其恶而自改,将日进于善矣!然则今日之善者,未可自恃以为善;而今日之恶者,亦岂遂终于恶哉?凡我同约之人,盍共勉之!"众皆曰:"敢不勉。"乃出席,以次东西序立,交拜,兴,遂退[①]。

毋庸讳言,中国封建时代的乡土社会实际上是朝廷治理体系之外的民间社会,是一个带有很浓江湖意味的世界,是一个隐秘的公共空间。

---

① 王阳明. 南赣乡约 [M]. 上海:上海古籍出版社,1991:602-604.

在这个独特的隐秘空间中,严酷统治的威权常常被耗散和纾解,从而演绎着乡村社会中特殊的道义逻辑,这种逻辑帮助乡绅有效和有力地管理和庇护着一部分没有被权力充分覆盖的社会人士。从这种意义上看,乡土社会中的家族村落是典型的生活政治场域。相对于阶级政治而言,生活政治尽管只属于低政治、小政治和弱政治的范畴,但当生活政治的内部机理无法协调之时,生活政治就会变成高政治、大政治和强政治的领域,这就是生活政治的辩证法①。

三、乡村与乡贤文化

古代社会的乡村是一个相对封闭的世界。农村人口一旦通过教育手段(最有影响的是科举)实现向上流动,不但因其成功能获得大家的高度评价,而且往往因为其人品、名声和见识而受到大家的认可和尊重,成为一种内生的、真正具有影响性的力量。认识和结交那些见过世面的人是一件十分有面子的事情。中国人历来就最为关心自己的面子和底子,失面子和掉底子都是让人感到羞愧的事情。中国古代的考试制度或其他形式的文官制度或选拔制度,往往与乡土社会的教化作用和榜样作用联结在一起。中国古代的选拔制度为松散的社会政治制度找到了一种独特的整合方式,在政治权力(君权或皇权)没有通过政治制度化方式全面深入乡土社会的背景下,教育的伦常内容和通过教育制度选纳贤良的机制却弥补了旧式政权在农村中缺乏渗透这一不足,并且教育选纳贤良的方式往往反映了政治权力的分配和政治力量的主导格局,产生社会价值风向标的作用。教育的社会教化作用和通往官场的选拔功能并不是截然分开的,常常以不同的方式纠缠在一起;国家需要与家族兴盛和个人成功实质上只不过是一体多面或一体两面,有如一个硬币的不同侧面。利益和功能都呈现的家国同构性形成了传统中国特殊的社会关系格局。正如费孝通先生所指出的:在相对封

---

① 刘建军. 让学术之根深扎中国大地[EB/OL]. (2019-12-02)[2021-09-21]. https://mp.weixin.qq.com/s?src=11&timestamp=1638771574&ver=3479&signature=SOz3rMzQk590ed8YzFo-SvXPEdmfR43il9VSEyB9g5s3hPEyyl9ODzopnslgQQspGyxaPoU*3k1RwKGp7FWvyAVRqqb3qAz1e7foM58PNfcoj6hqm6R9VKAQE0Nr-*nu&new=1.

闭和凝固的社会里，中国社会呈现出差序格局，而人们共同关系准则的建立在于一个"推"字，以自己为圆心，向外进行推而广之，从而推演出内圣外王之道。而亲属关系是最基本的关系[①]。

（一）重新认识乡土文化

不知道从哪一天起，人们对农村或乡村（农村和乡村经常被视为同义词混用）已经怀有一种偏向（甚至是偏见），在言说农村的时候就好像言说"那是穷人，那是黑人，那是女性，那是无权无势者"那样，其言下之意都暗含着这些人是弱势的，有点残缺不全，甚至意指他们是人类卓越品质的反例。这些处境不良者的生存形态，似乎是本分，是应该如此，是无法逃避的一种宿命。在这样的社会语境下，要实现乡村振兴，首先就必须科学研究农村，重新认识乡村，正确理解乡土文化。

乡村文化是一种乡土文化，是与乡土社会相适应的文化。乡土社会的文化基础是家族村落文化。村落家族文化是乡土社会基层结构的重要表现。在传统社会中，家族村落与社会宏观结构具有结构上的同构关系，维持其乡土文化特色的生物学力量是血缘关系，宗姓或宗族关系则是其外显形式。因为血缘关系是内在的或内隐的，无法直接观察，而宗姓或宗姓关系则是一种可以体察和辨认的社会关系。它是家族内部相互认同的基础，也是家族之间相区分的依据。它使血缘关系具有了外显的社会学意义。在乡土社会结构中，家庭（家族）存在的经济学力量是农村缺乏足够多的可利用资源，人们只能通过分享这些资源才能保证生存繁衍。正是由于这种生物学和经济学方面的复杂联系，形成了家庭（家族）间重重叠叠的关系网，人们都在自觉不自觉地使用它，认同它，它使人们得到生活的保障，能够抵御各种敌对力量。尽管在现代社会中，家族制度不再是人们交往关系的主干，但它仍然充当着或孕育着中国人交往的基础。改革开放后，在乡土社会中的一个明显现象就是，家庭家族组织在经历了新的重生后，在以户为经济主体单位的农村，已经开始出现新的经济合作的功能。"上阵不忘父子兵，打虎不如亲兄弟"的民谚反映了亲缘关系不但是亲情的纽带，也是社

[①] 费孝通. 乡土中国 生育制度[M]. 北京：北京大学出版社，2003：33.

会性合作的基础。经济上的合作，往往意味着交往的高频度和价值观念的一致性，以及相互帮助的真诚度和可信度。这种价值和行动方面的良性互动对家庭价值观念的传递、共享和发展都有重要影响。笔者在调查中明显感受到，血缘的接近使交往更加频繁，对他们的子孙后代的交往和行为有重要影响，甚至影响教育的成败[①]。

对乡土文化的特点，也有学者做了以下抽象和归纳[②]：农村社会的主要职业是农业；生产活动受天时、地利等自然因素的影响；人口密度小，但交往密切；物质和文化交流少，自足意识很强；家庭家族在社会中起重要作用；社会组织与机构的分化较简单。王沪宁则认为传统乡土社会具有以下几个特点：血缘性、聚居性、等级性（血缘等级和地位等级）、农耕性、礼俗性、封闭性和稳定性[③]。即使到现在，传统意义上的自给性在农村也还一定程度上存在。笔者认为，乡土社会包含着三个要素：以农为生或依赖土地；居住在同一个地域；具有心理和行为的同质性。在传统社会中，外部也没有什么经济力量能够有力地渗透到村落共同体中来。由于村落家族共同体生活在相对集中的一块土地上，又能够在这个领域达成一定水平的自给自足，从而增强了对特定土地的依赖性；地理屏障形成甚至强化了村落的封闭性，使村落共同体与外部的联系减少，经济的、文化的、人际的交往更多的是在内部，与外部的交往相对较少，这是自然村落形成的重要原因；这种乡土格局对心理和行为的同质性具有较为重要的塑造作用。

除了家族文化外，村落甚至村民小组也有自己的文化特征。笔者在调查中发现，几乎每一个村或组的名称中可能包含着带有传奇色彩的故事。如双凫镇的由来，水廓凉亭这样的村民小组名称，甚至解散食堂后出现的"回家"村民小组，实际上都有着自己的故事。这些故事或传奇都沉淀和记忆着历史，也孕育着特殊的乡土人情。这种乡土人情以一种默会的方式，

---

① 彭拥军. 高等教育与农村社会流动 [M]. 北京：中国人民大学出版社，2007：91-92.
② 宋书伟，王因为. 社会学纲要 [M]. 山东：山东人民出版社，1986：415.
③ 王沪宁. 当代中国村落家族文化：对中国社会现代化的一项探索 [M]. 上海：上海人民出版社，1991：23-29.

注入生长在那里的每一个人的灵魂之中①。

首先,家庭(家族)文化从一定意义上对人产生模塑作用。家庭(家族)文化包含着影响家族成员间行为、观念和心态的社会心理线索。家族文化依存于家庭活动的一定行为方式中,不同的家庭活动方式隐含着不同的家族文化。尽管家族文化并非一成不变,但其影响客观存在。时代的演进尽管使家族文化已经发生很大变化甚至某些部分已经变得相当模糊,但家族(家庭)文化仍然存在。就像有学者所指出的,传统家庭或许已经动摇不定,但家庭机构却可能比现有的任何一个国家都会历时更长,任何一个具体的家庭可能是脆弱而不稳定的,但家庭作为一种制度化色彩的存在形态,就其整体而言,却是坚不可摧、富有活力的②。王沪宁则认为,家庭作为一种社会细胞,有着生存、维持、保护、绵延、族化和文化六项基本功能③。而迈克尔·米特罗尔和雷因哈德·西德尔认为,家庭具有七项基本功能:宗族教化、司法、保护、经济、社会化、生育和文化等功能④。可以肯定,即使在现在,婚娶、出生、建房、过年团拜等活动,既是家族间的交流场合,也表达了人们在重要场合光宗耀祖、扩大家庭和家族影响乃至提高自己声望的愿望,甚至家庭张贴的对联等文字性材料也往往反映了家庭的价值观或期望。笔者在调查中发现了这样的一些对联,"德孝传家厚,诗书继世长","教子孙两条正路惟读惟耕,衍祖宗一脉真传曰忠曰孝",其内容仍然带着传统社会结构的厚重文化印痕。

其次,熟人社会的特殊规范是乡土社会的黏合剂。乡土社会靠亲密和长期的共同生活来调适个人之间的相互行为,社会联系是熟悉的,在某种程度上是自动的,也在不断长成或变化。乡土社会用传统的礼来维护社会秩序,但这种维护并不是靠外在权力来推行,而是通过教化来养成个人的敬畏之感,使人服膺。在这种秩序中,不知道礼,就不懂规矩,没有规矩

---

① 彭拥军. 高等教育与农村社会流动 [M]. 北京:中国人民大学出版社,2007:94.
② 古德. 家庭 [M]. 魏章玲,译. 北京:社会科学文献出版社,1987:1-2.
③ 王沪宁. 当代中国村落家族文化:对中国现代化的一种探索 [M]. 上海:上海人民出版社,1991:16.
④ 米特罗尔,西德尔. 欧洲家庭史 [M]. 北京:华夏出版社,1987:75.

简直就触及了道德问题，甚至成了撒野。教化之所以能够在模塑人们的行为中起作用，是因为它是一种超越亲情的权力，制约着人们的生活模式乃至需要、欲望等。而这种权力能够发挥作用的重要社会基础是乡土社会的熟人社会特征，其中邻里关系是形成熟人社会的结构性基础，甚至是制度性基础。尽管邻里是一个模糊的概念，我们一般把左邻右舍称为邻里或近邻，而邻里实际上无法用具体的数量化概念来衡量其物理距离。但不管怎样，我们都可以肯定，邻里是一个心理和地理的连续体，决不像英语故事里所说的两个陌生人在游轮上经过简短的交流后，发现原来他们是隔壁邻居。英美人的这种只有地理上接近而缺乏交往和交流的"陌生人"关系是不能严格地称为邻里的，在乡土社会中也是不存在的。尽管随着城市化的加速，乡土社会邻里关系也在发生重要变化，正在向半熟人社会演变，但传统邻里关系仍然发挥着重要作用，是宗教信仰和民俗舆论等产生约束力的物质性和社会心理性力量的重要来源。我们认为，在这种意义上，邻里更多的应该是指一个村民小组或地理上十分接近并有相对密切往来的众多近邻，它的范围可大可小。由于行政边界和邻里行为的不完全对称，邻里的真实边界存在一定差异。

再次，人情是中国社会尤其是乡土社会的重要关系纽带。人情交换具有互惠性、互欠性和不等价性，以及不能够也不允许完全还清等特性，并且人情交换具有时间差。人情标志信用、人缘和面子。人情交换具有连续性，人情不能够还清，不然就意味着断情、绝交和结仇。人情、面子实际上表达了熟人社会的人际信任体系的建立和维持。

同时，我们也认识到，在传统社会影响下，村落家族的人们之所以聚集在一起，安土重迁，很重要的一个原因就是生产的发展没有提供个体与群体脱离的条件。现在，家族意义上的联系淡化是缺乏原来的制度性基础和经济性基础等诸多原因的必然结果，但家庭意义上的文化仍然保持着，血缘、语言、习惯等方面的共同性是人们能够在一起生活、能够有更多更好交流的物质环境前提。当社会物质生产力的积累还没有足够的力量来冲垮这种家族村落文化时，这一古老的文化还是有力量的，因为它的古老而简单的组织形式与农村不发达的社会状况是比较一致的。它仍然有着在农村现实生活中存在的根基。

需要指出的是，在中国传统社会里，乡土社会往往通过乡绅阶层向外部延伸。真正的乡绅阶层在经济地位、政治地位和社会声誉上往往具有一致性。但现在，我们的乡土社会似乎缺乏这一社会中间层。在传统社会里，我国的阶级结构（这里不是马克思所定义的政治意义上的阶级，而是社会学意义上的阶级）主要是士农工商四大阶级，并且从总体上而言，它是稳定而难以逾越的，社会地位具有明显的等级性和先赋性。宏观的社会结构通过"家国同构"的形式渗透到微观的社会组织。正如有学者指出的，传统"中国社会的本质"是：中国家庭是自成一体的小天地，是个微型的邦国。社会单元是家庭而不是个人，家庭才是当地政治生活中负责的成分[1]。中国社会历史源远流长，上下几千年，家族（家庭）文化始终是中国传统文化的固有成分。典型的家族文化总是支配着或弥散于中国社会的各个领域，政治、经济、文化、宗教、伦理、道德、教育、家教、习俗等都或深或浅、或明或暗地带有家庭（家族）文化印痕。即使在现在，社会物质生产力还没有发达到这样一种程度，社会不能够聚集足够的能量来改变整个社会的每一层次、每一地域的各种关系，城乡之间的发展仍然十分不平衡，家庭和村落文化仍然呈现出显著的差别。家族村落文化作为一种精神支持，对人们的精神生活、对人们的生活预期和行为取向仍然会产生重要影响。

（二）重新认识乡贤文化

乡贤文化是扎根于中国传统乡村社会的一种文化现象，它是以乡愁为基因，以乡情为纽带，以乡贤为楷模，以乡村为空间，以实现乡村经济发展、社会稳定、村民安居乐业为目标的一种文化形态[2][3]。新中国成立后，我国逐步建立起成熟的户籍体系和退休制度，但农村出身的人告老还乡制度则已逐渐埋嵌在历史当中。人民功臣，死后可入"八宝山"；入籍城市者，死后埋入公墓或陵园。概而言之，在新中国较长一段时间里，

---

[1] 费正清. 美国与中国 [M]. 4版. 张理京，译. 北京：商务印书馆，1987：17-20.
[2] 钱静，马俊哲. 国内新乡贤文化研究综述 [J]. 北京农业职业学院学报，2016（4）：51-55.
[3] 以乡贤文化助推社会主义核心价值观在乡村落地生根 [N]. 湖南日报，2016-09-27（8）.

出身农村、在城里工作的国家干部或其他工作人员，退休后在医疗等各方面条件相对优越的城市养老，死后则是遗体火化、骨灰入园，不再回到故土。这已经成为新时代较长一段时期的新风尚。

当然，从单位退休或者退出领导岗位后回到农村的也有一些例证。比如新中国成立 70 周年之际被授予"最美奋斗者"称号的开国少将甘祖昌，在 1957 年主动辞去新疆军区后勤部部长一职，带着家人回到阔别 20 多年的家乡，开启他的 29 年"农民生涯"。他卸甲归田后，用汗水浇灌家乡、反哺故土。

我们从新中国存在的"告老还乡"的事例中，仍然能够感受到故土难离的浓厚乡情。无论是在异乡为天下计，还是在故乡为生民计；不论是居庙堂之高，还是处江湖之远，出身乡土的人们，心中不变的仍然是其对家乡的赤子之心和乡土之情。

值得指出的是，农村历来就不是一个世外桃源。在传统社会里，士绅成为调整帝王权力和农民利益的中间人，他们也具有中间人的社会身份和地位。用现代概念加以简单阐释，可以说他们就是农村社会或农业社会的中产阶级。但严格说，他们并不是西方意义上的中产阶级或白领。因为我们传统社会的分层是以身份为特征的，这种社会分层包含在一种特殊的身份制度和身份文化之中。秦晖用"国权不下县，县下惟宗族，宗族皆自治，自治靠伦理，伦理造乡绅"来形容传统社会权威和秩序生成的特征，强调伦理在塑造乡村秩序和乡绅方面的重要作用[①]。

从教育视角看，在传统社会中，教育既是个人升迁的途径，又是学习和认同身份文化的渠道，还是提炼乡土文化的手段。乡土文化也往往包含着带有浓厚地缘色彩的传奇。乡土社会中神话般的传说，不但给人带来乡土的美好联想和感受，培育着人们对农村共同体的认同和情感，并强调了地域的神圣性和合法性，也使人感到这一地域的唯一性，从而使地域本身也成为乡土文化的一部分。因此，乡土社会除了血缘的联系

---

① 秦晖. 传统十论：本土社会的制度文化与其变革［M］. 上海：复旦大学出版社，2003：3.

外，还有着明显的地缘关系。在现代，由于村庄经济协作的淡化和基层政治权力的弱化，生于斯死于斯的社会状态已经发生了深刻的变化。因此，我们对新现象的理解一方面不能拘泥于原来熟人社会的背景，另一方面又要注意到村落之间熟悉程度仍然很高的事实，农村熟人社会和半熟人社会相交织的特点已经相当明显，但熟人关系仍然是中国人交往的心理基础和现实起点之一。正如梁漱溟所指出的："中国伦理本位的社会，形成于礼俗之上。"[①] 这实际上精辟概括了乡土社会的重要特征。

第二节 乡村振兴呼唤重新认识的文化问题

中国传统乡土社会一直有着浓厚的重贤、尚贤的良好风尚，并由此孕育了中国趣味、中国意味和中国品味的乡贤文化。分布在中国大江南北的历代乡贤，或借助自己的威望，或凭借自己的品行，或依仗自己的才学，担负起凝聚族群、尊祖继统的职责。历代乡贤不仅是倡导优良道德、醇化乡村社会风气和淳美家庭风尚的示范者和引领者，而且还是规范族人和乡民行为的监督者和执行者。他们在实现自身修身以追求至圣的同时，也努力从打理好本族事务开始追求"外王"的进境。他们在很大程度上承担了乡土社会慈善、教化、纠纷解决等社会功能，很好地参与甚至主导了乡村社会的共同治理[②]。

一、乡村振兴相关联的若干真假命题

新中国农村发展经历了比较曲折的演进过程，人们对农村发展的认识在不同阶段也有所不同。这些认识有些具有针对性或超前性，有些也具有一定的历史局限性。这些差异性认识的形成受以下主客观因素的影响：一是人类对事物认识本身具有发展性，已有认识与事物发展的实际

[①] 梁漱溟. 中国文化要义 [M]. 上海：学林出版社，1987：138.
[②] 孙明春. 从家族历史看乡贤文化与乡村治理 [EB/OL]. (2015-11-18) [2021-10-15]. https://news.ifeng.com/a/20151118/46286395_0.shtml.

情况存在差距是难以甚至不可避免的;二是对农村发展复杂性的客观认识需要经历一个不断深化的过程,对农村发展的准确描述和预测需要在两者的互动中不断前进;三是认识者的认识能力和社会经历的差异会给自身的认识带来不同影响,从而造成不同的判断。不管怎样,准确判断相关认识中的真假命题,都有利于抵达真理的彼岸。

(一)农村"空心化"和"老龄化"的真假命题

2019年"两会"期间,有"三农"问题专家认为,目前外界夸大了农村"空心化"问题,他试图以连年粮食增产和农村用电统计数据来佐证其观点。相反,也有专家认为农村"空心化"问题相当严重。

李培林根据他本人在基层的观察,认为外界对农村"空心化"问题严重性的论断并非感性认识。他援引了相关统计数据:事实上,"仅2001年,中国农村那些延续了数千年的村落,就比2000年减少了25485个"①。对该问题感兴趣的学者们只要参考国务院扶贫办关于近几年移民异地搬迁的详细数据,了解一下全国整村移民搬迁的大概规模,就不难发现:农村人口(常住人口)大量减少,村的数量显著下降,这些都是不争的事实。

至于粮食产量连年增产,实际上主要得益于农业生产力的持续提升。小型农机具的普及、种子的改良以及地膜和优质化肥的广泛使用,都会提高农业生产力。事实上,我们也不能完全排除有关部门对相关数据进行适当处理带来的数字偏差。我国现在进口粮食的数量很大,我国已经成为世界上最大的粮食进口国。2022年中国海关的数据显示,1—6月我国食用蔬菜、根及块茎进口1550784万元人民币,同比增长51.3%。谷物进口7222500万元人民币,同比增长12.1%。其他农产品也有一定幅度的增长②。至于农村用电数据问题,一家5

---

① 李培林. 村落的终结:羊城村的故事[M]. 北京:商务印书馆,2004:1.
② 中华人民共和国海关总署. 2022年6月进出口商品类章总值表(人民币值)[EB/OL]. (2022-07-18)[2022-07-25]. http://www.customs.gov.cn/customs/302249/zfxxgk/2799825/302274/302277/302276/4471188/index.html.

口人，即使4口人搬迁到城里，留下一个留守老人，用电量也会比以前增加很多，因为现在农村电视、冰箱、洗衣机、电饭煲基本普及，微波炉、豆浆机、空调和电动车等在农村家庭中也日益普遍。即使家里只剩下了一口人，用电量仍然会比10年前多不少。许多农户平时在县城或外地定居，农忙的时候，开车回村务农，节假日也开车回家。虽然一年在村里居住的时间不会超过30天，但回家使用各种电器，一个月的用电量都会超过100度甚至达到几百度，这是十至二十几年前全年用电量的很多倍。用电数据稳步上升的事实，不足以否定农村"空心化"的严重程度，只能佐证农村家电普及化程度日益提高的事实。

当前，农村"空心化"现象严重是一个不容否定的铁的事实。其实比"空心化"还要严峻的问题是：大量农村已经或即将消失。现在很多农村已经很少甚至没有了年轻人。一个没有年轻人的农村注定不会有未来，消失只是时间问题。笔者在家乡调查，其中一所乡镇联校，十多年前，在编老师有近200名，现在不到100名，并且还是撤区并乡后的情况，农村学校曾经大量撤并，现在仍然存在减少的趋势。农村年轻人尤其是儿童减少的趋势仍然没有得到扭转。东北和西北地区的情况可能更加严重。

农村的老龄化实际上比大部分城市更加严重。这是因为农村青壮年人口的流出和农村儿童甚至留守儿童的数量减少，都会使老年人在农村的比重增加，加剧农村老龄化程度。这种人口结构还带来很多隐患，比如老人生病得不到及时发现和救治，甚至死亡了也没有被及时发现，这些情况已经不是个例。

谈乡村振兴，我们的乡村在哪，要建设成什么样的乡村？如果实施乡村振兴，硬化了道路，安装了路灯，接入了互联网，新建了医疗卫生室，最后却发现村里一个居民都没有了，那么乡村建得再好，也仅是一座辉煌的废墟。我们已经在教育领域有过类似的经验教训。二十年前国家推动过一次农村学校达标运动①，新建了大量标准化小学。结果许多学校建起来后，村里已经没有一个学生了，宝贵的教育资源直接被闲置起来。类似的还有，全国各地捐建的希望小学，有很多已经连一个学生也没有，变成了面子工程。这些面积不小，当时也让人感到兴奋甚至有面子的希望小学变成了长满杂草的空荡荡的"校园"。

乡村振兴要落到实处，必须具有发展的可持续性，首先必须准确把握未来的乡村在哪里。因为传统的乡村应该很难回去，乡村振兴中的新型乡村应该是传统和现代相连接的乡村。它（它们）到底应该建在哪，怎么建，应该有多样化的备选方案。在东部沿海甚至中部和西部某些人口相对稠密的地方，乡村振兴的主要对象应该是中心村，而在东北、内蒙古等人口相对稀少的地区，乡村振兴的重点也许要考虑放到中心镇。总而言之，要因地制宜，切忌平均用力。

（二）城乡二元治理结构变与不变中的真假命题

我们目前乡村振兴的政策推进和研究思路，实际上还是把"三农"问题作为独立问题域进行思考，试图努力从农业、农村和农民自身去寻求解决问题的良方，尚未站在城市与乡村、工业与农业的关系及其关系发展等更加宏大视角来统筹思考和系统解决问题。许多涉农政策的初衷显然是为了保护农民的权益，而实际效果却出现了指向相反方向的一些苗头，甚至有一些"三农"学者把城市资本下乡视为洪水猛兽，认为应该严格限制工商资本下乡，以避免"侵害农民利益"。在这种把政府主导的乡村振兴和农村治理与市场参与的乡村振兴和农村治理相分离的二元治理思维模式中，只乐意见到资本从农村单向输送到城市，不想方设法去利用市场这只"看不见的手"来盘活农村资源②，最受伤害的其实还是农民。一座目前在农村集体经济组织内部转让价为

---

① 中华人民共和国建设部，中华人民共和国国家计划委员会，中华人民共和国国家教育委员会. 农村普通中小学建设标准（试行）：建标〔1996〕640号［EB/OL］.（2007-02-28）［2021-10-26］. http://gov.hnedu.cn/c/2007-02-28/784265.shtml.

② 斯密. 道德情操论［M］. 蒋自强，钦北愚，朱钟棣，等译. 北京：商务印书馆，2015：304-305.

5万元的院落，如果允许入市自由交易，价格就可能会达到50万元或者更多。

改革开放，引进外资，日资、美资都没能把中国搞乱，目前的乡村振兴，允许城市资本下乡，让各类资源在城乡间自由流动应该不会把农村搞乱。如何在乡村振兴过程中，实现政策搭台，资本唱戏，从而走出农村单一发展的思路，这仍然需要进一步的理论研究和谨慎的实践探索。

走出城乡割裂的二元思维，真正做到打开城门，让想进去的进去，让想出来的出来。无论城里城外，都是中国的土地；无论市民农民，都是平等的中国公民，都应该享有平等的发展权利。不彻底破除城乡二元治理结构，空谈城乡融合发展，空谈第一、第二、第三产业融合发展，空谈乡村振兴，都可能使乡村振兴误入歧途。曾经在一些农村出现的虎头蛇尾、拆东墙补西墙的新农村建设运动其实就是前车之鉴。

（三）中国"三农"问题中的真假命题

中国农村发展尽管存在这样或那样的问题，但其基本面是乐观的。尽管一度出现过"民工荒"和"民工慌"[①]，但这种现象没有大规模、长时段蔓延，更没有全面发生。不断提高的城镇化水平使城市具有持续吸收大量农村劳动力的动能，并保证了绝大多数农民进城后的生活比在农村更好。乡村振兴归根到底是农民的振兴，农业的振兴，不能狭隘地理解为农村人口必须固守农村。事实上，某些学者夸大了乡村萧条的消极后果。如果站在历史发展的高度，我们会发现，乡村振兴和部分乡村萧条并不冲突。乡村"空心化"导致农村人口显著减少，甚至部分乡村撤并乃至消失，这实际上是农村现代化发展的必由过程和必然结果，实际上也是社会进步的某种体现。

从城乡一体发展的视角看，也能从某些热点的分析中发现城乡人口流动和城乡发展的一般趋势。城里喊了多少年的房地产经济崩溃论为什

---

① "民工荒"指用人单位招收不到足额的或难以招收到合适的农民工，"民工慌"是指外出务工的农民找不到合适的工作。

么在很长一段时间没有成真？一是人们确实普遍把房子作为财富积累和财富增值的重要或首要手段，从而维持了房子的购买需求；二是我们普遍认为有自己的房子才有稳定的家，从而最大限度地扩大了城市房屋的需求；三是因为刚性需求仍然存在，新增的大量城市人口是城市房地产的真正刚需。新增人口来自哪里？城市自身的新生人口增长并不显著，引起城市人口快速扩容的主要力量是流入城市的农村人口。不断增加甚至激增的城市人口数量，从另一个侧面诠释了农村"空心化"的成因。

大量农民进城确实可能导致粮食安全问题，这是我们必须警惕的。从前面的相关数据（见本章前面的中国海关 2021 年谷物进口数据）可以看出，我国确实从一个粮食出口国变成了粮食进口大国，我们要有粮食安全意识。但我国仍然是粮食生产大国，基本口粮的自给率还是很高的，这也是不争的事实。粮食进口主要是改善粮食结构，优化食物结构，提高生活水平。事实上，我们的老一辈仍然有大量储藏粮食以应对"兵荒马乱"的习惯，国家也有比较完备的粮食储备体系，这些都有利于积极有效地应对粮食安全问题。就中国目前的国情而言，兵荒马乱显然属于极小概率的事件，把中国粮食安全问题人为地构想到一个明显不合理的高度实在没有必要。从经济和生活的角度看，合理的粮食进出口有利于改善粮食生产的经济性，有利于农业生产在全球更加合理地分布。

二、乡村振兴需要正视农民逃离问题

农村人口向城市流动，农业人口向工业领域转化，这些都是社会现代化的必然过程和必经阶段。如果现代化的转型能够顺利实现，转型的阵痛持续的时间会相对较短，痛苦的程度相对较低。"三农"问题其实是我国全面实现现代化过程中难以避免的过程，我们对该问题的认识在不断发展，也出现了多样化的理解。陆学艺认为，"三农"问题在 20 世纪 80 年代主要指农业生产徘徊不前、农村经济发展与社会发展不同步、农民分化与市场意识等，90 年代则主要指稳定粮食生产与调控粮食市场、农村现代化、减轻农民负担与减少农民等[①]。柯炳生将"三农"问题归结为农产品供给数量和农产品质量、农村公共服务和生态环境保护、农民的经济收入和社会政治权利三个方面的问题[②]。陈锡文认为城镇化进程中的"三农"问题实质上就是"粮地人"的问题[③],即城镇化进程中的"粮食和其他主要农产品供求问题(粮)、农村土地问题(地)和农民转化为市民的问题(人)"。综上所述,乡村振兴首先要搞清楚"三农"问题的具体内涵,而搞清该问题需要澄清许多相关问题。比如,"农业问题"到底是仅仅表示农业作为一个部门或行业面临或存在的整体性问题,还是指生产问题或流通问题,产量问题或质量问题或品牌问题,经营方式问题或科学技术问题,土地制度问题或社会服务问题。如果没有这样分解式的连续追问,问题的研究和解决可能只停留在表层,无法真正使问题彻底得到解决。同样道理,"农村问题"是指农村的发展问题还是稳定问题,治理问题还是文化问题,基础设施建设问题还是村庄环境维护问题,基础教育问题还是农村建设所需人才问题,这些与农村问题的解决密切相关的系列问题,都需要我们认真梳理和澄清。再如,"农民问题"是指收入问题还是组织问题,流动问题还是留守问题,社会保障问题还是社会排斥问题,物质财富问题还是精神幸福问题,等等[④]。但"三农"问题中最核心的是农民问题,其中农民逃离农村的问题是最需要认真分析和切实予以解决的问题。

(一)诱使农民逃离农村的结构杠杆

计划经济时代不得不采取的重点发展或不均衡发展使中国经济进入了赶超型发展轨道,较快地解决了新政权必须积极应对的城市发展和工业化体系建设问题,但也逐步衍生了分割的城乡二元社会,带来了城乡

[①] 陆学艺. "三农论":当代中国农业、农村、农民研究 [M]. 北京:社会科学文献出版社,2002:3-20,92-108.
[②] 柯炳生. 我国的三农问题 [J]. 广西农学报,2008(3):1-9.
[③] 陈锡文. 我国城镇化进程中的"三农"问题 [J]. 国家行政学院学报,2012(6):4-11,78.
[④] 叶敬忠. "三农问题":被夸大的学术概念及其局限 [J]. 东南学术,2018(5):112-123.

人口国民待遇严重不平等的事实。在国人心中,"农民"几乎成了身份卑贱的代名词。笔者念研究生的时候,有位师兄也许是看到我一身土气,就不由自主地引述了当时的流行观点。该言说把农村女孩到城里读大学的变化描述为"一年土,二年洋,三年四年不认爹和娘"。确实,在很长一段时间,由于种种原因,不仅仅是城里人看不起农民,连农民自己也看不起农民和农民出身。大家仿佛觉得当农民是一件不光彩的事情。

改革开放后,农村社会流动者出现了从"盲流"到"农民工"等称呼的变化,这种变化背后不变的事实是:农民宁愿背井离乡,历尽艰辛,也要努力奔向城市。农村中出人头地的基本标准就包括离开农村,农村人读书的首要目的甚至全部目的就是进入城市,彻底摆脱"面朝黄土背朝天"的农民生活。事实上,很多农家子弟通过上大学跳出农门,进城后都没有自己的房子,他们前二十年不得不为自己的住房奋斗,后二十年必须为子女的住房奋斗,这种样态是很多农村聪明的孩子通过教育进城后的生活写照。他们因为生存压力大,难以及时反哺父母,甚至许多读书进城的农二代还不得不剥削父母微薄的农业收入来填补城里生存的窘蹙,几代人的积蓄源源不断输入到城市的钢筋水泥中。教育不仅使农村智力顺利输入了城市,而且使很多农村家庭积累的财富也输入了城市,以此促进城市繁荣,也在无形中拉大城乡距离。但这类家庭还是无怨无悔,因为两代人的共同努力,会改变子孙后代的生存境遇,这是这些家庭和家族的希望所在。二元结构制造了社会区隔,也让人尤其是农村人有了跨越区隔的强大动能。

值得指出的是,即使城乡二元治理结构彻底破除,即使城市人口已经饱和,如果我国普遍存在的"去农文化"不能有效去除,农村人口仍将持续净流出,乡村不仅会"空心化",而且将会在相当长一段时间存在进一步衰落的可能。如何使乡村振兴起来,如何使农村走向新的繁荣,这是我国全面实现现代化必须正视的问题。

(二)诱使农民逃离农村的文化杠杆

长期以来,学术界对"三农"问题的研究侧重于经济学方面,而从社会文化角度思考则相对不足。实际上，随着中国农村青壮年倾巢而出式的社会流动在广大农村普遍出现，一种"去农文化"在悄然生成。

"去农文化"的支持力量主要来源于以下几个方面：一是流动人口及其伴随性流动产生的"去农文化"。如果说第一代农民工尽管在行动上也是多样的，但在文化心理层面还是亦工亦农、眷恋自己家乡的。第二代农民工基本只有对农业、农村和农民的感知而无这方面的兴趣。第三代农民工对农业、农村和农民的感知不多，兴趣索然，更没有在农村从事农业的愿望和能力。二是农村人口以教育为直接杠杆成为非农人口者滋生的"去农文化"。他们的教育成功对农村发展产生张力性作用。一方面，他们大多数人在读书、找工作、找对象、结婚、买房和生孩子、带孩子等方面都需要家里支持，甚至婚后回家无偿带走各种土特产，都表现出对农村的明显依赖；另一方面，他们自己和他们父母这两代人身上都有着复杂的去农文化心理，而且使在城市成长的下一代逐步远离了农村、农村生活和农村文化。农村孩子通过读书进城的事例让人不得不思考以下几个问题：为什么农民们都在努力把自己的孩子送到城里？为什么通过教育"成功"进城后的子女反而不能更好地孝敬父母？为什么明知子女进城后不能反哺养育之恩，父母们还会义无反顾地让子女离开？

回想笔者的青少年时期，很多农家子弟在孩童时代都会听到来自父辈们朴素而励志的话语："如果你不好好读书，长大了就得在农业社活受罪。"在这种文化影响下，农村人即使自己不能离开农村，也普遍寄希望于下一代人改变农民身份，能够逃离农村、远离农业。回顾改革开放四十多年来影响农村发展的相关政策演进过程，从催粮催产到精准扶贫和全面振兴乡村，政策的重大变化对农村发展产生了重大影响。农村工作和农村发展也经历了诸多风风雨雨。农村人对农业和农村乃至农民身份的认同也发生了很多变化，但现在热爱农业、喜欢农村和愿做农民的人，已经越来越少。如何打破深入农民乃至整个国民灵魂深处的"去农文化"观念，这是全面实现乡村振兴不能回避的重要问题。

（三）诱使农民逃离农村的结构杠杆

改革开放后，以牺牲农村为代价来繁荣城市的步伐实际上仍然没有彻底停下来，而轻农、去农的农村文化已经上升为一种深入灵魂的民族文化。许多解决"三农"问题的政策措施，实际上仍然没有从根本上脱离城乡二元治理思维。各类关系民生的重要资源，如教育、卫生等公共产品明显向城市倾斜的趋势没有得到有效矫正，乡村的现状没有得到快速扭转甚至一度存在加速的趋势。这些众所周知的问题，无须再赘述。这里着重从土地和土地的开发利用方面来揭示农民逃离农村的结构性杠杆问题。

随着城市的不断扩张，土地利用总体规划日益把新增建设用地的绝大多数规划在了城市周边。在这种规划下，在县城以下的广袤农村地区，即使引进了有意向的高质量工商企业，但最终落地常常比登天还难。农村用地指标的审批严格到令人不可思议的地步。涉及占用农村土地的项目从立项到完成，常常需要经过各种各样的变通才能落地。比如，先要调整规划，把基本农田变性为一般农田，再把一般农田变为建设用地。如果本县用地指标不够，还得从外地借指标。如此大费周章，一个项目从批准立项到最终完成，到可以投产，往往需要 4 年左右时间。4 年时间，意味着某些原本具有先发优势的产品，其优势已经部分甚至完全丧失，也就意味着市场丧失或发展机遇丧失。如此规制，让人不禁要问：难道在耗费企业大量时间和经济成本后，其所占用耕地的不良影响就能有效减轻？如何用农村发展的眼光来规划农村的土地，是一个越来越值得学术研究和政策调整的问题。

更为夸张的是，在较长一段时间里把原本只是生活必需品的房子和相应产业硬生生论证为投资品和拉动经济增长的支柱性产业，使全民炒房变成独特的社会现象。尽管这样做确实能够增加土地财政收入，但最后为拉高的城市房价买单的主体还是进城的农二代，这无疑又进一步吸干了农村资本。房地产的供给如果大大超过了人口增长和转移产生的真实需求，不但会产生经济泡沫，造成资源闲置和浪费，而且可能对金融稳定和居民生活幸福带来难以预计的不利影响①。农村占补平衡、增减挂钩的土地政策，如果不切实际，容易产生劳民伤财的不良后果。在新农村建设中，有些地方统一建设房子，让农民"洗脚上楼"②，房子从外观上看，确实整齐划一，但这种安排实际上不太适合农村生产和生活需要。尤其是有些地方在新农村建设中，甚至使某些古旧村落走向消亡，这些具有不可复制的、化石意味的古村落被人为毁掉，实在可惜。

三、乡村振兴期待的民间乡村文化建设

农业属于第一产业，如果没有相应和相关的第二、第三产业来支撑农村发展，就难以确保农村稳定持续的发展和繁荣，农村走向衰落的可能性将会很大。因此，确立科学的农村发展观并把它沉淀为农村发展的文化支撑十分重要。与乡村振兴相关的文化重塑，首先就要形成一种文化观念：农村改革和发展的终极目标是营造一个缓慢、舒适的宜居社区，让民众不需要挤到大城市就能拥有高品质的生活，甚至能够让那些生活在大城市的人看到农村是可以留恋和随时回来的世外桃源。然而，中国农村曾经在较长时段内出现了以下情况：大量农村人口涌入城市，传统农业社会迅速没落；农村年轻力壮的人都走了，村子里只剩下老弱病残以及妇女、儿童和其他流动意愿与流动能力不足的人。此外，要切实改变牺牲农村而服务城市和工业发展的思路。过去一段时间，农村的一些地方政府在招商引资时把城市和发达地区放弃的重污染工厂引进来，虽然缓解甚至解决了城市工业污染和垃圾围城的尴尬，但使河流散发着恶臭，村庄被垃圾包围，农村青山绿水的环境遭到破坏。如果农村成为或将成为附近城市的大贫民窟，这是绝对不能容忍的。值得庆幸的是，全面实现乡村振兴已经成为共识，并在政策话语和实践中得以落实。如何在乡村振兴中，把农村建设成有现代文化意味、农村生活趣味

---

① 城市居民财富的很大一部分是以房产为标志的，因为这个与本研究主题关联不大，故不做详细论证。但此事对将来城市居民生活的影响可能比较大，有必要记录和保持警惕。

② "让农民洗脚上楼"，意思是拆掉原来的结构和功能齐全的老式农村房屋，统一建成二层以上（含）的楼房，农村的住房不符合农业生产和农民生活的需要。

和地方特色品味的宜居、宜业、宜人所在，越来越成为一个值得探讨的重要话题。

(一) 乡村特色的建筑文化

农村的建筑，如果能够适合当地的气候特点、生产和生活习惯，并形成独具地方特色的风格，将是农村物质文化或文明的重要呈现方式。事实上，我国的建筑还是很有一些地方特色的。比如最能体现江南风格的徽式建筑、苏州园林式建筑、湖南湘西的吊脚楼等等，其特点是以砖、木、石为原料，以木构架为主，梁架多用料硕大，且注重装饰。

1. 徽式建筑

徽式建筑作为徽文化的重要组成部分，历来为中外建筑大师所推崇。它是中国传统建筑最重要的流派之一，集中地反映了徽州的山地特征、风水意愿和地域美饰倾向。徽式住宅多为多进院落式集居形式（小型者以三合院式为多），一般坐北朝南，倚山面水，讲求风水价值。徽式建筑的白墙青瓦，白墙为白纸的颜色，青瓦为墨水的颜色，其寓意不言而喻。房子的布置有所谓"左青龙（房屋左边的方位宜高不宜低，宜动不宜静），右白虎（房屋右边宜低不宜高，宜静不宜动），前朱雀（房屋前面宜宽大，不宜杂乱），后玄武（屋后宜有合适的靠山）"的讲究，都具有风水意义。

徽式建筑的布局沿中轴线对称分列，面阔三间，中为厅堂，两侧为室，厅堂前方称天井，采光通风，院落相套，造就出纵深自足型家族生存空间。民居外观整体性和美感很强，高墙封闭，马头翘角，墙线错落有致，黑瓦白墙，色彩典雅大方。在装饰方面，徽州宅居的青砖门罩、石雕漏窗、木雕楹柱与建筑物融为一体，使建筑精美如诗，堪称徽式宅居的一大特色。

2. 湘西的吊脚楼

湖南湘西的吊脚楼是很有民族特色和地方风情的特色民居。这种房屋大部分以传统工艺建造，木制房屋极少用铁钉固定，而是通过榫卯衔接，既牢固又美观。房屋的出檐、格栅、斗拱等都保存了传统的木造工法。外地游客来了，都无不为这古色古香的建筑赞叹。

3. 农村自建住宅的新发展

住宅的变化是农村发展在家庭中最为明显的呈现方式。改革开放后，农村进入房屋改造和改善的第一阶段，其基本特征是把茅草房拆建成砖瓦房；随着经济情况的进一步好转，又把砖瓦房拆建为二层小楼房（如图 5-1）。

图 5-1　农村第一代楼房

图片来源：笔者于 2021 年 12 月 3 日摄于宁乡

乡村建造的第一代楼房，一是考虑安全，改变了茅草结构或红砖青瓦结构相对简陋的建造风格，开始用钢筋水泥结构来增强房屋的安全性；二是大大增加人均住房面积，提高舒适感；三是实现功能分区，人的生活区和家禽家畜的饲养区分离，使人居环境大大改善；四是开始美化家庭环境，使室内室外都更有美感。但这种一层或两层为主的现代建筑，仍然努力服从和服务于传统生活和农村生活习惯。

随着农村逐步走向富裕，那些先富起来的家庭开始建造别墅。第一代别墅仍然保持和努力优化传统的农村生活习惯。建筑设计更为明显地引入了西方元素并进一步优化，注重采用大窗户加强采光，外观上也改变了以前的方正结构，开始在造型设计和装修等方面进一步美化和优化，尤其是更加注重生活的方便、舒适和家庭成员生活的相对独立性：室内家具基本抛弃了传统实木家具，主要采用新型板材结构并且和墙壁嵌套在一起，以显得更加美观并节省空间、方便搞卫生；开始强调家庭成员的生活独立性和隐私保护，以及个体生活的便捷性，并尽量减少家庭成员日常生活的相互干扰，比如房间有更多的卫生间和盥洗室，每个房间都有自己独立的衣柜等。越来越多的家庭开始安装现代监控系统，居住环境的智能化和现代化特征更加明显（图 5-2、图 5-3）。

 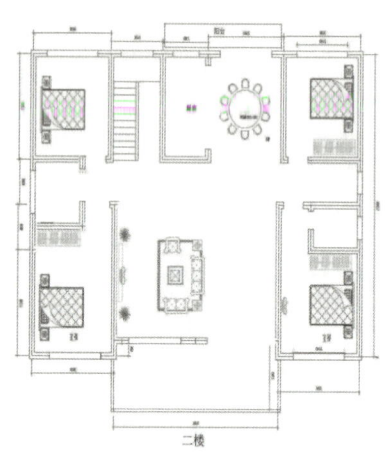

图 5-2　农村第一代别墅外观和二层平面设计图

图片来源：笔者于 2021 年 9 月摄于宁乡

从图 5-2 的二层平面设计图可以看出，二层 4 个卧室，都配备了独立的盥洗室和浴室，中间有厨房、客厅和餐厅等。一层和二层既相互联系，也相对独立。房子的设计有较好的前瞻性。车库和养殖用房则作为附属房间，尚未建设完成。从图 5-3 可以看出，别墅里面的家具，从设计到制作，再到摆放方式，都和以前有了明显的不同。

图 5-3 农村第一代别墅局部内饰

图片来源：2021年9月14日摄于宁乡双凫铺

在走访过程中，我们也发现了占地面积很大，具有明显田园风格的私人住宅（如图5-4）。该住宅是当地最大的烟花生产商的私家住宅，也兼做工厂办公和会客的场所。

（二）正在勃兴的民间乡村文化建设

在乡村振兴的鼓励和激励下，乡村文化发展首先表现为私人家庭的物质文化建设方面的长足进步。私人住宅质量在不断提高，其美观性、舒适性等重要生活品质越来越好。其次，农村其他方面也出现了比较明显的进步，其中最突出的表现是农村乡贤的出现和成长。保存和重建乡村文化，努力使乡村的物质文化和非物质文化能够得以赓续，这是某些乡贤积极关注和身体力行的重要内容。笔者在农村走访和调研过程中，发现了主要以当地退休回家乡养老的国家工作人员创办的以文化为主题线索的博物馆或文化馆。

图 5-4 农村第一代田园风格私宅

图片来源：笔者 2021 年 12 月 4 日摄于宁乡

1. 农耕文化博物馆

宁乡市大成桥镇的农耕文化博物馆是笔者在访谈中无意间发现的。听说此事，我十分兴奋，并在 2021 年 8 月 21 日专程前往参观。很快就到了在 209 省道旁边的一栋私家住宅，这是农耕文化博物馆最初的创办地。房子右边的墙面上赫然嵌有"农耕文化博物馆"的鎏金大字。

由于当时疫情尚未彻底结束，外出的人不多，我一个人有了参观访问的专场。只是当时创办人不在，很多细节没有能够获取。但在和创办人谢老的儿媳简短的交流中知道了一个重要细节，就是刚选址完成的一个精品馆就在几公里之外的地方。几经周折，找到了利用闲置的"鹊山小学"简单改造而成的新馆。只是尚未开馆，无人值班，无法进去参观，只能扫兴而归。

第五章　唤醒文化自觉：高等教育与新乡贤成长　　·267·

图 5-5　谢国恩利用自家住宅创办的农耕文化博物馆①
图片来源：笔者 2021 年 8 月 21 日摄于宁乡大成桥

　　第一次参观虽然没有达成预期的目标，但心中对农耕文化博物馆的创建和对创建人的眷念却更加浓烈。在参观后，我又找了一些人了解这博物馆台前幕后的一些东西。在 2021 年 11 月 20 日，又再次去参观访问。这次比较幸运，遇到了创办人，现年已经 85 岁的谢国恩老人。他身体状况很好，但耳朵不太灵便，交流不很容易。但从交谈中还是获得了一些重要信息，尤其是成功参观了尚未挂牌的新馆。

---

① 谢国恩把自家 1000 多平方米的屋子腾了出来，耗资百万元着手建设农耕文化博物馆。他致力于把以前的农村生产、生活画面进行复原，让年轻一代真正了解过去、认识过去。他还把当地一所建设得很漂亮但已经闲置的小学改造成新的农耕文化博物馆，同时还在刘少奇主席家乡花明楼创办了一家农耕文化博物馆。

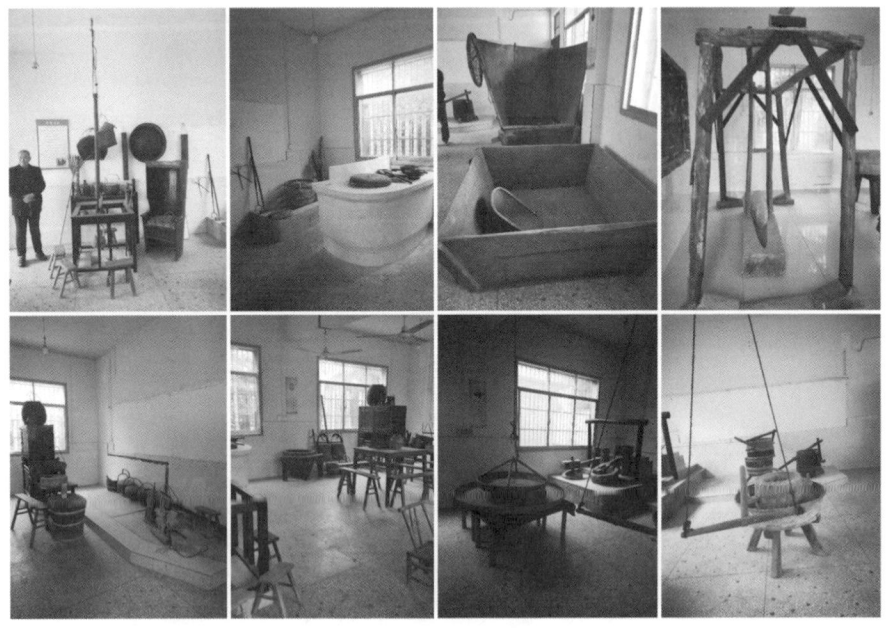

图 5-6 反映农耕生活的系列展品

图片来源：笔者 2021 年 11 月 20 日摄

图 5-6 说明：这一组图片主要反映的是农耕生活，主要包括粮食收割（扮桶，前排右二）、加工（碾米和筛米等工具）以及餐饮制作（灶台）等系列工具和用品（饭桌和凳子等）。

在多次参观农耕文化博物馆的过程中，我们对反映农耕文化的各种展品的熟悉程度越来越高，目光所及能够触动并引发思考的东西也越来越多。我们发现了一个奇怪的东西，特意询问了举办人。举办人对此感到很自豪，说我们终于关注到了他收藏的最珍贵的宝贝。

农耕文化博物馆的落成，不仅使已经逐步在日常生活中退却甚至消逝的生产、生活的某些重要用品得到了保存，而且可以给年轻一代了解农村历史和农村过去的生活提供真实样本，能够帮助年轻人对过去的生活方式产生一定的认知和必要的联想。

第五章　唤醒文化自觉：高等教育与新乡贤成长

图 5-7　织布系列

图片来源：笔者 2021 年 11 月 20 日摄

图 5-7 说明：主要有纺车和织布机等。

图 5-8　婚嫁系列

图片来源：笔者 2021 年 11 月 20 日摄

图 5-8 说明：左边的三台轿子，红色的为新娘轿，旁边的为亲家母轿，再过去为其他娘家女眷轿，右边图片为喜宴的宴席搬运工具。

图 5-9　木工和其他农用工具系列

图片来源：笔者 2021 年 11 月 20 日摄

图 5-9 说明：图中物品为木匠工具、家用物品以及农业生产的各种常用工具（一部分）。

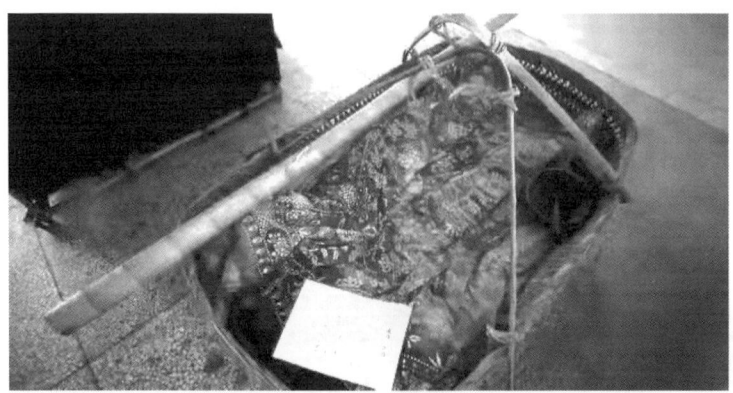

图 5-10　抬窝

图片来源：笔者于 2021 年 11 月 19 日摄于宁乡大成桥农耕博物馆新馆

图 5-10 说明：抬窝是一个反映农耕文明时期民间对残疾人（瘫子）进行慈善救助的重要物件。瘫痪的孤寡人躺在抬窝中，被人抬到周围某个村庄，然后村中的每户居民根据自己的财力等，给他提供长短不一的饮食等生活基本物资供应，然后再抬到下一家，直到村庄的每家每户都做完了该项工作，残疾人就会被抬到另外的村庄，使之能够得到生存的基本救护。

2. 剪纸艺术

除了与衣食住行等维持生命活动直接相关的文化外，农耕文化其实也有很多涉及艺术或与审美情趣、审美想象等非物质生活相关联的内容。民间的剪纸艺术、舞蹈甚至宗教活动，都具有文化含义。笔者在访谈中，

图 5-11 刘章喜剪纸艺术（之一）

图片来源：笔者 2021 年 8 月 21 日摄

图 5-11 说明：上述每一个陈列室的剪纸艺术品都是根据笔者参观时的偏好所选择的一部分。

无意中发现了一个融生活与艺术于一体的特别场所。刘章喜①剪纸艺术的陈列地点就在一家餐馆。酒店的每一个包厢都有不同风格的剪纸艺术品,酒店空余房间则成为陈列剪纸艺术品的独特空间。这种商业行为与民间个人兴趣爱好的结合,让我倍觉耳目一新(见图5-11、图5-12)。

图5-12 刘章喜剪纸艺术(之二)

图片来源:笔者2021年8月21日摄

图5-12说明:图片展示的只是笔者认为最能体现陈列室内展品特色的局部。

剪纸艺术馆陈列的剪纸作品为当地从教育行业退休的老干部刘

---

① 刘章喜先生是湖南省长沙市宁乡大成桥人,湖南中华文化促进会校园剪纸艺术委员会委员和第一任会长。编辑出版了《中华剪纸图文》等20部著作,作品获得全国剪纸大赛金奖、银奖和铜奖19次;作品和专著被全国多家博物馆以及约旦、古巴、日本、德国、英国、新西兰、澳大利亚等国的友人收藏。

章喜发起创作，其中绝大部分作品基本由发起人自己创作。近年来，刘章喜先后在长沙、宁乡近30所大中小学给师生讲课，传授剪纸技艺，并为数十所中小学校捐赠剪纸艺术专业书籍9000余册，价值达28万元。刘章喜的剪纸技艺在2014年被列入长沙宁乡市非遗保护项目。

刘章喜剪纸艺术馆，在为党的百年华诞献上一份独特的祝福时，展出了《中华英烈图》《十大元帅图》《十大战役》《科技强军》《精准扶贫》《全民抗疫》《吉祥娃娃庆百年》等极具时代特色的剪纸作品2000多幅和近2000册图书[①]，被《人民日报》、《光明日报》、光明网、中新网（海外）、人民网、湖南电视台等一系列新闻媒体争相报道。目前，刘章喜剪纸艺术馆主要由两个重要部分组成，即三个陈列室和三个体验馆。三个陈列室有三个不同主题，第一室为最美宁乡，第二室是婚寿喜庆，第三室是名家杰作；三个体验馆分别为剪艺体验馆，书法体验馆和画作体验馆。

（三）乡村特色的生活环境

农村生活需要净化、美化和文化化。农村物理环境的改造已经日渐受到重视，生活的净化和美好已经越来越被管理者重视，也日益深入人心。但这只是乡村发展的第一步，更不容易完成且可能更有深远影响的任务应该是对当地传统文化的保护、整理、开发和传播。只有完成了乡村文化的全面建设，乡村振兴才有了自己独立和独特的灵魂。农村文化建设的内核是"文化的传承与文脉的延续"，延续传统是社区营造的基础，各种传统文化活动更是将村民们凝聚在一起的纽带。挖掘并活化地方文化，使乡村文化多彩多姿地发展，是具有深远意义的重要理论选题和政策努力推进的现实课题。

目前对"三农"问题的讨论，中国学术界一致认为现代化、工业化和城市化进程是其宏观背景，也是影响农村发展的深刻根源。因此，

---

① 巧手剪出时代发展变化［EB/OL］.（2021-05-24）［2021-10-29］. https://news.gmw.cn/2021-05/24/content_34868167.htm.

"三农"问题的解决和农业、农村和农民的可持续发展问题都将伴随整个现代化进程而不断推进。研究"三农"问题，应该在现代化和全球化框架下思考农村、农民和农业的命运，应该在中国整个改革开放和现代化进程中，把中国放在资本全球化的背景下来理解农业、农村和农民的现实及其变迁。目前已经察觉并开始行动的道路主要有两条：第一条道路是在中国城市化和快速发展背景下讨论农民如何平稳转移进入城市。第二条道路就是农业、农村和农民本身的现代化。这两条道路的路径选择和行为实践，都需要在认识与行动层面上不断探索和不断进步。事实上，从"三农"问题的提出到"三农"发展的话语表达，从农村发展到乡村振兴的提法变化，都是人们认识不断加深，行动日渐务实的发展过程，也反映了人们在认识和行动层面上不断升华的过程。这样的过程不可能一蹴而就，需要在建设和发展过程不断解决新问题、不断优化发展思路来一步一步推进农村的现代化。

第三节　新乡贤及其榜样作用的发挥

旧乡贤一般泛指在本乡本土知书达理、才能出众、办事公道、德高望重之人。他们多半耕读传家、为人正直、热心公益，享有良好的口碑和威望[①]。换句话说，这些乡贤或以学问文章、或以清明善政、或以道德品行等方面的出色表现赢得当地百姓的高度认同和自觉自愿的效仿，并以此形成植根乡土、兴盛乡村的乡贤文化。新中国成立后，国家权力全面下沉，对基层社会的掌控在制度设计上达到了纵向到底、横向到边的程度。这种架构设计意味着没有给社会留下多大的权力运作空间。与此同时，我们的干部制度、公务员制度和企事业单位的相关管理制度都没有提倡退职还乡。实际上，今天依然存在的城乡二元体制导致城市与农村严重非均衡发展，它使城市社会保障水平和生活舒适便捷程度仍然远远高于乡村。从农村走出的各级领导干部及各类公职人员退休后留在

---

① 钱念孙. 乡贤文化为什么与我们渐行渐远［J］. 学术界，2016（3）：38-44.

城市安享晚年，已经成为大家自觉不自觉的现实选择。如果能够创造条件使出身农村的离退休人员乐意返回自己出生的乡村，其所产生和带动的有效需求，必然会进一步使农村医疗及其他方面的硬件和软件水平得到较快提升，对扭转农村发展遭遇的"空心化"等不良状况，无疑具有很大促进作用。大量出身乡村的公职人员回乡，有利于集聚乡贤人才，作育大批新乡贤，促进新型乡贤文化在乡村的成长。要在新时代发挥乡贤的积极作用，首先需要准确认识新乡贤。

一、新乡贤的认定及其作用

一般而言，新乡贤是指中国农村优秀基层干部、道德模范、身边好人等先进典型。他们成长于乡土，奉献于乡里，在乡民邻里间威望高、口碑好[①]。笔者认为，新乡贤群体一部分由那些已经在政治、经济、军事、文化、科学、教育、文艺、卫生、体育等各个领域取得了非凡业绩的人士转化而来，另一部分则是本土成长起来的地方精英。他们一般都是出生于农村或（和）成长于乡村并乐于为乡村发展和振兴服务的精英贤达人士[②]，他们都具有回报桑梓、为乡村发展做贡献的情怀和行动[③]。

（一）新乡贤的认定

根据与乡村的物理距离远近和发挥作用所依托的身份两个不同维度，新乡贤可以分成以下具有相对解释力的四种类型。

1. 在场精英型乡贤

一般来说，在场精英型乡贤主要由外出打工获得成功机会或在外创业成功后返乡的富人、企业家或离退休公职人员充当，他们是富人、能人或（和）贤人。这种乡贤在家乡具有财富、地位、知识和信息等多方面的明显优势。这种出身的新乡贤与古代乡绅或乡贤更加相似。他们往往对产业发展、乡风文明等方面的建设工作具有积极带动作用。他们是

---

① 刘祁. "三农"视角下乡贤文化的现代价值及其实现路径 [J]. 老区建设，2016（14）：11-14.
② 黄海. 用新乡贤文化推动乡村治理现代化 [N]. 人民日报，2015-09-30（7）.
③ 颜德如. 以新乡贤推进当代中国乡村治理 [J]. 理论探讨，2016（1）：17-21.

当地老百姓身边的现实榜样，是可以接近和接触的互动性重要他人。有必要指出的是，在场精英乡贤尽管大多数都具有较强的回报桑梓和奉献乡里的主观动机，但也不能否认有少数甚至为数不少的精英乡贤在积极参与乡村振兴的过程中掺杂着明显的或明确的私人经济利益诉求，有些诉求与公共利益追求并非都能够兼容。在经济发达地区和经济发展处于快速上升阶段的地区，往往土地升值空间显著增大，各种经济活动都比较活跃，在场精英乡贤积极参政、努力竞选村干部等行为背后常常有着更深层亦具有隐蔽性的利益算计①。这是研究乡贤，以及在政策制定和行动推进中，都必须注意的。挑选在场精英型乡贤，有一个选择、引导、帮扶和提升的系列助推过程，这样才能让一个乡贤坯子变成真正的乡贤，甚至变成经得起历史检验的人物。

2. 不在场精英型乡贤

这类乡贤主要由在外通过做生意等方式致富的企业家及富人，在外任职的干部、专家、教授、学者以及文化名人、法律界人士等出身乡村、关心乡村发展的成功人士组成。在大部分乡村，不在场精英性乡贤只是作为乡村振兴的辅助力量。他们在乡村振兴中的直接作用在某种意义上常常低于在场精英型乡贤。但不在场精英型乡贤常常具备较好的资财条件、较强的发展能力、较强的社会关系网络和较丰富的社会经验而为学界积极关注，为政界特别期待。如果这种智力资源和财富资源能够成功返乡，对乡村振兴的积极作用不言而喻。然而，在事实层面上，不在场精英型乡贤常常没有充分的时间和充足的精力亲自参与到乡村振兴的各项具体事务中去。目前，常见的方式是他们会通过捐钱捐物或者帮助处理某些外围难题等方式对家乡提供帮助。不在场精英型乡贤虽然拥有较多的经济资源、发展实力和其他条件来推动乡村振兴，但他们的社会交往常常超脱于乡村，对家乡的感情相对淡薄，乡土社会的人情面子难以有效制约和激励他们投身乡村振兴工作，他们的行动主要基于对自己出生地的特殊感情和对以往生活的记忆，以及仍然存留在乡村的某些

---

① 何倩倩. "乡贤治村"调查[J]. 决策，2015（4）：49-51.

联络关系①。让他们自愿放弃个人发展和个人利益来参与乡村振兴，对大多数人来说，这没有太大的现实可能。

3. 在场的平民型乡贤

这类乡贤主要由身边的好人及道德模范、老党员、当地退休教师和退休的乡镇村组干部以及当地的活跃分子充当。在场平民型乡贤往往出自各类资源都相对匮乏的乡村。对于那些欠发达的乡村来说，目前尚不具备在场精英型乡贤萌生和成长的经济社会基础，从而使平民型乡贤能够凸显出来。平民型乡贤成为这些乡村的乡贤主体类型。对于欠发达的乡村来说，推动乡村振兴的主要力量是在场平民型乡贤。鼓励和吸收他们参与到乡村振兴中来，并不需要较多的额外利益激励，因为他们长期生活在乡村之中，有较多的闲暇时间，乡村振兴与其切身利益和生产生活有着比较直接的关联。他们参与乡村振兴的有效作用不凸显主要是由于这些平民型乡贤普遍存在财力不足、无权无势、社会影响力有限等局限。此外，作为普通农村人口，他们要发挥力量就必须遵循市场经济竞争规律的制约，必须适应现代化进程中的种种挑战。这种竞争或挑战是传统乡土社会中比较松散的群体很难有效应对的，故他们在产业振兴或带领村民致富等方面能够发挥的作用还相当有限。

4. 不在场的平民型乡贤

这类乡贤主要由外出务工的青壮年组成。他们长期在外务工或经商，与那些流动意愿和流动能力缺乏或相对缺乏的留守人群相比，有更佳的社会视野和更强的致富能力。他们一般在一年之中会有一段时间返乡在家，能够把外地获得的有用信息和知识技术带回家乡，并且能够阶段性地参与到乡村公共事务之中。但他们投入的时间和精力有限，尤其是第二代和第三代外出务工人员对家乡的感情没有第一代人深厚，想扎根外地或扎根城市的意愿更加强烈，因此他们很难成为参与乡村振兴的主要力量。但家乡毕竟是他们永远的根，他们仍然愿意为家乡发展出

---

① 高万芹. 乡村振兴进程中新乡贤的类型界定、功能实践与阻力机制［J］. 天津行政学院学报，2019（5）：87-95.

力，也希望家乡越来越好。

概而言之，精英型乡贤在传统中国就是作为国家和社会中介的乡绅阶层，他们在地方社会发展和农村治理中发挥过十分重要的作用。费孝通用双轨政治、皇权和绅权以及礼治秩序来形容传统时期的乡村治理模式，一方面突出乡绅在乡村社会中的重要作用，另一方面强调礼治秩序的特征[1]，这样的总结还是很有见地的。现代中国的运行逻辑不同于古代中国，其制度运作，一方面存在着正式制定程序以及制度制定者和执行者的区分；另一方面在制度实施中，执行者在未经制度制定者正式准许的情况下，往往也会利用种种手段进行制度变通，而这种制度变通又常常在一定范围内得到社会认可[2]。变通并不是对原制度的全部改变，而只是一种部分的调适，其在形式上仍然只做与原制度保持一致的某些改变。

（二）新乡贤的作用

新乡贤作为一个中性概念其实也包括很多侧面和层面。从其发挥积极动能的驱动力量看，也可以将其分为保护型乡贤和营利型乡贤。因此，重新界定新乡贤的内涵和重新划分新乡贤的类型，尤其需要明确什么类型的新乡贤容易演变为营利型，以及如何约束新乡贤营利性一面的不适当扩张。这类问题是研究者和政策制定者必须积极关注的。"产业兴旺、生态宜居、乡风文明、治理有效、生活富裕"等乡村振兴目标既涉及乡村的产业发展、农民的生活富裕等物质层面，也涉及社会治理、乡村文化建设、生态环境建设等偏向于制度层面和精神层面的内容。有学者认为新乡贤作为新时代的乡绅，能在乡村振兴中发挥积极作用，期待通过打造归雁经济效应，实现乡村产业兴旺、农民生活富裕等目标[3]；但也有相反的观点，比如有学者认为新乡贤可能演变成新劣绅、

---

[1] 费孝通，吴晗，等. 皇权与绅权 [M]. 上海：华东师范大学出版社，2015：1-14.

[2] 王汉生，刘世定，孙立平. 作为制度运作和制度变迁方式的变通 [J]. 中国社会科学季刊（香港），1997（21）：45-68.

[3] 李思琪. 新乡贤：价值、祛弊与发展路径 [J]. 国家治理，2018（3）：28-36.

新乡霸①。在资源输入和资本下乡背景下，新乡贤参与乡村振兴可能促使一部分企图攫取利益的人下乡谋利，与民争利②；更有学者认为，新乡贤选择的是一种典型的人治线路，本身就与基层治理现代化和法治化的目标相悖，应当采取措施规避其风险③。上述研究观点的差异反映了当前学界对新乡贤内涵和角色认识的不确定性，并且对其能否在乡村振兴中发挥积极作用存在质疑。在理想状态下，新乡贤群体能够发挥沟通农民和政府、协助政府治理的重要职能。那些热衷于乡村文化事业的贤达，依据本土文化底蕴，通过各种措施可以在乡村建图书馆，带动农业公民学习各种改进农业生产的知识；在乡村建各种文化馆，或者定期总结整理村中各种好人好事进行传播，引导农村乡民崇德向善；在乡村建设文化广场，开展各种文艺汇演，满足乡民闲暇的精神需求等等。这些做法都有利于丰富村民的文化生活，提高村民的生活水平，帮助实现农村"生活宽裕"和"乡风文明"的目标。

现实中通过户籍制度和劳动人事制度把全体社会成员区分为干部、工人和农民三种基本身份，社会成员之间存在着明显的身份壁垒，要想改变这种身份相当困难，其渠道十分有限。科尔内建立的企业和上级部门之间"对计划讨价还价"（plan bargaining）的模型④对这种状况有一定的解释力。新乡贤很难改变社会故有的身份结构，但可以发挥积极的社会链接作用。一般而言，中间或居间力量发挥社会链接作用的方式实际上包括两个重要方面：一是遵从，二是变通。这两种方式在社会阶层之间或制度运作之中都常常如此。居间人对制度运行的作用，在理想状态下，其实际操作总是兼顾遵从与变通，使制度能够与地方实际情况相吻合。要实现上述结果，通常需要在以下三方面做出某些努力。

---

① 丁宁宁. 新乡贤在乡村治理中的作用[J]. 黑龙江科学，2017（7）：52-53.
② 桂华. 乡村振兴要坚持农民的主体地位[J]. 农村工作通讯，2008（4）：50.
③ 胡鹏辉，高继波. 新乡贤：内涵、作用与偏误规避[J]. 南京农业大学学报（社会科学版），2017（1）：20-29，144-145.
④ 王汉生、刘世定、孙立平. 作为制度运作和制度变迁方式的变通[J]. 中国社会科学季刊（香港），1997（21）：45-68.

首先，必须对制度原则和目标规定性进行形式上的遵从，包括使用一套与原制度规定相同的话语。但在保持遵从的同时，将有意地突出某些可以和制度内容相衔接的新的东西。这样做，一方面是为了对变通制度加以保护，减少被干预的可能性；另一方面则是通过与原制度的衔接，减少变通制度推行中的摩擦，降低组织运作和动员的成本。

其次，努力实施与原制度安排有所不同的变通安排。对制度安排的这一新目标的设定，通常是在对原制度安排进行细化和具体化的情况下完成的。对于原制度制定者来说，由于信息不完全，因此在做出制度安排及下达运作指令时，常常是粗线条的。这为变通主体提供了实施变通性制度安排的机会。

再次，对变通制度形成程序的合法性进行必要说明。比如，落实上面的制度需要经过基层党委会讨论决定并形成相关文件等。这样做除了有利于遵循现行体制的常规做法外，其重要的目的也在于加强变通制度的合法地位并减少变通者的风险。虽然从整个制度运作角度来看，变通并不是一种完全正式的运作方式，但在变通主体管辖的范围内，由于变通主体在体制结构中的正式地位，变通制度却可以凭借正式程序通过并实施运作。

新乡贤的社会示范作用、社会引领作用，既需要遵从基本的制度规范和日常的行事规则，也要做必要的合理变通，变通的最微妙之处在于它对原制度的似是而非全是。也就是说，从表层或表面上看，它所遵循的原则及试图实现的目标是与原制度一致的，但变通后的目标就其更深刻的内涵来看则与原制度目标不尽相同甚至可能背道而驰。当然在一般情况下，变通制度的直接目标与原制度的目标并不严重冲突。在有的情况下，原制度目标是作为变通制度的副产品实现的。这也是原制度的监督执行者对变通行为能够容忍的一个很重要原因。而大多数变通者也清楚地知道，如果过于偏离原制度目标，将会导致对变通行为的干涉而使变通变成此路不通。

二、发挥新乡贤文化引领作用的案例

乡村振兴首先需要解决"三农"问题,也就是要解决"农业萎缩、农村萧条和农民贫困"问题。它实际上指向了农业经济问题、农村政治与社会问题以及农民权益问题。它期待农业供给能力的持续提升、农民收入水平的有效增长、农村社会发展的持续进步,尽可能避免"农业发展、农村社会进步与农民生计提升的不可持续性交织形成的农村社会系统失衡问题"。要实现上述目标,需要解决户籍制度改革和农民素质提高问题,要切实减轻农民负担,有效阻断农民收入增长缓慢、城乡发展差距扩大、农民大量流向城市但又无法在城市体面安居等系列问题,最终实现农业产业化、农村现代化和农民富裕化,进而全面实现我国现代化。在当前的发展境遇中,在农民身边发现并树立榜样,对农民观念的改变和行动的选择具有积极示范作用。故发现并倡导一些在农村出现的典型,对农村全面发展具有一定的促进作用。

夏昭炎[①]教授夫妇:乡村振兴的好种子

改革开放以来,随着市场经济和城乡一体化的逐步推进,中国农村在物质文明不断丰盈的同时却没有能够有效实现乡村精神文明的同步发展,乡村教育衰落,礼俗秩序遭到冲击等现象在农村较大范围内出现过,甚至现在也未能彻底阻断。乡贤回归和乡贤文化的发展有助于扭转这种局面。乡贤文化根植乡土、贴近乡村,蕴含着见贤思齐、崇德向善的力量。乡贤文化作为一种亲善性、人本性的先进文化,具有教化乡民,引导乡民,能够被乡民更好认同并内化的特点。

在农村发现和培育乡贤,弘扬乡贤文化的耕读精神,引导农业公民努力学习科学文化,营造学习型乡村共同体;发挥乡贤文化的教化功能,引导农民见贤思齐、崇德向善,自觉遵守相关礼法,实现乡村伦理

---

① 夏昭炎,男,汉族,1935 年 10 月生,中共党员,湖南科技大学退休教授,第 27 届全国书博会"十大读书人物",第七届全国道德模范"全国助人为乐模范","湖南省优秀共产党员"。其家庭入选第二届全国文明家庭名单,被湖南省文明委授予"2020 届湖南省文明家庭"称号。

共识的重塑；以优秀乡贤文化涵养新的乡村文化，最终实现培育文明乡风的目标①。这是我们期待新乡贤为乡村振兴发挥重要作用的立足点和目标域。笔者有幸获得了湖南新乡贤的典型案例，故通过各种渠道搜集和整理了其事迹，期待他们的事迹能够在地域更广、时间更长的范围内产生更为积极的影响。

（一）花絮

头发花白，精神矍铄，今年 86 岁的夏昭炎老人看起来比实际年龄要小很多。夏老是湖南科技大学文艺学专业的退休教授。2019 年 11 月 30 日，由中共中央宣传部、农业农村部主办的"2019 年新时代乡村阅读盛典"在四川成都举办②，"发现乡村阅读榜样"活动评选结果也在盛典上揭晓，全民阅读领域的专家们通过深度采访以及全面评估，评选出了 20 位"乡村阅读榜样"。尽管他们身份各异，有的是新型农民，有的是农家书屋的管理员，还有一些是农民企业家、基层干部，还有一些是回乡发展的文化乡贤，但是他们都有着共同的使命与愿景：传承和发扬中华民族的耕读传统，在乡野间营造书香氛围③。夏昭炎夫妇荣获"乡村阅读榜样"荣誉称号。

（二）夏教授夫妇致力做乡村振兴的种子

湖南科技大学夏昭炎教授退休后重返家乡——株洲攸县石羊塘镇谭家垅村，与妻子杨莲金潜心在家乡播种文化。

十余年时间里，夏昭炎夫妇二人回家乡办农家书屋、开讲堂、设置少儿假期学校，极大地丰富了乡村文化生活。据夏昭炎教授回忆，退休这十几年，要说自己干了一件什么最值得的事，那就是"种文化"。他表示，未来仍会坚持在家乡崇文兴教、涵育乡风、反哺桑梓，继续在乡

---

① 刘祁. "三农"视角下乡贤文化的现代价值及其实现路径［J］. 老区建设，2016（14）：11-14.

② 2019 新时代乡村阅读盛典举行［EB/OL］.（2019-12-01）［2022-07-24］. http://sc. people. com. cn/n2/2019/1130/c345167-33592325. html.

③ 唐亚慧，冼弘臻. 夏昭炎夫妇荣获"乡村阅读榜样"荣誉称号［EB/OL］.（2019-12-02）［2022-07-24］. https://www. hnust. edu. cn/jblm/xwtt/cf1b19d4cef144e3a1bbe4e30522e7f8. htm.

村做一颗文化的种子,在这里生根发芽、开花结果,让村民的精神文化随着经济发展"富起来"①。

1. 心中潜藏着回报桑梓的种子

夏教授2004年退休后带病回到老家攸县。作为从家乡出来的知识分子,他最大的长处是文化优势。为了反哺家乡、回报桑梓,夏教授夫妇热心家乡建设,认为能够发挥自己优势并在家乡做出切实贡献的地方就是回家乡"种文化"。夏教授认为,"种文化"能够展现自己的所爱与所长,是一种最合适的为人民服务的方式。

夏教授夫妇回家乡"种文化"既与自己的职业特点和优势相关,也与夏教授个人早年的生活经历相关。夏教授很小就丧父,8岁时母亲改嫁。由于当时各方面的条件差,故时隔二十多年,在夏教授30岁左右,他才再次见到自己的母亲。

夏教授不是在父母的呵护下长大成人的,但他也因此在家乡有很多关心、爱护和帮助他的"父母"。正因为有父老乡亲们的帮助下,他才得以顺利长大成人。正是众多"父母"的关爱,在他心中早早地种下了热爱家乡的种子。

他退休后回到家乡,就有了回乡"为村里做点什么"的强烈愿望。埋在他心中的种子,变成了回报乡亲的金色种子,并开始发芽和成长。

2. 夏老夫妇努力做乡村振兴的文化种子

夏老夫妇退休后,回到老家株洲攸县石羊塘镇谭家垅村生活。为了追求最美的人生夕阳红,他们觉得应该积极投身乡村振兴的大潮中。乡村振兴需要文化先行。他们先把自己的积蓄拿出来,又想方设法多方筹措经费,修缮房屋,购置设备,建起了谭家垅村高桥文化活动中心。该中心设立了乡村图书室、阅览室、学习室和游艺室等功能室。

有了活动场地后,他积极组织村民成立了文艺队、体育队,一到农闲时节,就教村民练习保健操、打太极拳、跳广场舞。村民们高兴地

---

① "全国道德模范"夏昭炎教授优秀事迹报告会在校举行 [EB/OL]. (2020-12-18) [2022-04-10]. https://news.hnust.edu.cn/kdyw/9d351ec391074e1e8f713e41cfa7505d.htm.

说:"现在我们生活真的很开心,每天来这里活动锻炼,身体更健康了,更可贵的是邻里和睦、心情舒畅、儿女放心。"现在,这个活动中心被大家称为"幸福院"①。

他们在家乡"种文化",主要"种"三种文化:一是以传播文化知识为核心内容的学习文化,一是以健康生活为核心内容的健康文化,一是以促进乡风文明为核心内容的道德文化。

(1) 做繁荣乡村文化的知识种子

回到家乡后,夏老夫妇看到乡亲们的物质生活条件是越来越好,但精神生活却没有同步改善,甚至还相当贫乏,这与农村发展的整体要求很不相称。在农闲时节,村民们吃完早饭,便四处招呼人,美其名曰"上班"。他们说的"上班",不是到工厂去上班,而是聚众打牌。为了不影响打牌的兴致,有的大人还把孩子带到打牌的地方,一些小孩就是在牌桌边长大的。

夏老看到这种情况,感到很是痛心,也曾努力劝说乡亲们少打点牌,多做点有意义的事情。但村民一句"不打牌,我们干什么?"让他很有些无言以对。作为一名大半辈子从事文学研究的教授,夏老开始思考如何发挥自己的特长,以便为家乡的乡村文化建设和全面实现乡村振兴做一点实实在在的事情。夏老认为,当务之急是让乡亲们从牌桌前回到书桌前,他觉得要先创办书屋,解决乡亲们无书可读和无地方读书的问题。夏老发现村里祠堂边有一处闲置多年的旧房子,夫妇俩决定自己掏钱将房子买下来,把它修缮一新,同时搬来一些桌子、板凳和家里的书籍、报纸,使书屋名副其实。2009年4月,书屋"开张"了。老伴杨莲金挨家挨户邀请大家到书屋来看书看报。开张的第二天,十多位村民陆陆续续来到了书屋。大家挤在一起,翻书看报。看到这一幕,夏昭炎夫妇心里十分高兴。"我就是想让乡亲们多读书,看看外面的世界,了解乡村外面的生活。"

---

① 宋丽丽. 夏昭炎 [EB/OL]. (2019-06-25) [2022-04-10]. http://www.81.cn/2019zt/2019-06/25/content_9538025.htm.

慢慢地，来看书的村民越来越多，现有的房子不够了。夏老又继续修葺老屋，搭建风雨棚，设立阅览室、学习室和村民文化活动中心，并发动学生、亲友为书屋捐赠书籍。经过几年的努力，书屋目前的藏书量达万余册。书屋里，一摞摞厚厚的借阅记录本写得密密麻麻，记录了几年来村民借还书籍八千余册（次）的事实。

书屋的创建，解决了成人读书的问题，成功地使成年人从牌桌回到了书桌。这时候，夏老夫妇开始积极关注农村留守儿童的教育问题。真正有效介入这件事，实际上是从教自己的小孙子读书识字开始。通过教小孙子读书，夏老夫妇认识到农村孩子需要有人悉心指导，才能更好地成长。但指导一个孩子和指导很多孩子，工作量和工作要求有很大差别。如何让家乡所有的留守儿童都能够得到指导，夏夫人在这个问题上起了重要作用。

夏老说："我老婆说，一条牛也是放，一个班也是教，把小孩子们都喊来一起学吧。"夏老在实践中积极探索，终于逐步形成了有效的辅导模式，到了2008年，他开始尝试扩大规模。针对村里留守孩子多的情况，夏昭炎和老伴在2010年暑假，决定在村里办一所少儿假期学校，把孩子们组织起来看书、学习。"少儿假期学校"在2011年正式挂牌成立。学校开设了古典文学、音乐、美术、益智游戏等课程，夏老亲自给孩子们讲传统文化。

假期学校特别受欢迎，名气也越来越大，不仅吸引了附近中小学教师来义务上课，还有多所高校的大学生志愿者前来支教。假期学校开办后影响越来越大，周边乡镇甚至邻近县区的一些家长也把小孩送过来。

为了鼓励孩子们多看书、读懂书，夏老借鉴孙子就读的北京实验第二小学的经验，想了不少招。"写5篇读书心得，授予'读书小学士'称号；写10篇心得的是'读书小硕士'；写15篇的是'读书小博士'。在学校或课外竞赛中获得名次的，都会奖书。"

夏老说，2019年，他们共奖励了孩子们300多本书。为方便其他村的孩子看书、借书，夏老在临近村陆续开办了6个书屋分点，每个书屋的书轮流滚动，以便发挥最大的效益。孩子来看书，大人也跟着来了，几个村的读书风气变得越来越浓。

(2) 做引领乡村健康生活的文化种子①

回乡居住后，夏老发现，乡亲们缺乏医疗保健知识，很多人的生活方式也不是很健康。他和老伴商量："我们可以带领大家健身、搞锻炼，开设老年保健知识课，教大家穴位按摩和保健操。"夏老的老伴杨莲金是湘潭市卫生局的退休职工，她懂得很多专业的医疗保健知识，因此非常支持夏老的这个想法。两位老人说干就干，在村里办起了"老年学校"，面向村民重点讲养生保健知识。

2011年5月18日，杨莲金主讲的"保健讲'做'"课程开课。课堂上，杨莲金边"讲"边"做"，在课堂上示范如何做保健按摩。台下几十个老人听得十分认真。大家边学边做，觉得这些知识管用，一些小病小痛，几乎手到病除。村民周东元曾患静脉曲张，痛得迈不开腿，用杨莲金介绍的方法坚持按摩，并用她搭配的药材泡脚，一个多月后就能下田干活了。村民谢运运患有心脑血管疾病，以前经常发病，后来每天和大家做心脑血管保健操，如今好几年都没发过病。

为了讲好养生保健课，夏昭炎夫妇俩每天查阅书报资料，抄抄写写，编写出了方便适用的教材。教材内容涉及如何预防心脑血管疾病、如何吃得健康等多个方面的内容。为了确保保健课的连续性和有效性，除正月外，每个月的农历初三和十六，都是雷打不动的教学日。夫妇俩的保健课很受村民欢迎，邻近乡镇都请他们去讲课。

与此同时，夏昭炎夫妇大力向村民推广"回春医疗保健操"、保健舞、太极拳等健身活动，在村里成立了文体队、军鼓队。如今，不管刮风下雨，每天早晚乡亲们都会相互吆喝着一起跳舞、健身。大家聚在一起跳得红光满面、神采飞扬。村民们说："现在我们经常在一起蹦蹦跳跳，锻炼身体，生活得很快乐，病痛少了，打牌的少了，邻里关系也更

---

① 全国道德模范夏昭炎：昭昭其德 炎炎其心. [EB/OL]. (2019-09-23)[2021-10-30]. https://mp.weixin.qq.com/s?src=11&timestamp=1638777612&ver=3479&signature=pYNosRvPiDq5WQ1TLRjIZgF4PS1CE9tMJvZda9 * IePGkvgvLwcIn9IG1BJ6c1dBAjBUlQ * 4I4h01b6 * Wyu6E7m2I5Kd-VnKs5gsHAb2YpPfCeZ1X2L9saBigRGQylyX9&new=1.

好了。"

石羊塘镇谭家垅社区居民彭喜颜说:"以前我们这的风气可能是有点那个,下午村民们就玩玩小牌啊什么的,现在这个风气已经改掉了,大家一起努力做一些有意义的活动。"

(3) 做涵养文明乡风的道德种子

夏昭炎夫妇是村里公认的楷模。"在外任教几十年,回到乡村做乡贤。和风细雨搞说教,播种文化胜种田。"村民夏正凯的一首诗,道出了大家的心声。

回到村里十多年,村民早已把这位"大教授"当作自己人,村里有什么事,谁家有个家长里短,都愿意来找他,都愿意听他的。一方面,夏昭炎德望高、没私心,村里修路、种树、捐钱他都做在前头;另一方面,他学问深,讲道理生动、透彻,大家一听就懂。

夏老还充分发挥自己大学教授的优势,以书屋为依托,在村里开办了道德讲堂,经常给大家讲孝道、传统美德、时事政治和法律法规等方面的内容。石羊塘镇谭家垅社区居民夏建成说:"夏教授的这个法律小讲堂,讲最基础的法律知识,很好地普及了法律常识。现在,邻里之间如果有了矛盾,他们首先知道用法律来检验自己到底是对还是错。"

夏老在给大家讲孝道、讲传统文化美德、讲时事政治等内容时,能够很好地利用他解析汉字的长处,经常把一些做人处世的道理与字形字义结合来,生动地讲给大家听。比如讲"仁"字,他说:"两个人在一起就叫仁,两个人心不好的话,就搞不到一起,就会不仁不义";讲"信"字,他说:"'信'字是人旁言,言而有信方为人,言旁若为'犬',则是狺,'狺狺而言'是狗在叫,言而无信不是人……"

"桃李不言,下自成蹊。"在夏昭炎这位乡贤的感染下,当地乡风文明、家风良好、民风淳朴,一股向上、向善的力量在邻里升腾。村民见贤思齐,在当地掀起了一股学乡贤、敬乡贤、崇乡贤、当乡贤的热潮。两年间当地已评选出 59 名身边的新乡贤。

3. 夏老的人生体会①

夏老夫妇"种文化"的努力，至今已取得一定的成果，其中最有代表性的是"一二三"，即拥有了"一座学校""二个农家书屋"和"三支队伍"（文体、军鼓等健身、娱乐活动）。夏老之所以能够十几年如一日乐此不疲地在家乡种文化，是因为他坚持了"三个忘记"和"一个牢记"。

(1) "三个忘记"

1) 忘记年龄。夏教授在湖南科技大学的报告中②，向现场的老年朋友说：要忘记自己的年龄，拒绝"夕阳"，这样才能拥有更加快乐的老年生活。他说，人活到120岁不算极限。因此，自己坚持生命不息、奋斗不止的精神，为"种文化"而创办了学校。忘记年龄，忘记自己已经是人生暮年的老人，做到"不怕死、不想死和不等死"。只有不怕死，才能积极健康地活着，才能无所畏惧、无所顾虑地做事、谋事；不想死，才能更好地珍惜生命，努力让生命发出更多的光和热；不等死，才能老有所乐、老有所为。

2) 忘记身份/地位。夏教授刚回到家乡时，因其大学教授的身份让村民感到很神秘，其实也有几分生分。每次有村民称呼他为教授的时候，他都会回敬"受教"，然后发自肺腑地解说，在学校教书是他的长处，而在农村他却什么都不懂，需要向大家学习。正是由于在农村生活中能够忘记自己原来的身份和地位，才能够和家乡人没有隔阂地交往和生活。没有村民的亲近和认可，要想在农村做乡村文化振兴的知识种子、推动健康生活的文化种子和倡导乡风文明的道德种子，难度会很大。忘记身份、地位，走向平常和日常，才能使自己接近乡亲，才能让乡亲和自己亲近。

3) 忘记疾病。夏老讲述了自己患胃癌的一些经历，并以过来人的

---

① "全国道德模范"夏昭炎教授优秀事迹报告会在校举行［EB/OL］.（2020-12-18）［2022-04-10］. https://news.hnust.edu.cn/kdyw/9d351ec391074e1e8f713e41cfa7505d.htm.

② "全国道德模范"夏昭炎教授优秀事迹报告会于2020年12月17日（星期四）在湖南科技大学立德楼5楼报告厅举行。此处内容是根据夏昭炎教授所做报告整理而成。

口吻聊了一下积极面对疾病的心态。2004年,夏老从湖南科技大学退休。当年大年初一,他检查出胃癌。正月十四,他被送进手术室,切除了四分之三的胃。幸运的是,做了7次化疗后,癌细胞奇迹般地消失了。过了5年观察期,夏老完全康复。他思乡情切,和老伴杨莲金合计,决定搬回攸县老家居住。回乡养病,余生"为村里做点什么"的想法也萦绕在他的心头。他说,如果不能忘记疾病,心中老有自己身患绝症的魔怔,估计余生不但做不了乡村振兴的种子,人生反而会相当灰暗。

(2)"一个牢记"

"一个牢记"就是牢记为人民服务,这是夏教授的初心。夏教授说,自己将不停奋斗。自己已经迎来了建党100周年,还期望再迎到新中国成立100周年。这时,夏老爽朗地笑着说道:"那时我也才114岁。"

结语

夏昭炎教授先后被评为"攸县道德模范""感动株洲十大人物""全国孝亲敬老之星",并于2019年被评为"全国道德模范"。在夏老这位新乡贤的感染下,当地乡风文明、家风良好、民风淳朴,一股向上向善的力量在凝聚。村民见贤思齐,在当地掀起一股学乡贤、敬乡贤、崇乡贤、当乡贤的热潮。书屋所在地,也叫"乡贤馆",是石羊塘镇的乡贤文化活动中心。目前,当地已评选出74名身边的新乡贤。石羊塘镇新乡贤周端娇说:"教教那些中老年跳舞啦,做操啦,需要我们做的事,我们都一马当先。"

常言道,榜样的力量是无穷的。夏昭炎教授给攸县石羊塘镇谭家垅村居民们做了良好的榜样。在攸县党委、政府发出号召后,由夏老首倡的"门前三小"在攸县如火如荼发展起来:小广场上,主题党日活动为老百姓解难事;小书屋里,乡贤组织读书会;小讲堂上,老师讲出大道理。

目前,攸县已建成"门前三小"阵地497个,计划2020年达到1000个以上。借助"门前三小",当地还把党建和群众文化深度融合,将其打造为党密切联系群众的新阵地。小讲堂上,老党员宣讲十九大精神。当前,"门前三小"已成为攸县乡村风景最美、人气最旺、风气最好的地方。

夏昭炎教授曾在日记《永远的家园》一文中写道:"回到老家是我一生中最无悔的抉择。是的,我终于找回了自己,找回了我的生活,找回了我的家园。"

是的,有什么比精神家园更重要呢?德不孤,必有邻。夏昭炎夫妇在耄耋之年,心怀大爱,日行一善,扎根乡村,躬耕文化,做出了不平凡的业绩。十多年的奉献和坚守,真正书写了共产党人的初心和使命。

参考文献

一、著述类

[1] GEERTZ C. Agricultural involution: the processes of ecological change in Indonesia [M]. Berkeley, California: University of California Press, 1963.

[2] LIPSET S M. The first new nation: the United States in historical and comparative perspective [M]. New York: W. W. Norton & Company, 1979.

[3] 古德. 家庭 [M]. 魏章玲, 译. 北京: 社会科学文献出版社, 1987.

[4] 森. 贫困与饥荒 [M]. 王宇, 王文玉, 译. 北京: 商务印书馆, 2001.

[5] 罗吉斯, 伯德格. 乡村社会变迁 [M]. 王晓毅, 王地宁, 译. 杭州: 浙江人民出版社, 1988.

[6] 涂尔干. 社会分工论 [M]. 渠东, 译. 北京: 生活·读书·新知三联书店, 2000.

[7] 艾诺. 位置 [M]. 邱瑞銮, 译. 台北: 台北皇冠文化出版有限公司, 2000.

[8] 拉鲁. 不平等的童年 [M]. 张旭, 译. 北京: 北京大学出版社, 2010.

[9] 布劳. 不平等和异质性 [M]. 王春光, 谢圣赞, 译. 北京:

中国社会科学出版社，1991.

［10］布尔迪厄，华康德. 反思社会学导引［M］. 李猛，李康，译. 北京：商务印书馆，2015.

［11］布迪厄，华康德. 实践与反思：反思社会学导引［M］. 李猛，李康，译. 北京：中央编译出版社，1998.

［12］布尔迪厄. 文化资本与社会炼金术［M］. 包亚明，译. 上海：上海人民出版社，1997.

［13］陈广胜. 走向善治［M］. 杭州：浙江大学出版社，2007.

［14］程方平. 中国教育问题报告：入世背景下中国教育的现实问题和基本对策［M］. 北京：中国社会科学出版社，2002.

［15］程猛. "读书的料"及其文化生产：当代农家子弟成长叙事研究［M］. 北京：中国社会科学出版社，2019.

［16］科顿姆. 教育为何是无用的［M］. 仇蓓玲，卫鑫，译. 南京：江苏人民出版社，2005.

［17］邓小平. 邓小平文选：第三卷［M］. 北京：人民出版社，1993.

［18］范先佐. 教育经济学［M］. 北京：人民教育出版社，2008：75.

［19］费孝通，吴晗，等. 皇权与绅权［M］. 上海：华东师范大学出版社，2015.

［20］费孝通. 乡土中国［M］. 北京：商务印书馆，2001.

［21］费孝通. 江村经济［M］. 北京：商务印书馆，2001.

［22］费孝通. 乡土中国［M］. 北京：北京出版社，2005.

［23］费孝通. 乡土中国［M］. 南京：江苏文艺出版社，2007.

［24］费孝通. 乡土中国 生育制度［M］. 北京：北京大学出版社，2003.

［25］费正清. 美国与中国［M］. 4版. 张理京，译. 北京：商务印书馆，1987.

［26］费正清. 美国与中国［M］. 4版. 张理京，译. 北京：世界

知识出版社，1999.

[27] 艾利思. 农民经济学 [M]. 胡景北，译. 上海：上海人民出版社，2006.

[28] 葛剑雄. 天人之际 [M]. 北京：九州出版社，2018.

[29] 国务院研究室课题组. 中国农民工调研报告 [M]. 北京：中国言实出版社，2006.

[30] 海德格尔. 海德格尔文集：从思想的经验而来 [M]. 孙周兴，杨光，余明锋，译. 北京：商务印书馆，2018.

[31] 亨廷顿. 变动社会的政治秩序 [M]. 张岱云，聂振雄，石浮，等译. 上海：上海译文出版社，1989.

[32] 胡绳. 中国共产党的七十年 [M]. 北京：中共党史出版社，1991.

[33] 黄宗智. 长江三角洲的小农家庭与乡村发展 [M]. 北京：中华书局，1992.

[34] 金一鸣. 教育社会学 [M]. 石家庄：河北教育出版社，1996.

[35] 老子. 道德经 [M]. 张景，张松辉，译注. 北京：中华书局，2021.

[36] 老子. 老子 [M]. 汤漳平，王朝华，译注. 北京：中华书局，2014.

[37] 阿隆. 社会学主要思潮 [M]. 葛智强，胡秉诚，王沪宁，译. 上海：上海译文出版社，2005.

[38] 贾太宏. 礼记通释 [M]. 北京：西苑出版社，2016.

[39] 李春玲. 社会分层理论 [M]. 北京：中国社会科学出版社，2008.

[40] 李培林. 村落的终结：羊城村的故事 [M]. 北京：商务印书馆，2004.

[41] 李强. 当代中国社会分层与流动 [M]. 北京：中国经济出版社，1993.

[42] 李书磊. 村落中的"国家"[M]. 杭州：浙江人民出版社，1999.

[43] 李学勤，等. 字源[M]. 天津：天津古籍出版社，2012.

[44] 梁漱溟. 中国文化要义[M]. 上海：学林出版社，1987.

[45] 林南. 社会资本：关于社会结构与行动的理论[M]. 上海：上海人民出版社，2005.

[46] 林语堂. 中国人[M]. 杭州：浙江人民出版社，1988.

[47] 陆学艺. "三农论"：当代中国农业、农村、农民研究[M]. 北京：社会科学文献出版社，2002.

[48] 本尼迪克. 文化模式[M]. 何锡章，黄欢，译. 北京：华夏出版社，1987.

[49] 孔子. 论语[M]. 肖卫，译注. 北京：中国文联出版社，2016.

[50] 默顿. 社会理论和社会结构[M]. 唐少杰，齐心，等译. 北京：译林出版社，2006.

[51] 马格纳雷拉. 一个土耳其城镇的传统与变迁[M]. 纽约：威利出版社，1974.

[52] 马克思，恩格斯. 马克思恩格斯文集：第二卷[M]. 中共中央马克思恩格斯列宁斯大林著作编译局，编译. 北京：人民出版社，2009.

[53] 马克思，恩格斯. 马克思恩格斯选集：第二卷[M]. 中共中央马克思恩格斯列宁斯大林著作编译局，编. 北京：人民出版社，1972.

[54] 米特罗尔，西德尔. 欧洲家庭史[M]. 赵世玲，赵世瑜，周尚意，译. 北京：华夏出版社，1987.

[55] 孟得拉斯. 农民的终结[M]. 李培林，译. 北京：社会科学文献出版社，2010.

[56] 孟德斯鸠. 论法的精神[M]. 北京：商务印书馆，1961.

[57] 孟子. 孟子[M]. 弘丰，译注. 北京：中国文联出版社，

2017.

[58] 米尔斯. 白领：美国的中产阶级 [M]. 杨小东，等译. 杭州：浙江人民出版社，1987.

[59] 米尔斯. 白领：美国的中产阶级 [M]. 周晓虹，译. 南京：南京大学出版社，2006.

[60] 帕特南. 使民主运转起来：现代意大利的公民传统 [M]. 王列，赖海榕，译. 南昌：江西人民出版社，2001.

[61] 彭拥军. 高等教育与农村社会流动 [M]. 北京：中国人民大学出版社，2007.

[62] 彭拥军. 精英的合法性危机 [M]. 桂林：广西师范大学出版社，2011.

[63] 彭拥军. 挑战与应答：高等教育与农村发展互动 [M]. 武汉：华中师范大学出版社，2018.

[64] 彭拥军. 现代教育与农村智力流动 [M]. 湘潭：湘潭大学出版社，2013.

[65] 彭拥军. 走出边缘：农村社会流动的教育张力 [M]. 武汉：华中科技大学出版社，2011.

[66] 彭云芳. 中国计划生育全书 [M]. 北京：中国人口出版社，1997.

[67] 秦晖. 传统十论：本土社会的制度文化与其变革 [M]. 上海：复旦大学出版社，2003.

[68] 瞿同祖. 清代地方政府 [M]. 范忠信，晏锋，译. 北京：法律出版社，2003.

[69] 舒尔茨. 人力资本的投资：教育和研究的作用 [M]. 蒋斌，张蘅，译. 北京：商务印书馆，1990.

[70] 宋书伟，王因为. 社会学纲要 [M]. 山东：山东人民出版社，1986.

[71] 王春光. 京城浙江村 [M]. 杭州：浙江人民出版社，1995.

[72] 王春光. 社会流动与社会重构：京城"浙江村"研究 [M].

杭州：浙江人民出版社，1995.

［73］王沪宁. 当代中国村落家族文化：对中国社会现代化的一项探索［M］. 上海：上海人民出版社，1991.

［74］王阳明. 南赣乡约［M］. 上海：上海古籍出版社，1991.

［75］王振耀，白益华. 乡镇政权与村委会建设［M］. 北京：中国社会出版社，1996.

［76］吴康宁. 教育社会学［M］. 北京：人民教育出版社，1998.

［77］吴康宁. 教育社会学［M］. 北京：人民教育出版社，2019.

［78］舒尔茨. 改造传统农业［M］. 梁小民，译. 北京：商务印书馆，1987.

［79］徐勇. 中国农村村民自治［M］. 北京：生活·读书·新知三联书店，2018.

［80］斯密. 道德情操论［M］. 将自强，钦北愚，朱钟棣，等译. 北京：商务印书馆，2015.

［81］杨善华. 西方社会学理论：下卷［M］. 北京：北京大学出版社，2006.

［82］英克尔斯，史密斯. 从传统人到现代人：六个发展中国家中的个人变化［M］. 顾昕，译. 北京：中国人民大学出版社，1992.

［83］英格尔斯. 人的现代化［M］. 殷陆军，编译. 成都：四川人民出版社，1985.

［84］布鲁克斯. 商业冒险［M］. 李晟，陈然，段歆玥，译. 北京：北京联合出版公司，2015.

［85］奈. 美国定能领导世界吗［M］. 何小东，盖玉云，等译. 北京：军事译文出版社，1992.

［86］斯科特. 农民的道义经济学：东南亚的反叛与生存［M］. 程立显，刘建，等译. 南京：译林出版社，2001.

［87］斯科特. 弱者的武器［M］. 郑广怀，张敏，何江穗，译. 南京：译林出版社，2011.

［88］斯科特. 农民的道义经济学：东南亚的反叛与生存［M］. 2

版. 程立显，刘建，等译. 南京：译林出版社，2013.

[89] 张静. 身份认同研究：观念、态度、理据［M］. 上海：上海人民出版社，2006.

[90] 张鹏. 城市里的陌生人：中国流动人口的空间、权力和社会网络的重构［M］. 南京：江苏人民出版社，2013.

[91] 张英洪. 农民权利论［M］. 北京：中国经济出版社，2007.

二、学位论文类

[1] 王鸥. 社会再生产的机制：基于武汉 G 中学的实证研究［D］. 武汉：华中科技大学，2011.

[2] 熊和妮. 命运共同体：劳动阶层教育成功的家庭机制研究［D］. 北京：北京师范大学，2016.

三、期刊论文类

[1] CHAMBERS. Poverty and livelihood：whose reality counts?［J］. Environment and urbanization，1995（1）：173-204.

[2] 陈锡文. 我国城镇化进程中的"三农"问题［J］. 国家行政学院学报，2012（6）：4-11.

[3] 程猛. 向上流动的文化代价：作为阶层旅行者的"凤凰男"［J］. 中国青年研究，2016（12）：91-97.

[4] 党国英. 论乡村民主政治的发展：兼论中国乡村的民主政治改革［J］. 开放导报，2004（6）：23-31.

[5] 丁宁宁. 新乡贤在乡村治理中的作用［J］. 黑龙江科学，2017（7）：52-53.

[6] 范先佐，彭湃. 农民工子女义务教育经费保障机制构想［J］. 中国教育学刊，2009（3）：11.

[7] 高万芹. 乡村振兴进程中新乡贤的类型界定、功能实践与阻力机制［J］. 天津行政学院学报，2019（5）：87-95.

[8] 葛新斌. "两个为主"政策：演进. 问题和对策［J］. 教育理

论与实践，2007（15）：35-38.

[9] 桂华. 乡村振兴要坚持农民的主体地位［J］. 农村工作通讯，2008（4）：50.

[10] 何倩倩. "乡贤治村"调查［J］. 决策，2015（4）：49-51.

[11] 贺雪峰. 乡村振兴与农村集体经济［J］. 武汉大学学报（哲学社会科学版），2019，72（4）：185-192.

[12] 洪岩壁，赵延东. 从资本到惯习：中国城市家庭教育模式的阶层分化［J］. 社会学研究，2014（4）：73-93.

[13] 侯翠环. 英国的新大学运动及其历史意义［J］. 河北大学成人教育学院学报，2005：52-54.

[14] 胡鹏辉，高继波. 新乡贤：内涵、作用与偏误规避［J］. 南京农业大学学报（社会科学版），2017（1）：20-29.

[15] 柯炳生. 我国的三农问题［J］. 广西农学报，2008（3）：1-9.

[16] 雷鸣强，吴易雄. 关于加强和改进职业农民培育工作的思考［J］. 教育与职业，2019（14）：44-46.

[17] 雷万鹏. 义务教育学校布局：影响因素与政策选择［J］. 华中师范大学学报，2010（5）：155-160.

[18] 李路路，石磊，朱斌. 固化还是流动？：当代中国阶层结构变迁四十年［J］. 社会学研究，2018（6）：1-34.

[19] 李思琪. 新乡贤：价值、祛弊与发展路径［J］. 国家治理，2018（3）：28-36.

[20] 林晓珊. 境遇与体验：一个阶层旅行者的自我民族志［J］. 中国青年研究，2019（7）：15-23.

[21] 刘祁. "三农"视角下乡贤文化的现代价值及其实现路径［J］. 老区建设，2016（14）：11-14.

[22] 刘彦波. 清代基层社会控制中州县官与绅士关系之演变［J］. 武汉理工大学学报（社会科学版），2006（4）：590-594.

[23] 刘云杉. 大众高等教育再认识：农家子弟还能从中获得什么？［J］. 中国农业科技大学学报（社会科学版），2015（1）：119-130.

［24］刘云杉. 教育公平能否实现"逆袭"［J］. 农家科技：乡村振兴，2014（1）：64.

［25］鲁洁. 教育的原点：育人［J］. 华东师范大学学报（教育科学版），2008，26（4）：15-22.

［26］吕效华，吴炜. 阶层固化视角下教育对青年发展的影响［J］. 中国青年研究，2013（6）：11-16.

［27］彭拥军，姜婷婷. 个案研究中的学术抱负：兼论个案的拓展与推广［J］. 社会学，2020（9）：37-40.

［28］彭拥军. 高等教育：精英符号的生产者［J］. 江苏高教，2013（5）：9-13.

［29］彭拥军. 高等教育对农村的智力渗透：大学生村官现象的另类思考［J］. 西南交通大学学报（社会科学版），2020（1）：11-16.

［30］彭拥军. 论考试关怀与考试意志［J］. 湖北招生考试，2004（4）：34-37.

［31］彭拥军. 农村社会流动进阶与农村教育功用变演［J］. 教育研究与实验，2014（3）：24-28.

［32］彭拥军. 嵌入性难题与化解：优化流动儿童教育处境的可能视角［J］. 教育研究与实验，2018（2）：67-71.

［33］钱静，马俊哲. 国内新乡贤文化研究综述［J］. 北京农业职业学院学报，2016（4）：51-55.

［34］钱念孙. 乡贤文化为什么与我们渐行渐远［J］. 学术界，2016（3）：38-44.

［35］渠敬东. 迈向社会全体的个案研究［J］. 社会，2019（1）：1-36.

［36］石智雷，施念. 城市化改造传统农民：基于劳动力城乡双向流动的视角［J］. 武汉科技大学学报（社会科学版），2016（3）：318-327.

［37］孙大伟. 农民职业化的内因分析［J］. 南方农村，2016（3）：4-8.

[38] 王春光. 中国乡村治理结构的未来发展方向 [J]. 人民论坛·学术前沿, 2015 (3): 44-55.

[39] 王汉生, 刘世定, 孙立平. 作为制度运作和制度变迁方式的变通 [J]. 中国社会科学季刊（香港）, 1997 (21): 45-68.

[40] 韦庆旺, 俞国良. 权力的社会认知研究述评 [J]. 心理科学进展, 2009 (6): 1336-1343.

[41] 邬志辉. 农村教育不能一味城镇化：对农村义务教育学校布局调整的思考 [J]. 辽宁教育, 2013 (2): 7-8.

[42] 吴康宁. 教育的品质：教育强国的"软实力" [J]. 教育发展研究, 2015 (11): 1-4.

[43] 吴易雄. 新型职业农民培养的基本问题 [J]. 继续教育研究, 2006 (1): 40-43.

[44] 熊易寒. 底层、学校与阶级再生产 [J]. 开放时代, 2010 (1): 94-110.

[45] 徐祖澜. 历史变迁语境下的乡绅概念之界定 [J]. 湖北社会科学, 2016 (6): 107-112.

[46] 颜德如. 以新乡贤推进当代中国乡村治理 [J]. 理论探讨, 2016 (1): 17-21.

[47] 杨东平. 告别重点学校 [J]. 南风窗, 2005 (13): 33-35.

[48] 叶敬忠. "三农问题"：被夸大的学术概念及其局限 [J]. 东南学术, 2018 (5): 112-123.

[49] 应星, 刘云杉. "无声的革命"：被夸大的修辞 与梁晨、李中清等的商榷 [J]. 社会, 2015.

[50] 余秀兰, 韩燕. 寒门如何出"贵子"：基于文化资本视角的阶层突破 [J]. 高等教育研究, 2018 (2): 8-16.

[51] 原新. 中国计划生育的历史演进 [J]. 百年潮, 2017 (11): 11-24.

[52] 张静. 企业社会资本权变管理研究 [J]. 现代管理科学, 2011 (6): 104-106.

[53] 张彤璞，郭剑雄. 现代农民形成的三个维度分析：基于就业选择集的视角 [J]. 西北农林科技大学学报（社会科学版），2019（6）：140-149.

[54] 张照新，宋洪远. 中国农村劳动力流动国际研讨会主要观点综述 [J]. 中国农村观察，2002（1）：75-79.

[55] 赵旭东. 向上流动的空间始终畅通：中国社会阶层流动的活力与弹性 [J]. 人民论坛，2018（7）：55.

[56] 郑杭生. 关于21世纪中国社会学发展的几点展望 [J]. 社会学研究，1997（2）：3-10.

[57] 郑石明，邬智. 迈向有质量的公平：中国教育公平政策变迁与转型逻辑 [J]. 清华大学教育研究，2018（5）：29-37.

[58] 周天勇. 托达罗模型的缺陷及其相反的政策含义 [J]. 经济研究，2001（3）：75-82.

[59] 朱光磊，李晨行. 现实还是风险："阶层固化"辨析 [J]. 探索与争鸣，2017（5）：76.

[60] 朱巧玲. 我国农村剩余劳动力转移的思路与对策 [J]. 农业经济问题，2003（1）：46-50.

[61] 孟洪，李仕宝. 我国农业科技人才发展现状及对策建议 [J]. 江苏农业科学，2020（11）：308-312.

四、其他类型文献

[1] 辞源：合订本 [Z]. 3版. 北京：商务印书馆，2019：262.

[2] 辞海 [Z]. 6版. 上海：上海辞书出版社，2009：2949.

[3] 现代汉语词典：实用版 [Z]. 北京：商务印书馆国际有限公司，2018：1027.

[4] 国家统计局. 中国统计年鉴1991 [G]. 北京：中国统计出版社，1991：823.

[5] 陈南，程天君. 推进义务教育均衡发展"三步走"[N]. 中国社会科学报，2020-06-24（A08）.

[6] 关逸民. 洛桑报告 2000—2007 中国竞争力排名解析 [N]. 中国信息报, 2007-06-06 (7).

[7] 黄海. 用新乡贤文化推动乡村治理现代化 [N]. 人民日报, 2015-09-30 (7).

[8] 李涛. 撤点并校如何在执行中走样 [N]. 中国青年报, 2015-09-14 (10).

[9] 危旭芳. 发展现代农业亟须培育新型职业农民 [N]. 南方日报, 2016-05-07 (F02).

[10] 以乡贤文化助推社会主义核心价值观在乡村落地生根 [N]. 湖南日报, 2016-09-27 (8).

[11] 张洋. 让村民自治更有生命力 [N]. 人民日报, 2017-12-27 (18).

[12] 村里的"博士墙": 读书还能否改变农村孩子的命运? [EB/OL]. (2019-05-22)[2022-07-22]. http://news.china.com.cn/2019-05/22/content_74809542.htm.

[13] 朱丽亚. 生态农业未来掌握在谁手里 [N]. 中国青年报, 2012-04-06(5).

[14] 联合国教科文组织. 1998 年世界高等教育大会公报 面向二十一世纪高等教育宣言:观念与行动[R]. 巴黎:联合国教科文组织, 1998.

[15] "全国道德模范"夏昭炎教授优秀事迹报告会在校举行[EB/OL]. (2020-12-18)[2022-04-10]. https://news.hnust.edu.cn/kdyw/9d351ec391074e1e8f713e41cfa7505d.htm.

[16] 2006 年中央一号文件: 中共中央 国务院关于推进社会主义新农村建设的若干意见 [EB/OL]. (2005-12-31)[2021-09-15]. http://www.moa.gov.cn/ztzl/yhwj/wjhg/201202/t20120214_2481239.htm.

[17] 2019 新时代乡村阅读盛典举行 [EB/OL]. (2019-12-01)[2021-09-15]. http://sc.people.com.cn/n2/2019/1130/c345167-33592325.html.

[18] 90 后小伙子给北大送"北京人大学"牌匾被拘留并遣送回家 [EB/OL]. (2012-09-12) [2021-09-20]. http://www.s1979.com/news/

society/201209/1252531412.shtml.

［19］蔡永飞，贺雪峰. 对大学生村官计划的"冷思考"太冷了［EB/OL］.（2008-11-18）［2021-10-09］. http://www.clgs.cn/Article_Show.asp?ArticleID=1587.

［20］曾诗珈. 农业农村发展根基稳 线上线下联动收获丰［EB/OL］.（2020-09-23）［2021-10-09］. http://travel.china.com.cn/txt/2020-09/23/content_76732959.html.

［21］孙明春. 从家族历史看乡贤文化与乡村治［EB/OL］.（2015-11-18）［2021-10-15］. https://news.ifeng.com/a/20151118/46286395_0.shtml.

［22］方展画. 学生有受教育权但没有选择权［EB/OL］.（2015-04-02）［2021-07-25］. http://learning.sohu.com/20150402.

［23］高考弃考背后的喜与忧［EB/OL］.（2013-06-09）［2021-07-16］. http://opinion.people.com.cn/n/2013/0609/c1003-21799393.html.

［24］中华人民共和国农业农村部. 关于实施农村实用人才培养"百万中专生计划"的意见［EB/OL］.（2005-12-20）［2020-12-09］. http://www.moa.gov.cn/nybgb/2005/dseq/201806/t20180618_6152565.htm.

［25］国家统计局. 2011年我国农民工调查监测报告［DB/OL］.（2012-04-27）［2021-12-26］. http://www.stats.gov.cn/ztjc/ztfx/fxbg/201204/t20120427_16154.html.

［26］国家统计局. 2020年农民工监测调查报告［DB/OL］.（2021-04-30）［2021-12-26］. http://www.stats.gov.cn/tjsj/zxfb/202104/t20210430_1816933.html.

［27］国务院关于基础教育改革与发展的决定：国发〔2001〕21号［EB/OL］.（2001-05-29）［2020-08-26］. http://old.moe.gov.cn/publicfiles/business/htmlfiles/moe/moe_16/200105/132.html.

［28］国务院关于进一步做好农村税费改革试点工作的通知：国发〔2001〕5号［EB/OL］.（2001-03-24）［2020-08-26］. http://www.gov.cn/gongbao/content/2001/content_60763.htm.

[29] 贺雪峰. 给大学生村官计划泼冷水［EB/OL］.（2008-07-19）［2021-09-19］. http：//www. snzg. cn/article/2008/0719/article_11122. html.

[30] 华国锋. 团结起来，为建设社会主义的现代化强国而奋斗［R/OL］.（1978-02-26）［2020-06-23］. http：//www. scopsr. gov. cn/zlzx/rdh/rdh1_4079/rdh11_201811/t20181121_329808. html.

[31] 刘建军. 让学术之根深扎中国大地［EB/OL］.（2019-12-02）［2021-09-21］. https：//mp. weixin. qq. com/s? src＝11& timestamp＝1638771574&ver＝3479&signature＝SOz3rMzQk590ed8 YzFo-SvXPEdmfR43il9VSEyB9g5s3hPEyyl9ODzopnslgQQspGyxaPoU＊3k1RwKGp7FWvyAVRqqb3qAz1e7foM58PNfcoj6hqm6R9VKAQE0Nr-＊nu&new＝1.

[32] 罗斯高. 农村儿童的发展怎样影响未来中国［EB/OL］.（2017-09-18）［2020-07-21］. http：//www. zgxcfx. com/m/view. php? aid＝103152.

[33] 中华人民共和国建设部，中华人民共和国国家计划委员会，中华人民共和国国家教育委员会. 农村普通中小学建设标准（试行）：建标〔1996〕640 号［EB/OL］.（2007-02-28）［2021-10-26］. http：//gov. hnedu. cn/c/2007-02-28/784265. shtml.

[34] 巧手剪出时代发展变化［EB/OL］.（2021-05-24）［2021-10-29］. https：//news. gmw. cn/2021-05/24/content_34868167. htm.

[35] 切实把基础教育摆在优先地位：祝贺全国基础教育工作会议胜利闭幕［EB/OL］.（2001-06-14）［2020-08-27］. http：//news. sina. com. cn/c/277257. html.

[36] 全国道德模范夏昭炎：昭昭其德 炎炎其心［EB/OL］.（2019-09-23）［2021-10-30］. https：//mp. weixin. qq. com/s? src＝11&timestamp＝1638777612&ver＝3479&signature＝pYNosRvPiDq5WQ1TLRjIZgF4PS1CE9tMJvZda9＊IePGkvgvLwcIn9IG1BJ6c1dBAjBUlQ＊4I4h01b6＊Wyu6E7m2I5Kd-VnKs5gsHAb2YpPfCeZ1X2L9saBigRGQylyX9&new＝1.

[37] 宋丽丽. 夏昭炎［EB/OL］.（2019-06-25）［2022-04-10］. http：//www.81.cn/2019zt/2019-06-25/content_9538025.htm.

[38] 乡贤是一把打开乡建思路的金钥匙［EB/OL］.（2016-12-26）［2021-08-21］. http：//www.xinhuanet.com//politics/2016-12/26/c_1120187143.htm.

[39] 乡贤文化与核心价值［EB/OL］.（2015-05-21）［2021-08-25］. https：//epaper.gmw.cn/gmrb/html/2015-05/21/nw.D110000gmrb_20150521_1-11.htm.

[40] 张晚林. 什么是家乡？［EB/OL］.（2019-10-03）［2020-03-09］. https：//mp.weixin.qq.com/s/sVhq61VPLAiZ20RmV37qBw.

[41] 中共中央 国务院关于全面推进乡村振兴加快农业农村现代化的意见［EB/OL］.（2021-02-21）［2021-12-30］. http：//www.moa.gov.cn/xw/zwdt/202102/t20210221_6361863.htm.

[42] 中共中央 国务院印发《乡村振兴战略规划（2018-2022年）》［EB/OL］.（2018-09-26）［2020-12-29］. http：//www.farmer.com.cn/zt2018/zxgh/tt/201811/t20181109_1415642.html.

[43] 中国饭碗任何时候都要牢牢端在自己的手上［EB/OL］.（2020-07-08）［2021-09-21］. https：//3w.huanqiu.com/a/ec5ef1/3yyET7kTcAY？agt＝%C3%AF%C2%BC%CB%9C.

[44] 国务院将组建国家卫生和计划生育委员会［EB/OL］.（2013-03-10）［2020-06-25］. https：//baike.baidu.com/reference/7650024/565cLx01ChmcfPfoT3lrYVBUwoQy9JhaZMmsU61S4uGyRrvA-NN-B5WIzMNOFQofN1qi7M7YNgnBJViOP58PU7694KF_8_ds3w.

后　　记

　　从 2002 年读博时把研究目光投向与农村相关联的论域算起，不知不觉间在该问题域所做的观察、调查、思考和研究已经有了 19 年多的时光累积。原以为博士学位论文《高等教育与农村社会流动》的完成和出版意味着本人在该领域探索的终结，但博士后期间的思考又激发了自己从另一个角度在该论域继续前行的兴趣，并导致第二部专著《走出边缘——农村社会流动的教育张力》的问世。博士后期间，合作导师吴康宁教授曾问我是否有进一步探究的可能，我说要看社会发展和自己的思考是否能够再触碰出新火花。其后，在指导研究生的过程中，突然想到农村大规模智力输出，如果其规模过大和持续时间过长，很可能对农业和农村发展带来不曾预料甚至难以承受的社会后果。教育是否有可能帮助实现农村智力流出与回流的平衡，就成为那段时间心中挥之不去的问题。第三部专著《现代教育与农村智力流动》也就自然而然面世了。此后，尽管观察性积累仍然在继续，但没有迸发出新的思想火化。随着新农村建设如火如荼地展开，沸腾的社会生活开始触发并加速我的思考。适逢我的硕士研究生导师董泽芳教授谋划和自己弟子们合作出版一套书，他专门邀请我加入。当时我正为很不熟悉的出国事宜而焦头烂额，只能很不近人情地拒绝这项颇有价值但本人力所不逮的美事。导师不厌其烦的鼓励、帮助和诱导，最终让我彻底妥协。该论域的第四部专著《挑战与应答：高等教育与农村发展互动》就这样问世。2019 年 10 月，董老师趁势而为，组织我们研讨新一轮出版选题。我当时想了一个题目，因自己在素材和思考两方面的积累都很不够，就半开玩笑半认真地说，至少需要2~3年才有可能完成这部新作，很可能赶不上这套新书的出版步伐。2019年底突如其来的新冠疫情，在改变整个世界地缘政治、经济乃至文化格局的同时，也对这套新书的出版计划带来很大影响。这种影响既表现在催促书稿的速度和力度大大延缓，也表现在出版计划遭到大幅削减。我未完成的书稿尽管真的没有被列入第一批出版计划，但出版计划的削减导致对全部选题的重新审议，我申报的题目最终幸运列入了新一轮出版计划的12个选题之中，并且该批选题经过三轮严格筛选，最终成功获得了湖北省学术著作出版专项资金的资助。

近乎戏剧性的变化造就了我个人的种种幸运，但其背后也埋嵌着有许多难以言说的困惑甚至痛苦。首先，变化的时代和时代的变化使很多原本清晰的概念变得含义丰富甚至含混。比如"乡村"与"农村"这两个概念，在不同政策文本和专家研究表述中就存在很大差异。2006年发布的《关于统计上划分城乡的暂行规定》第八条就规定："乡村是指划定的城镇地区以外的其他地区，乡村包括集镇和农村。"而"农村"则是"集镇以外的地区"。这种划分强调的是二者在物理空间或制度空间层面的差异，在这种划分中，乡村涵盖了农村。而2018年《国家乡村振兴战略规划（2018—2022年）》提出："乡村是具有自然、社会、经济特征的地域综合体，兼具生产、生活、生态、文化等多重功能，与城镇互促互进、共生共存，共同构成人类活动的主要空间。"这一政策文件试图把乡村与城镇做比较深入的区别。政策话语与学术话语尽管有很强的关联，但研究者不能简单地把二者等同起来。如何使政策话语、日常生活话语与研究话语合理连通，就足以给研究者带来许多考验。

其次，对核心问题的提炼同样让人感到十分困惑。高等教育的社会功能实际上很复杂，对农村的影响根本无法有效抽离或剥离。高等教育对乡村振兴的有些影响比较直接而容易观察或描摹，有些影响可以通过挖掘后比较直观地呈现，但有些影响相当间接甚至格外隐蔽。这样的问题对人耐心和智力的考验就相当残酷。如何把这些不同的功能和功能作用方式，哪怕是用合适概念来概括或做有效的贯串，都让我颇有江郎才尽之感。经过较长时间的冥思苦想，智力渗透这一概念成为试图贯串全书的根基性概念，也似乎勉强能够回应上述种种疑惑，但与智力渗透相关联的机制、机理和路径似乎仍然未能得到清晰揭示，也尚未找到现实证据尤其是有力的现实证据来确保概念支撑的坚实性。甚至在案例萃取和呈现上，因受自己生活空间和研究时间所限，只能主要以湖南样本为重点并努力追求多样性，以便使反映高等教育对农村和农村发展智力渗透的事实材料，做到材料来源具有多样性、案主的成长路径呈现多样性、归纳的成功模式体现多样性、成功者的突出成果反映多样性。

　　再次，寻找乡村文化及其振兴的线索还处于积极探索中。文化振兴是乡村振兴的精神基础。有了厚实的精神基础，乡村振兴全面和可持续的发展才有可能；没有乡村文化的持续繁荣发展，没有乡村文化的高度自信，就难以承载乡村振兴的伟大使命。文化是一个含义极其丰富或者含义相当模糊的东西。尽管人们都会使用"文化"这一概念，但其所指、意指和能指之间常常不那么对应和对称，从而容易造成不必要但又难以避免的误读或误解。高等教育如何有效实现对乡村振兴的智力渗透，最终需要落实到乡村文化的挖掘、整理、发扬、发展和创新上。这实际上是一个十分浩大的工程，它需要全社会一起来努力使之成为大众认可并乐意积极维护的活文化。可以肯定，由于问题本身的复杂性或社会科学本身存在的某些不确定性，加上本人的学养和智慧还不足以应对这样一个复杂问题，在这里呈现的研究成果仍然可能饱含争议。对此，我想借用马克斯·韦伯和雷蒙·阿隆的话来做点辩护。在马克斯·韦伯看来，未完成性是现代科学的一个根本特征。雷蒙·阿隆也说过："对于自然科学和文化科学的一切学科来说，知识就是永无止境的远征。科学就是科学的变化。"笔者作为一介书生，在这样宏大的使命面前，心中确实常常有强烈的无力感。

彭拥军

2019年10月于桂子山下领命始作冥思

同年年底起经受时断时续新冠疫情洗礼

在入围冲击出版基金选题的激励中成稿

在出版基金资助激励和个人惶恐中打磨

2021年12月于旧貌新颜的湖科大终稿

2022年6月在白马湖畔的红楼见证成品